U0540592

四库存目

子平汇刊 ②

秘本子平真诠

[清]沈孝瞻◎撰　郑同◎点校

华龄出版社

责任编辑：薛　治
责任印制：李未圻

图书在版编目（CIP）数据

四库存目子平汇刊. 2 /（清）沈孝瞻撰；郑同点校
—北京：华龄出版社，2014.12
ISBN 978-7-5169-0512-8

Ⅰ.①四… Ⅱ.①沈… ②郑… Ⅲ.①《四库全书》—图书目录 Ⅳ.①Z833

中国版本图书馆 CIP 数据核字（2014）第 279992 号

声明：依据《中华人民共和国著作权法》及《中华人民共和国著作权法实施条例》，本书整理者依法享有本书的著作权。未经许可，不得以任何方式翻印本书。

| 书　　名 | 四库存目子平汇刊（二）：秘本子平真诠 |
|---|---|
| 作　　者 | （清）沈孝瞻撰　郑同点校 |

| 出版发行 | 华龄出版社 | | |
|---|---|---|---|
| 地　　址 | 北京市东城区安定门外大街甲 57 号 | 邮　编 | 100011 |
| 电　　话 | （010）58122246 | 传　真 | （010）84049572 |
| 网　　址 | http://www.hualingpress.com | | |

| 印　　刷 | 三河市九洲财鑫印刷有限公司 | | |
|---|---|---|---|
| 版　　次 | 2014 年 12 月第 1 版　2022 年 12 月第 5 次印刷 | | |
| 开　　本 | 720×1020　1/16 | 印　张 | 13.75 |
| 字　　数 | 208 千字 | 印　数 | 11001～14000 册 |
| 定　　价 | 38.00 元 | | |

版权所有　翻印必究

本书如有破损、缺页、装订错误，请与本社联系调换

# 方　序

命理乃吾国科学与哲学融贯而成一种学说，数千年来传衍嬗变，或隐或现，全赖一二有心人为之继续维系，赖以不绝，其中确有学术上研究之价值，非徒痴人说梦，荒诞不经之谓也。其所以至今不能在科学中成立一种地位者，实有数因。盖古代士大夫阶级目医卜星相为九流①之学，多耻道之；而发明诸大师又故为惝恍迷离②之辞，以待后人探索；间有一二贤者有所发明，亦秘莫如深，既恐泄天地之秘，复恐讥为旁门左道，③始终不肯公开研究，成立一有系统说明之书籍，贻之后世。故居今日而欲研究此种学术，实一极困难之事。

按命理始于五星，④一变而为子平⑤；五星稍完备者，首推《果老星宗》

---

① 校注：元代统治者把人分为十等：一官、二吏、三僧、四道、五医、六工、七匠、八娼、九儒、十丐。九流可细分为上九流、中九流和下九流，但说法不一。一流佛祖二流仙，三流朝廷四流官，五流商家六流客，七馋八懒九赌钱。中九流：一流秀才二流医，三流丹青四流皮（皮影），五流弹唱六流金（卜卦算命），七僧八道九棋琴。下九流：一流高台二流吹，三流马戏四流推，五流池子六搓背，七修八配九娼妓。

② 校注：惝恍：也作"惝怳"，失意的样子。迷离：模糊不清。惝恍迷离：指茫然若失而模糊不清的样子。

③ 校注：旁：旁边，偏。门：派别。左：不正。道：路。指非正统的学术流派或宗教派别。泛指不正当的方法、门径。

④ 校注：五星术，一种主要的星象推命术。简称"五星"，因奉"生尧之丙丁，至唐犹存"的张果老为先师，故又称"果老术"，后世亦称"密宗星学"。此术所言"五星"，即指"金星、木星、水星、火星、土星"五大行星，也代指日、月、五星及二十八宿等星辰推命相涉的整个天文系统。术者认为日月星辰有着各自不同的属性，相互之间存在生克制化关系，并由此出发，赋以各不相同的星象组合形态以种种神煞命局的意义，然后再根据一个人的始生之时和出生之地，推算其出生时的方位八卦、命星宫度，而后定其格局。五星推命的内容十分广泛，一个人的财帛、兄弟、田宅、奴仆、夫妻、疾厄、迁移、官禄、福德、相貌、子息等方面的情况都可一一推出。元刘玉《己虐编》云："江湖间谈星命者，有子平有五星，又有范围前定诸数。"可见五星术在古代是一种流传甚广的星术命数。其主要命理著作有《张果星宗》、《星命溯源》、《星学大成》等。

⑤ 校注：子平术，星命术的一种。今存《四库全书》中有辑自《永乐大典》的《珞琭子赋注》二卷，为宋徐子平撰。人们为了纪念徐子平等先贤在推命术上的贡献，又把推命之术统称为子平术。是法专以人生年、月、日、时八字推算人运命的吉凶祸福，简称"子平"。元刘玉《己虐编》："江湖谈命者有子平、有五星。相传宋有徐子平，精于星学，后世术士宗之，故称子平。"

・ 1 ・

一书。然自民国以来，钦天监①改为中央观象台，七政四余②台历以及量天尺，③无人推算，此道根本无从着手，恐将日就湮灭。所余子平一派，尚有线索可寻。此中旧籍，首推《滴天髓》与《子平真诠》二书为最，完备精审，后之言命学者，千言万语，不能越其范围，如江河日月，不可废者。然古人著书，喜故为要渺之词，蹈玄秘之结习，后学之士，卒难了解。《滴天髓》④一书，幸有任铁樵⑤注本，征引宏博，譬解详明，可谓斯道之龙象；而《子平真诠》，迄今无人加以诠释。今徐子乐吾，⑥既将《任注滴天髓》印行于前，复将《子平真诠》评注于后，可与任君先后比美，使斯道得一详明而有系统之研究，将来在学术上之地位，植一基础，其功不在禹下矣。

后学者研究命学原理，得此二书，不致误入歧途。至于应用，仍有待

---

① 校注：钦天监，官署名。掌观察天象，推算节气，制定历法。秦、汉至南朝，太常所属有太史令掌天时星历。隋秘书省所属有太史曹，炀帝改曹为监。唐初，改太史监为太史局，嗣曾数度改称秘书阁、浑天监察院、浑仪监，或属秘书省。开元十四年（726），复为太史局，属秘书省。乾元元年（758），改称司天台。五代与宋初称司天监，元丰改制后改太史局。辽南面官有司天监，金称司天台，属秘书监。元有太史院，与司天监，回回司天监并置。

② 校注：七政四余是中国古代占星学系统。七政是指日、月（太阴）、金、木、水、火、土等星曜；四余是指紫气、月孛、罗睺、计都等四虚星。七政四余断命，是以人的出生之年月日，观察七政四余等星曜，所居十二宫的庙旺，所躔二十八宿的度数，以测知人日生之吉凶。

③ 校注：量天尺，亦称"表尺"、"天文尺"。中国古代用来测定投在圭表上日影长短的一种专用尺。其前身则为《周礼》提及的土圭，即一种石或玉制短尺。

④ 校注：《滴天髓》，又名《诚意伯秘授天官五星玄彻通旨滴天髓》，相传为宋人京图撰，也有人说是明初刘基所作。清代道光年间，任铁樵毕生研究命学，针对当时命理学偏离阴阳五行生克制化的正理，混乱芜杂，偏重于格局和神煞的问题，结合一生命理实践分篇增注，阐微发隐，正本清源，并以大量时人命造作为例证，这才扫除迷误，使命理学返回大道，并更加成熟。此书一出，一时洛阳纸贵，人们争相传抄，作为经典应用，并世代秘传。被古人推崇为命理学中的圣经。

⑤ 校注：任铁樵，生于乾隆三十八年四月十八日辰时，浙江人。祖有清望，家境殷实。二十多岁时遭骨肉之变，家产典卖殆尽，遂志心命理，以为生业，极为艰辛。代人写信、写春联、择吉等事务也在范畴之内，但主业是给人批命，并留心前朝文典，另起灶炉，注释《滴天髓》一书。年过知命，他所疏解的《滴天髓》刊印出版，一时洛阳纸贵。他所结交很多官宦、商贾之人，在注释中都有呈现。全书注释严谨，自成体系，以古老的五行正理作为论命根本，抛弃神煞、纳音等论法，交织着深厚哲学素养和丰富的批命经验。书出以来，历代书院派学者都以他的注释作为典范。

⑥ 校注：命界奇士徐乐吾先生（1886～1949），生于光绪十二年三月初三申时，是年三月初二清明，四月初二亥时立夏。其自评文中曰"六十二岁丁亥，冲命，火又被泄克，寿元至此而终，如六十一岁不死，当至六十三岁戊子年，决不能延至六十四岁的己丑岁，因戊子年申子辰乃大水局故。"据韦千里先生作品里说：乐吾先生，以心脏病不治死于六十三岁戊运戊子年。足证徐先生自评之准确。其主要著作有：《造化元钥》（即《穷通宝鉴评注》）、《命理寻源》、《命理杂格》、《命理一得》、《子平一得》、《子平粹言》、《命学新义》、《滴天髓补注》、《滴天髓征义》、《宝鉴例悉录》、《子平真诠评注》、《古今名人命鉴》、《子平四言集腋》、《乐吾随笔第一集》、《乐吾随笔第二集》。

乎多看古今命造，此所谓读书与实验二者并重。至天分之高低，与所得之浅深，更互为因果。倘能合天才、学识、经验三者以俱全，于斯道庶几入圣矣。此亦间世而后兴，非朝夕所能遇也。

余谈命理有年，所愧三者均有不足，迄今鲜有发明，而乐吾朝夕，寝馈于斯，矻矻忘年，时有述作。今书成将付印行，不弃愚蒙，嘱为一言，爰略述所知，以发其端云。

丙子仲春桐城方重审序于海上小忘忧馆

# 自　序

《子平真诠评注》竣，客有以袁了凡[①]造命之说进者，曰："命而可造，则命不足凭也。且子素习佛家言，如云命定，则命优无妨作恶，命劣为善无益，有是理乎？"予曰："子既知因果之说，亦知因果须通三世[②]而言乎？夫命之优劣，孰造成之？孰主宰之？须知以宿世之善因，而成今生之佳命，以宿世之恶因，而成今生之劣命。命运优劣，成于宿因，此为有定者也；今世之因，今世即见其果，此命之无定者也。尝见有命优而运劣者，有命劣而运佳者；命如种子，运如开花之时节。命优运劣，如奇葩卉，而不值花时，仅可培养于温室，而不为世重；若命劣运劣，则弱草轻尘，蹂躏道旁矣。故命优而运劣者，大都安享有余，而不能有为于时，此宿因也；若不安于义命，[③]勉强进取，则倾家荡产，声名狼藉，此近因也。故命之所定，功名事业，水到渠成；否则，棘地荆天，劳而无功。至于成功失败之程度，则随其所造之因，有非命运所能推算者，或者循是因而成将来之果，定未来之命，则不可知矣。是因果也，造命也，命理也，其理固相通者也。子曰'君子居易以俟命'，又曰'不知命无以为君子'。《子平真诠评注》者，知命之入门方法，亦推求宿因之方便法门也。"客无言而退，因录之以为序。

　　　　　　　　　　民国二十五年三月东海乐吾氏识于海上寓次

---

①　校注：袁了凡，嘉靖十二年（1533年）生于浙江省嘉善县魏塘镇，年轻时聪颖敏悟，卓有异才，为万历初嘉兴府三名家之一。万历十四年中（1586）进士，十六年授宝坻知县，颇有政绩，被誉为"宝坻自金代建县800多年来最受人称道的好县令"。万历二十年（1592），倭寇进犯朝鲜，升任兵部职司主事，不久调任援朝军营赞划，谋划平壤大捷，一举扭转战局。后罢归乡里，著书立说，担任《嘉善县志》主笔，1606年夏去世，享年74岁。天启元年（1621）追叙袁了凡东征之功，赠尚宝司少卿。清乾隆二年（1737），入祀魏塘书院"六贤祠"。

②　校注：佛家以过去、现在、未来为三世。

③　校注：义命，泛指本分。明范濂《云间据目抄》卷一："予今老矣，平生坎坷大都与家山同，独能以义命自安，而不役役于穷途。"

# 原　序

予自束发就傅，即喜读子史诸集，暇则《子平渊海》、①《大全》②略为流览，亦颇晓其意。然无师授，而于五行生克之理，终若有所未得者。后复购得《三命通会》、③《星平大成》④诸书，悉心参究，昼夜思维，乃恍然于命之不可不信，而知命之君子当有以顺受其正。

戊子岁，予由副贡充补官学教习，馆舍在阜城门右，得交同里章公君安，欢若生平，相得无间，每值馆课暇，即诣君安寓谈《三命》，彼此辩难，阐发无余蕴。已而三年期满，僦居宛平沈明府署，⑤得山阴沈孝瞻先生所著《子平手录》三十九篇，不觉爽然自失，悔前次之揣摩未至。遂携

---

①　校注：本书原有行下注，本次整理时，依旧将原注依古籍整理通例处理，并加"行注"二字于注前。凡点校者所加注释，通加"校注"二字于前，以与原行注区别。《子平渊海》，即《渊海子平》，现存世的代表版本有《新刊合并官板音义评注渊海》，已经收入华龄出版社《四库存目子平汇刊（一）》中。是书由宋代徐大升据鬼谷子、李虚中、徐子平等先师论命成果而编著，是八字命理学的开山之作，也是子平术必知的经典。该书以财官印食伤等格局为标准，将命运层次分为三六九等。若是论及以往名师圣贤、决断生死，当属鬼谷子先师的纳音论命法；论富贵贫贱，则应首推徐子平先师的子平财官格局法。

②　校注：宋徐大升另辑有《子平三命通变渊源》一书行世。《四库存目提要》曰："《子平三命渊源注》一卷，浙江范懋柱家天一阁藏本。元李钦夫撰。书末题大德丁未孟冬朔日，长安道人李钦夫仁敬注解。前有泰定丙寅翰林编修官王瓒中序，称《子平三命渊源》，得造化之妙。自钱塘徐大升后，知此者鲜。五羊道人李钦夫取子平家忌、继善二篇特加注解，括以歌诀，消息分明，脉络贯通云云。盖专以诠释徐子平之书者。其说视后来星家亦多相仿，无甚秘奥，原本附《寸金易鉴》后，今析出焉。"《子平大全》一书收录了《子平渊海》、《子平三命通变渊源》等多种典籍，故称《子平大全》。

③　校注：《三命通会》，明朝进士万民英著，足本《三命通会》共十二卷。清朝编修的《古今图书集成》及《四库全书》均收录万民英著作《三命通会》、《星学大成》，并给予了高度的评价。此书共十二卷，前九卷分列了十天干，每天干以日为主，以月为核心时为辅，定人吉凶，后三卷记载了大量的古歌赋极具实际操作指导意义。该书在历史上拥有非常高的地位，是传统命理学习者必读之书。

④　校注：《星平大成》，清沈义方辑。子平术在清中期以前多与五星术并用，故其书多与五星术合刻。现存世版本尚多，《续修四库全书》中亦有收录。

⑤　校注：宛平沈明府署，即宛平县沈县令之官署。唐以后多用以以明府专称县令。宛平县署，清时位于地安门西大街东官房，北京城内鼓楼附近。近代所指的宛平城，旧称为拱极城，在卢沟桥附近，当时并不叫宛平，1928 年 12 月 1 日宛平县公署始迁至此，称宛平城。

其书示君安，君安慨然叹曰："此谈子平家真诠也！"

先生讳燡燔，①成乾隆己未进士，②天资颖悟，学业渊邃，其于造化精微，固神而明之，变化从心者矣。观其论用神之成败得失，又用神之因成得败、因败得成，用神之必兼看于忌神，与用神先后生克之别，并用神之透与会、有情无情、有力无力之辨，疑似毫芒，③至详且悉。是先生一生心血，全注于是，是安可以淹没哉！

君安爰谋付剞劂，④为天下谈命者立至当不易之准，而一切影响游移管窥蠡测之智，俱可以不惑。此亦谈命家之幸也；且不惟谈命家之幸，抑亦天下士君子之幸，何则？人能知命，则营竞之心可以息，非分之想可以屏，凡一切富贵穷通寿夭之遭，皆听之于天，而循循焉各安于义命，以共勉于圣贤之路，岂非士君子厚幸哉！

观于此，而君安之不没人善，公诸同好，其功不亦多乎哉？爰乐序其缘起。

乾隆四十一年岁在丙申初夏同里后学胡焜倬空甫谨识

---

① 校注：按《嘉庆山阴县志·卷十六·乡贤四》：沈怀妃，字孝瞻，更名燡燔，乾隆己未进士，尝聚徒讲学，推为《周易》专门师。铨授江西德兴知县，劝学兴文，教治以息讼，宁民为本，至今士民诵之。壬申夏，旱，大疫，为文祷于神，痛自引咎，雨立沛，疫亦旋息。年六十二，卒于官。著有《寒玉轩诗钞》并《文集》四卷。

② 校注：成乾隆己未进士，即成为乾隆四年己未科进士。查乾隆四年己未科进士题名录，沈燡燔先生名列第二甲八十二名。成，考中、成为的意思。古书多有此用法。如《明史·列传第六十四》："李贤，字原德，邓人。宣德八年成进士。"

③ 校注：毫芒，比喻极细微。汉班固《答宾戏》："独撼意乎宇宙之外，锐思於毫芒之内。"《后汉书·方术传下·郭玉》："医之为言意也。腠理至微，随气用巧，针石之间，毫芒即乖。"宋苏轼《孙武论下》："举百倍之势，而立毫芒之功。"

④ 校注：剞劂（JiJué），刻镂的刀具。《楚辞·严忌〈哀时命〉》："握剞劂而不用兮，操规榘而无所施。"洪兴祖补注引应劭曰："剞，曲刀；劂，曲凿。"此处代指雕板、刻印。明周履靖《〈锦笺记〉题录》："剞劂生涯日，诗书艺业长。刻字的候列位老爷刊同年录。"

# 凡 例

去夏刊行《滴天髓征义》，阅者以其陈义过高，纷以用科学编制另辑浅近讲义为请。窃念《滴天髓》固非初学书也。子平之法，源于五星，年代尚近，佳著无多。《子平大全》、《渊海》、《三命通会》、《神峰辟谬》等书，大都杂而不精，非初学所能读。惟《子平真诠》，议论鸿辟；而其编次，月令为经，诸神为纬；条理井然，最便初学。惜失于简略，且有看法而无起例，初习者有入门无从之叹。适友人绍兴何寄重君，藏有赵展如中丞原刊本，互相校正，缘本平生研究所得，详为评注；并以当时人物命造，作为例证。埋首半载，方克成书，并于篇末附《入门起例》一卷。虽未敢云阐发无余，而大致已备。学者手此一编，从而进研《滴天髓征义》诸书，则登堂入室，庶无扞格[①]之虞。虽非讲义，固无殊于循序渐进之讲义也。评注既竣，述其凡例于右：

一、原书序文谓"手录三十九篇"，盖论八格与取运合为一篇也[②]。若分列之，有四十七篇，而坊本仅四十四篇半，《行运》、《成格》、《变格》坊本仅半篇。今照原本补足，以成完璧。

一、子平源于五星，名词格局，多沿五星之旧，后人不得其解，牵强附会，最足以淆乱耳目。《评注》悉加纠正，并说明原理，庶不为俗所识。

一、《真诠》议论虽精，而杂格取舍，仍有囿于俗说者，特于评注中，加以纠正。

一、《真诠》以月令用神为经，诸神为纬，然用神非尽出于月令，故于舍月令别取用神之格局，特别提出，加以说明。盖取用无定法，以月令用神编次，虽十得七八，究不能包括完备。此非原书之误，特限于编次之法，不得不然耳。

---

① 校注：扞格，抵触，格格不入。宋苏轼《策略五》："器久不用而置诸箧笥，则器与人不相习，是以扞格而难操。"明李贽《耿楚倥先生传》："故往来论辩，未有休时，遂成扞格，直至今日耳。"孙中山《伦敦被难记》二："华人虽同隶一国，而言语多相扞格。"

② 行注：《如论正官》与《论正官取运》实为一篇。

一、起例歌诀，无非便于记忆，若明其原理，则歌诀不特容易记忆，且可自己编造，否则命理歌诀多如牛毛，焉能一一熟记？故本编入门起例，略述原理，并附歌诀，并列表以便检查。

一、未习命理者，宜先阅末卷《命理入门》，再阅评注，循序而进，自不致毫无头绪。

一、评注中所引例证，或采现代名人命造，或录自《滴天髓征义》。然因材料不足，凡无适合之例证者，暂付缺如。或彼此可以互证者，不免前后重出，将来续有收集，当于再版时改正之。

一、初版仅印一千部，藉以就正有道。如蒙纠正谬误，或录示例证，感纫[①]无极，当并于再版时改正加入。

---

[①] 校注：感纫，感激，多用于书信、序言等。

# 目 录

## 子平真诠卷一 ............ 1
论十干十二支 ............ 1
论阴阳生克 ............ 9
论阴阳生死 ............ 13
论十干配合性情 ............ 20
论十干合而不合 ............ 24
论十干得时不旺失时不弱 ............ 33
论刑冲会合解法 ............ 35

## 子平真诠卷二 ............ 43
论用神 ............ 43
论用神成败救应 ............ 51
论用神变化 ............ 65
论用神纯杂 ............ 69
论用神格局高低 ............ 71
论用神因成得败因败得成 ............ 75
论用神配气候得失 ............ 77
论相神紧要 ............ 80
论杂气如何取用 ............ 82
论墓库刑冲之说 ............ 85
论四吉神能破格 ............ 87
论四凶神能成格 ............ 87

## 子平真诠卷三 ............ 89
论生克先后分吉凶 ............ 89
论星辰无关格局 ............ 94
论外格用舍 ............ 98
论宫分用神配六亲 ............ 100
论妻子 ............ 102

论行运 ········································· 105
　　论行运成格变格 ······························· 110
　　论喜忌支干有别 ······························· 111
　　论支中喜忌逢运透清 ·························· 114
　　论时说拘泥格局 ······························· 115
　　论时说以讹传讹 ······························· 119
　　论正官 ········································· 121

## 子平真诠卷四 ······························· 123
　　论正官取运 ···································· 123
　　论财 ············································ 126
　　论财取运 ······································· 129
　　论印绶 ········································· 133
　　论印绶取运 ···································· 136
　　论食神 ········································· 140
　　论食神取运 ···································· 142

## 子平真诠卷五 ······························· 147
　　论偏官 ········································· 147
　　论偏官取运 ···································· 150
　　论伤官 ········································· 153
　　论伤官取运 ···································· 157
　　论阳刃 ········································· 160
　　论阳刃取运 ···································· 163
　　论建禄月劫 ···································· 165
　　论建禄月劫取运 ······························· 168
　　论杂格 ········································· 171
　　附：论杂格取运 ······························· 177
　　全书古例附录 ································· 181

# 子平真诠卷一

## 论十干十二支

天地之间，一气而已。惟有动静，遂分阴阳。① 有老少，遂分四象。② 老者极动极静之时，是为太阳太阴；少者初动初静之际，是为少阴少阳。有是四象，而五行具于其中矣。水者，太阴也；火者，太阳也；木者，少阳也；金者，少阴也；土者，阴阳老少、木火金水冲气所结也。③

阴阳之说，最为科学家所斥，然天地间日月寒暑，昼夜男女，何一而非阴阳乎？即细微如电子，亦有阴阳之分。由阴阳而析为四象，木火金水，所以代表春夏秋冬四时之气也。大地之中，藏火藏水，以及金属之矿，孰造成之？万卉萌生，孰使令之？科学万能，可以化析原质，造成种

---

① 校注：阴阳是中国古代汉族圣贤创立的哲学范畴。一种本源论（本体论）。古人仰观、俯察取类比象，将自然界中各种对立又相联的现象，如天地、日月、昼夜、寒暑、男女、上下等抽象归纳出"阴阳"的概念。《道德经》曰：万物负阴而抱阳，冲气以为和。这是老子对阴阳精确的概括与演述。李学勤先生指出：早至虞舜时代，舜帝就开始了"测阴阳之物"的实践。春秋时代孔门的《易传》以及老子的道德经都对阴阳做了系统论述。阴阳理论已经渗透到中国传统文化的方方面面，包括哲学，历法，国学，美学，中医，书法，军事，外交，计算机科学，物理科学，传媒学，建筑堪舆，占卜等等领域。

② 校注："象"，就是以"象"类物，是古人的一种分类和分析事物的方法，是一种认识世界的手段和方法。四象指少阳、太阳、少阴、太阴，分别可以代表春、夏、秋、冬；生、长、老、死等等四类事物和现象，将事物和现象分成四个阶段、四种相联系的情况。

③ 校注：古人常用了四种常见的事物代替少阳、太阳、少阴、太阴四象。这四种常见的事物就是"木、火、金、水"。具体代替方法就是：木——少阳；火——太阳；金——少阴；水——太阴。"木、火、金、水"代替"少阳、太阳、少阴、太阴"以后，就不再是具体的生活中的这四种常见事物，它们变成了"四象"，被人为地赋予了概念，变成了哲学理论上的东西。以后，当古人认为其它事物和现象分别与"木、火、金、水"类似时，就可以分别被归类于"木、火、金、水"四象了。

子，而不能使其萌芽，此萌芽之活动力，即木也。故金木水火，乃天地自然之质。万物成于土而归土，载此金木水火之质者，土也。人秉天地之气而生，暖气火也，流质水也，铁质金也，血气之流行木也。而人身骨肉之质，运用此金木水火者，土也。人生秉气受形，有不期然而然者，自不能不随此自然之气以转移也。

有是五行，① 何以又有十干、十二支② 乎？盖有阴阳，因生五行，而五行之中，各有阴阳。即以木论，甲乙者，木之阴阳也。甲者，乙之气；乙者，甲之质。在天为生气，而流行于万物者，甲也；在地为万物，而承兹生气者，乙也。又细分之：生气之散布者，甲之甲；而生气之凝成者，甲之乙。万物之所以有枝叶者，乙之甲；而万木之枝枝叶叶者，乙之乙也。方其为甲，而乙之气已备；及其为乙，而甲之质乃坚。有是甲乙，而木之阴阳具矣。

五行各分阴阳而有干支。天干者，五行在天流行之气也；地支者，四时流行之序也。列图如下③：

---

① 校注：五行是中国古代的一种本源论（本体论）的形而上学。多用于哲学、中医学和占卜方面。五行学说是中国文化重要组成部分。五行指：木、火、土、金、水。认为宇宙自然是由五种要素相生相克衍生变化所构成，随着这五个要素的盛衰，而使得宇宙与大自然产生变化，不但影响到人的命运，同时也使宇宙万物循环不已。五行学说认为宇宙万物，都由木火土金水五种基本特性的运行（运动）和变化所构成。它强调整体概念，描绘了事物的结构关系和运动形式。如果说阴阳是一种古代的对立统一学说，则五行可以说是一种古老的普通系统论。五行属于物质的，也属于精神的。

② 校注：天干地支，简称"干支"。十干，指甲、乙、丙、丁、戊、己、庚、辛、壬、癸。"十二支"包括"子、丑、寅、卯、辰、巳、午、未、申、酉、戌、亥"，也称"地支"。天干地支是古人计时的方法，而现在大多在干支历及农历中使用。十干古称十日，十二支古称十二辰。干支这个名称，在东汉以前是没有的。关于干支的起源，成书于战国末年的史书《世本》中曾有这样的记载："容成作历，大挠作甲子"。隋朝《五行大义》也记载有"（大挠）采五行之情，占斗机所建，始作甲乙以名日，谓之干，作子丑以名月，谓之枝。有事于天则用日，有事于地则用月。阴阳之别，故有枝干名也。"干支历又称甲子历、节气历或中国阳历。它是一种以60组各不相同的天干地支标记年月日时的传统历法。干支历主要由干支纪年、干支纪月、干支纪日、干支纪时四部分组成。60干支以甲子为首，以立春为岁首，交节日为月首。年长即回归年，一节一中为一个月。

③ 行注：详见《命理寻源》。

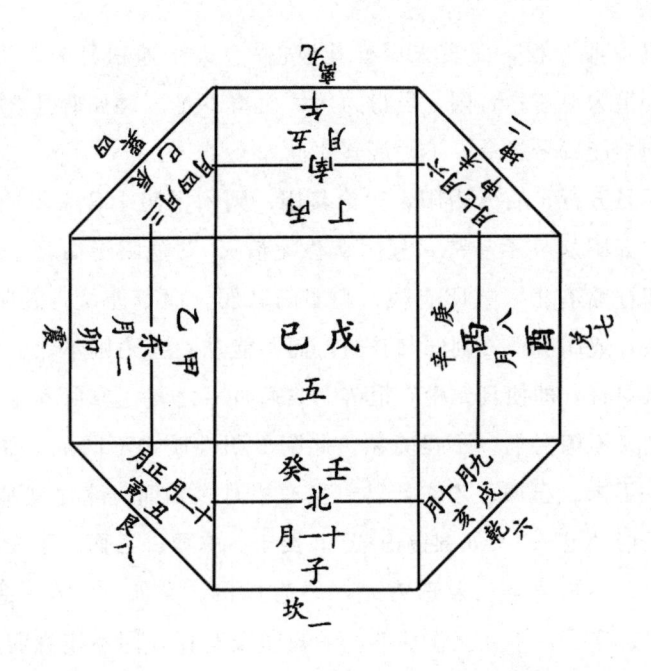

何以复有寅卯？寅卯者，又与甲乙分阴阳天地而言之者也。以甲乙而分阴阳，则甲为阳，乙为阴，木之行于天而为阴阳者也。以寅卯而阴阳，则寅为阳、卯为阴，木之存乎地而为阴阳者也。以甲乙寅卯而统分阴阳，则甲乙为阳、寅卯为阴，木之在天成象而在地成形者也。甲乙行乎天，而寅卯受之；寅卯存乎也，而甲乙施焉。是故甲乙如官长，寅卯如该管地方。甲禄于寅，乙禄于卯，如府官之在郡，县官之在邑，而各司一月之令也。

甲乙皆木，同为在天之气。甲为阳和初转，其势方张；乙为和煦生气，见于卉木之萌芽。虽同为木，而其性质有不同也。甲乙为流行之气，故云行乎天；寅卯为时令①之序，故云存乎地。流行之气随时令而转移，

---

① 校注：时令，犹月令。古时按季节制定有关农事的政令。《礼记·月令》："（季冬之月）天子乃与公卿大夫共饬国典，论时令，以待来岁之宜。"孙希旦《集解》引吴澄曰："时令，随时之政令。"《后汉书·明帝纪》："班时令，勅群后。"李贤注："时令谓月令也，四时各有令。"清龚自珍《乙丙之际塾议第十七》："顺阴阳，布时令，陈肃圣哲谋，教人主法天，公卿、师保、大臣之世言也。"

故甲乙同以寅卯为根，而亥未辰皆其根也①。天干通根月令，当旺之气，及时得用，最为显赫；否则，虽得为用，而力不足。譬如府县之官，不得时得地，则不能发号施令，不得展其才也。

十干即是五行，而分阴阳，然论其用，则阳干阴干各有不同。《滴天髓》云："五阳从气不从势，五阴从势无情义。"盖阳干如君子，阳刚之性，只要四柱略有根，或印有根，则弱归其弱，而不能从；五阴则不然，四柱略有根，或印有根，则弱归其弱，而不能从；五阴则不然，四柱财官偏盛，则从财官，即使日元稍有根苗，或通月令之气，亦所不论。然或印绶有根，则又不嫌身弱，不畏克制。此阴干阳性质之不同也。如伍廷芳②造，**壬寅、丁未、己卯、乙亥**，己土虽通根月令，而见木之势盛即从木，所谓从势无情义也③。又如阎锡山④造，**癸未、辛酉、乙酉、丁亥**，乙木只要有印通根，不怕身弱，煞透有制，即为贵格。又如许世英⑤造，**癸酉、辛酉、乙丑、辛巳**，十九误作从煞，不知印绶有根，即不嫌身弱，仍喜制

---

① 行注：见下《阴阳生死》节。

② 校注：伍廷芳（1842～1922），本名叙，字文爵，又名伍才，号秩庸，后改名廷芳。汉族，广东新会西墩人，清末民初杰出的外交家、法学家，出生于新加坡，3岁随父回广州芳村定居，早年入香港圣保罗书院，1874年自费留学英国，入伦敦学院攻读法学，获博士学位及大律师资格，成为中国近代第一个法学博士，后回香港任律师，成为香港立法局第一位华人议员。洋务运动开始后，1882年进入李鸿章幕府，出任法律顾问，参与中法谈判、马关谈判等，1896年被清政府任命为驻美国、西班牙、秘鲁公使，签订近代中国第一个平等条约《中墨通商条约》。辛亥革命爆发后，任中华民国军政府外交总长，主持南北议和，达成迫清室退位。南京临时政府成立后，出任司法总长。1917年赴广州参加护法运动，任护法军政府外交总长、财政总长、广东省长。1922年，陈炯明叛变时，因惊愤成疾，逝世于广州。

③ 行注：见下《用神》节。

④ 校注：阎锡山（1883年10月8日～1960年5月23日），字百川、伯川，号龙池，汉族，山西五台县河边村人，日本陆军士官学校第六期毕业生，清朝陆军步兵科举人、协军校，同盟会员，组织与领导了太原辛亥起义。民国时期，阎锡山历任山西省都督、督军、省长、北方国民革命军总司令、国民党中央政治委员、军事委员会副委员长、太原绥靖公署主任、第二战区司令长官、山西省政府主席、国民政府行政院院长、国防部一级上将。奉行"中庸哲学"的阎锡山，从辛亥革命开始统治山西达38年之久。阎锡山解放前夕去台湾，1960年5月23日病逝台北，终年77岁。葬于七星区阳明山。

⑤ 校注：许世英（1873～1964），字俊人，一作静仁，安徽省秋浦县（今东至县）人。19岁中秀才，光绪二十三年（1897）以拨贡生选京师参加廷试，得一等，以七品京官分发刑部主事，从此跻身官场，历经晚清、北洋、民国三个时期，宦海浮游60余年，成为中国近代政坛上一位著名历史人物。

煞之运。此又阴干之特点也①。阳干则不然，如虞和德②造，**丁卯、丙午、庚午、己卯**，庚金虽弱，透印有根，即不能从，身弱自为其弱，运行扶身之地，自然富贵，特劳苦耳。此不同之点也。然阳干亦非绝对不能从者，如逊清宣统③造，**丙午、庚寅、壬午、壬寅**，印比皆无根，则不得不从，此所谓从气不从势也。其理甚深，非可猝喻，学者多阅八字，经验积久，自能会悟，非文字所能达也④。

甲乙在天，故动而不居。建寅⑤之月，岂必当甲？建卯之月，岂必当乙？寅卯在地，故止而不迁。甲虽递易，月必建寅；乙虽递易，月必建卯。以气而论，甲旺于乙；以质而论，乙坚于甲。而俗书谬论，以甲为大林，盛而宜斩，乙为微苗，脆而莫伤，可为不知阴阳之理者矣。以木类推，余者可知，惟土为木火金水冲气，故寄旺于四时，而阴阳气质之理，亦同此论。欲学命者，必须先知干支之说，然后可以入门。

天干动而不居者，如甲己之年，以丙寅为正月；乙庚之岁，以戊寅为正月也。地支止而不迁者，正月必为寅，二月必为卯也。论气甲旺于乙，论质乙坚于甲者，甲木阳刚之性，乙木柔和之质，其中分别，详下附录《滴天髓》论天干宜忌节。"大林"、"微苗"之喻，本为纳音取譬之词，俗

---

① 行注：见下《格局高低》篇。

② 校注：虞和德，字洽卿（1867～1945），浙江慈溪人，早年到上海当学徒，五四运动期间上街劝说开市。1920年合伙创办上海证券物品交易所，任理事长。1923年当选为上海总商会会长。抗战时期坚持抗日爱国，日军占领租界后赴渝经营滇缅公路运输，支持抗战。1945年4月26日在重庆病逝，安葬于故乡龙山。

③ 校注：宣统帝，即爱新觉罗·溥仪，是清朝第十二位皇帝，字耀之，号浩然，是清军入关以来第十位皇帝，也是中国封建王朝最后一位皇帝，爱新觉罗·溥仪年号。起止时间为1909年－1912年。辛亥革命之后，一些清朝遗民仍然使用宣统年号纪年。1917年张勋拥戴溥仪复辟时，称宣统九年。辛亥革命以后，被袁世凯逼迫于1912年2月12日颁布退位诏书，宣布退位。抗战时充当日本扶持的伪满洲国"皇帝"，被定为战犯，后被国家主席刘少奇特赦，成为中华人民共和国公民。后担任第四届中国人民政治协商会议全国委员会委员，1967年在北京去世。作为清朝皇帝在位时的他的年号为"宣统"，故通称"宣统皇帝"。作为"满洲国"皇帝时，年号"康德"，故又被称为"康德皇帝"。

④ 行注：按本章论干支性质，虽为初步，实为最深；命理精微之点，即为干支阴阳性质之别，学者不妨置之后图，俟研习入门之后，自知其重要也。

⑤ 校注：建寅，古代以北斗星斗柄的运转计算月分，斗柄指向十二辰中的寅即为夏历正月。《淮南子·天文训》："天一元始，正月建寅。"

书传讹，而无知之人妄执之耳。学命者先明干支阴阳之理，察其旺衰进退之方，庶不致为流俗所误也。

## 附：《滴天髓》论天干宜忌

甲木参天，脱胎要火。春不容金，秋不容土。火炽成龙，水荡骑虎。地润天和，植立千古。

甲为纯阳之木，有参天之势，生于春初，木嫩气寒，得火而发荣；生于仲春，旺极之势，宜泄其菁英，所谓脱胎要火也。初春嫩木萌芽，不宜金克；仲春以衰金而克旺木，木坚金缺，故春不容金也。生于秋，木气休囚，而金当令，土不能培木之根，而生金克木，故不容土也。龙，辰也。支全巳午或寅午戌而干透丙丁，不惟泄气太过，抑且火旺木焚。宜坐辰，辰为湿土，能滋培木而泄火也。寅，虎也。支全亥子或申子辰，而干透壬癸，水泛木浮。宜坐寅，寅为木之禄旺而藏火土，能纳水之气，不畏浮泛也。火燥坐辰、水泛坐寅为地润，金木水土不相克为天和，非仁寿之象乎？

乙木虽柔，刲羊解牛；怀丁抱丙，跨凤乘猴；虚湿之地，骑马亦忧；藤萝系甲，可春可秋。

羊未也，牛丑也。乙木虽柔，而生于丑未月，未为木库，丑为湿土，可培乙木之根；乙木根固，则制柔土亦有余也。凤酉也，猴申也。生于申酉月，只要干有丙丁，不畏金旺①。马午也，生于亥子月，水旺木浮，虽支有午，亦难发生。若天干有甲，地支有寅，名为藤萝系甲，可春可秋，言四季皆可，不畏砍伐也。

丙火猛烈，欺霜侮雪；能煅庚金，从辛反怯；土众生慈，水猖显节；虎马犬乡，甲来成灭。

五阳皆阳丙为最。丙者，太阳之精，纯阳之性，欺霜侮雪，不畏水克也。庚金虽顽，力能煅之；辛金虽柔，合而反弱。见壬水，则阳遇阳而成

---

① 行注：见《格局高低》篇阎、陆、商、张诸造，可为例证。

对峙之势；见癸水，则如霜雪之见日，故不畏水克，而愈见其刚强之性。见土则火烈土燥，生机尽灭。土能晦火，见己土犹可，而见戊土尤忌。生慈者，失其威猛之性也。显节者，显其阳刚之节也。虎马犬乡者，寅午戌也。支全寅午戌，而又透甲，火旺而无节，不戢①自焚也。

丁火柔中，内性昭融；抱乙而孝，合壬而忠；旺而不烈，衰而不穷；如有嫡母，可秋可冬。

丁火，离火也，内阴而外阳，故云柔中。内性昭融，即"柔中"二字之注解。丁，乙之母也，有丁护乙，使辛金不伤乙木，不若丙火之能焚甲木也。壬，丁之君也。丁合壬能使戊土不伤壬水，不若己土合甲，辛金合丙之更变，君失其本性也②。虽时当乘旺，不至赫炎；即时值就衰，而不至歇灭③。干透甲乙，秋生不畏金；支藏寅卯，冬产不忌水。

戊土固重，既中且正；静翕动辟，万物司命。水润物生，土燥物病；若在艮坤，怕冲宜静。

固重两字，最足以形容戊土之性质。春夏气动而辟则发生；秋冬气静而翕，则收藏；故为万物之司命也。戊土高亢，生于春夏，宜水润之，则万物发生，燥则物枯；生于秋冬，水多宜火暖之，则万物化成，湿则物病。艮坤者，寅申也。土寄四隅，寄生于寅申，寄禄于巳亥，故在艮坤之位，喜静忌冲。四生之地，皆忌冲克，土亦不能外此例也。

己土卑湿，中正蓄藏；不愁木盛，不畏水狂；火少火晦，金多金乐；若要物旺，宜助宜帮。

戊己同为中正之土，而戊土固重，己土蓄藏；戊土高亢，己土卑湿，此其不同之点也。卑湿之土，能培木之根，止水广泛。见甲则合而有情，故不愁木盛；见水则纳而能蓄，故不畏水狂。能洩火晦火，故云火少火晦；能润金生金，故云金多金光。此为己土无为之妙用。但欲滋生万物，则宜丙火去其卑湿之气，戊土助其生长之力，方足以充盛长旺也。

庚金带煞，刚健为最；得水而清，得火而锐；土润则生，土

---

① 校注：戢，音 ji，收敛。《小尔雅》："戢，敛也。"
② 行注：己土合甲，甲化于土，辛金合丙，丙火反怯。
③ 行注：酉为之火死地而丁长生。

干则脆；能赢甲兄，输于乙妹。

庚金为三秋肃杀之气，性质刚健，与甲丙戊壬各阳干有不同。得壬水泄其刚健之性，气流而清；得丁火冶其刚健之质，锋锻而锐；生于春夏，遇丑辰湿土，能全其生；逢戌未燥土，能使其脆。甲木虽强，力能伐之；乙木虽柔，合而有情。

辛金软弱，温润而清；畏土之多，乐水之盈；能扶社稷，能救生灵；热则喜母，寒则喜丁。

辛金清润之质，乃三秋温和之气也。戊土太多，则涸水埋金；壬水有余，则润土泄金。辛为甲之君，丙又为辛之君，丙火能焚甲木，辛合丙化水，转克为生，岂非扶社稷救生灵乎？生于夏而火多，有己土则晦火而生金；生于冬而水旺，有丁火则暖水而养金，故以为喜也。

壬水通河，能泄金气；刚中之德，周流不滞；通根透癸，冲天奔地；化则有情，从则相济。

通河者，天河也。壬水长生于申，申乃坤位，天河之口。壬生于申，能泄西方肃杀之气，水性周流不滞，所以为刚中之德也。如申子辰全，又透癸水，其势泛滥，虽有戊己之土，不能止其流。若强制之，反冲激而成患，必须用木泄之，顺其气势，不至冲奔也。合丁化木，又能生火，可谓有情。生于巳午未月，四柱火土并旺，别无金水相助，火旺透干则从火，土旺透干则从土。调和润泽，仍有相济之功也。

癸水至弱，达于天津；得龙而运，功化斯神；不愁火土，不论庚辛；合戊见火，化象斯真。

癸乃纯阴之水，发源虽长，其性至静而至弱，所谓五阴皆阴癸为至也。龙，辰也，遁干见辰，则化气之原神透出，为一定之理①。不愁火土者，至弱之性，见火土多则从化矣。不论庚辛者，弱水不能泄金气，而金多反浊，即指癸水而言。合戊见火者，戊土燥厚，四柱见丙辰，引出化神，化象乃真也。若生于秋冬金水旺地，纵遇丙辰，亦难从化，宜细

---

① 行注：详见《滴天髓征义》。

详之①。

## 论阴阳生克

四时之运,相生而成。故木生火,火生土,土生金,金生水,水复生木。即相生之序,循环迭运,而时行不匮。然而有生又必有克,生而不克,则四时亦不成矣。克者,所以节而止之,使之收敛,以为发泄之机,故曰"天地节而四时成"。即以木论,木盛于夏,杀于秋。杀者,使发泄于外者藏收于内,是杀正所以为生。大《易》以收敛为性情之实,以兑为万物所说,至哉言乎!譬如人之养生,固以饮食为生,然使时时饮食,而不使稍饥以待将来,人寿其能久乎?是以四时之运,生与克同用,克与生同功。

"生与克同用,克与生同功"二语,实为至言。有春夏之阳和,而无秋冬之肃杀,则四时不成;有印劫之生扶,而无煞食之克泄,则命理不成。故生扶与克泄,在命理之用,并无二致,归于中和而已。

然以五行而统论之,则水木相生,金木相克。以五行之阴阳而分配之,则生克之中,又有异同。此所以水同生木,而印有偏正;金同克木,而局有官煞也。印绶之中,偏正相似,生克之殊,可置勿论;而相克之内,一官一煞,淑慝判然,其理不可不细详也。

阴阳配合,与磁电之性相似。阳遇阳、阴遇阴则相拒,七煞枭印是也;阳遇阴、阴遇阳则相吸,财官印是也。印为生我,财为我克,或偏或正,气势虽有纯杂之殊,用法尚无大异。官煞,克我者也,淑慝回殊,不可不辨。比劫,同气也,食伤,我生者也,则又以同性为纯,异性为杂。纯杂之分,关于用之强弱,此为研究命理者所不可不知也。

---

① 行注:上摘录《滴天髓征义》。

即以甲乙庚辛言之：甲者，阳木也，木之生气也；乙者，阴木也，木之形质也。庚者，阳金也，秋天肃杀之气也；辛者，阴金也，人间五金之质也。木之生气，寄于木而行于天，故逢秋天肃杀之气，则销克殆尽，而金铁刀斧反不能伤。木之形质，遇金铁刀斧而斩伐无余，而肃杀之气只可外扫落叶而根柢愈固。此所以甲以庚为杀，以辛为官，而乙则反是，庚官而辛杀也。

又以丙丁庚辛言之：丙者，阳火也，融和之气也；丁者，阴火也，薪传之火也。秋天肃杀之气，逢阳和而克去，而人间之金，不畏阳和，此庚以丙为杀，而辛以丙为官也。人间金铁之质，逢薪传之火而立化；而肃杀之气，不畏薪传之火。此所以辛以丁为杀，而庚以丁为官也。即此以推，而余者以相克可知矣。

此论官煞之大概也。然以乙为木之形质，辛为人间五金之质，丁为薪传之火，似未尽合。十干即五行，皆天行之气也。就气而分阴阳，岂有形质可言？譬如男女人之阴阳也，而男之中有阳刚急燥，有阴沉柔懦，女之中亦然，性质不同也。取譬之词，学者切勿执着。五行宜忌，全在配合，四时之宜忌，又各不同。兹录各家论五行生克宜忌于后。

## 附论四时之木宜忌[①]

春月之木，余寒犹存，喜火温煖，则无盘屈之患；藉水资扶，而有舒畅之美。春初不宜水盛，阴浓湿重，则根损枝枯；又不可无水，阳气烦燥，则根干叶萎。须水火既济方佳。土多则损力，土薄则财丰。忌逢金重，克伐伤残；设使木旺，得金则美。

夏月之木，根干叶枯，欲得水盛而成滋润之功，切忌火旺而招自焚之患。土宜其薄，不可厚重，厚重反为灾咎；金忌其多，不可欠缺，欠缺不能斩削。重重佳木，徒以成林；叠叠逢华，终无结果。

秋月之木，气渐凋零。初秋火气未除，犹喜水土以相滋；中秋果已成

---

① 行注：节录《穷通宝鉴》。

实，欲得刚金之修削。霜降后不宜水盛，水盛则木漂；寒露后又喜火炎，火炎则木实。木盛有多材之美，土厚无任才之能。

冬月之木，盘屈在地，欲土多以培养，恶水盛而忘形。金纵多，克伐无害；火重见，温煖有功。归根复命之时，木病安能辅助？须忌死绝之地，只宜生旺之方。

## 附论四时之火宜忌①

春月之火，母旺子相，势力并行。喜木生扶，不宜过旺，旺则火炎；欲水既济，不宜太多，多则火灭。土多则晦光，火盛则燥烈。见金可以施功，纵重见才富尤遂。

夏月之火，乘旺秉权。逢水制则免自焚之咎，见木助必招夭折之忧。遇金必作良工，得土遂成稼穑。然金土虽为美利，无水则金燥土焦，再加木助，势必倾危。

秋月之火，性息体休。得木生则有复明之庆；遇水克难免损灭之灾。土重而掩息其光，金多而损伤其势。火见木以光辉，纵叠见而有利。

冬月之火，体绝形亡。喜木生而有救，遇水克以为殃。欲土制为荣，爱火比为利。见金则难任为财，无金则不遭磨折。

## 附论四时之土宜忌②

春月之土，其势孤虚。喜火生扶，恶木太过；忌水泛滥，喜土比助。得金而制木为祥，金多则仍盗土气。

夏月之土，其势燥烈。得水滋润成功，忌火煅炼焦坼。木助火炎，生克不取；金生水泛，妻财有益。见比助则蹇滞不通，如太过又宜木袭。

秋月之土，子旺母衰。金多而耗盗其气，木盛须制伏纯良。火重重而不厌，水泛泛而非祥。得比肩则能助力，至霜降不比无妨。

---

① 行注：节录《穷通宝鉴》。
② 行注：节录《穷通宝鉴》。

冬月之土，外寒内温。水旺财丰，金多子秀。火盛有荣，木多无咎。再加比助为佳，更喜身强为寿。

## 附论四时之金宜忌①

春月之金，余寒未尽，贵乎火气为荣；体弱性柔，宜得厚土为辅。水盛增寒，失锋锐之势；木旺损力，有剉钝之危。金来比助，扶持最妙，比而无火，失类非良。

夏月之金，尤为柔弱，形质未备，更嫌死绝。火多不厌，水润呈祥。见木助鬼伤身，遇金扶持精壮。土薄最为有用，土厚埋没无光。

秋月之金，得令当权。火来煅炼，遂成钟鼎之材；土多培养，反有顽浊之气。见水则精神越秀，逢木则斩削施威。金助愈刚，过刚则折；气重愈旺，旺极则衰。

冬月之金，形寒性冷。木多难施斧凿之功，水盛未免沉潜之患。土能制水，金体不寒；火来生土，子母成功。喜比肩聚气相扶，欲官印温养为利。

## 附论四时之水宜忌②

春月之水，性滥滔淫。再逢水助，必有崩堤之势；若加土盛，则无泛涨之忧。喜金生扶，不宜金盛；欲火既济，不宜火炎。见木而可施功，无土仍愁散漫。

夏月之水，执性归源，时当涸际，欲得比肩。喜金生助体，忌火旺太炎。木盛则泄其气，土旺则制其流。

秋月之水，母旺子相。得金助则清纯，逢土旺则混浊。火多而财盛，木重而身荣。重重见水，增其泛滥之忧；叠叠逢土，始得清平之意。

冬月之水，司令当权。遇火则增暖除寒，见土则形藏归化。金多反致无义，木盛是谓有情。水流泛滥，赖土堤防；土重高亢，反成涸辙。

---

① 行注：节录《穷通宝鉴》。
② 行注：节录《穷通宝鉴》。

# 附论五行生克制化宜忌[1]

金赖土生，土多金埋；土赖火生，火多土焦；火赖木生，木多火炽；木赖水生，水多木漂；水赖金生，金多水浊。

金能生水，水多金沉；水能生木，木多水缩；木能生火，火多木焚；火能生土，土多火晦；土能生金，金多土弱。

金能克木，木坚金缺；木能克土，土重木折；土能克水，水多土流；水能克火，火炎水灼；火能克金，金多火熄。

金衰遇火，必见销熔；火弱逢水，必为熄灭；水弱逢土，必为淤塞；土衰逢木，必遭倾陷；木弱逢金，必为斫折。

强金得水，方挫其锋；强水得木，方缓其势；强木得火，方泄其英；强火得土，方敛其焰；强土得金，方化其顽。

《穷通宝鉴》与徐大升论五行生克与四时宜忌两节，言之虽浅，其理至深，譬如算学中之加减乘除，初学习此，而至深之微积方程，亦不能外此。要知命理深微，无非四时五行、生克制化、旺衰顺逆之理，初学或未能解悟，习之既久，自能领会。应用无穷，变化莫测，幸勿以其言之浅近而忽之也。

# 论阴阳生死

五行干支之说，已详论于干支篇。干动而不息，支静而有常。以每干流行于十二支之月，而生旺墓绝系焉。

生旺墓绝之说，由来甚古。《淮南子》曰"春令，木壮、水老、火生、金囚、土死"，《太平御览·五行休旺论》曰"立春，艮旺、震相、巽胎、离没、坤死、兑囚、乾废、坎休"云云[2]，名词虽有异同，而其意则不殊。

---

① 行注：录徐大升。
② 行注：详见《命理寻源》，不赘。

后世以十二支配八卦，而定为长生、沐浴十二位之次序①，虽为术家之说，而合于天地之自然；语虽俚俗，含义至精。究五行阴阳者，莫能外此也。

阳主聚，以进为进，故主顺；阴主散，以退为退，故主逆。此长生沐浴等项，所以有阳顺阴逆之殊也。四时之运，成功者去，待用者进，故每流行于十二支之月，而生旺墓绝，又有一定。阳之所生，即阴之所死，彼此互换，自然之运也。即以甲乙论，甲为木之阳，夫生之气流行万木者，是故生于亥而死于午；乙为木之阴，木之枝枝叶叶，受天生气，是故生于午而死于亥。夫木当亥月，正枝叶剥落，而内之生气已收藏饱足，可以为来春发泄之机，此其所以生于亥也。木当午月，正枝叶繁盛之候，而甲何以死？却不知外虽繁盛，而内之生气发泄已尽，此其所以死于午也。乙木反是，午月枝叶繁盛，即为之生；亥月枝叶剥落，即为之死。以质而论，自与气殊也。以甲乙为例，余可知矣。

生旺墓绝者，五行之生旺墓绝，非十干之生旺墓绝也。十干之名称，为代表五行之阴阳；五行虽分阴阳，实为一物。甲乙，一木也，非有二也。寅申巳亥，为五行长生临官之地；子午卯酉，为五行旺地；辰戌丑未，为五行墓地，非阴干另有长生禄旺墓也。因长生临官旺墓，而有支藏人元，观下《人元司令图》自明。特以理言之，凡物既有阴阳，阳之极即阴之生，譬如磁电之针，甲端为阳极，乙端必为阴极，而最旺之地则在中心，即禄旺之地是也。然以用而论，生旺墓绝，仅分五行，不必分阴阳。从来术数书中，仅言五阳长生而不言五阴长生，仅言阳刃而不言阴刃，后世未察其理，而欲自圆其说，支离曲解，莫知所从。或言五阴无刃，或者以进一位为刃，或者以退一位为刃②，各以意测，异说纷歧，实未明其理也。

支有十二月，故每干长生至胎养，亦分十二位。气之由盛而衰，衰而复盛，逐节细分，遂成十二。而"长生、沐浴"等名，

---

① 行注：见下图说。
② 行注：如乙以寅或辰为刃。

则假借形容之词也。长生者，犹人之初生也。沐浴者，犹人既生之后，而沐浴以去垢，如菓核既为苗，则前之青壳，洗而去之矣。冠带者，形气渐长，犹人之年长而冠带也。临官者，由长而壮，犹人之可以出仕也。帝旺者，壮盛之极，犹人之可以辅帝而大有为也。衰者，盛极而衰，物之初变也。病者，衰之甚也。死者，气之尽而无余也。墓者，造化收藏，犹人之埋于土者也。绝者，前之气已绝，后之气将续也。胎者，后之气续而结聚成胎也。养者，如人养母腹也。自是而后，长生循环无端矣。

原文甚明，每年三百六十日，以五行分配之，各得七十二日。木旺于春，占六十日①，长生九日，墓库三日，合七十二日。土旺四季，辰戌丑未各十八日，亦为七十二日。寅中甲木临官，丙戊长生，故所藏人元，为甲丙戊。卯者，春木专旺之地，故称帝旺。帝者，主宰也。《易》言"帝出乎震"，言木主宰之方，无他气分占，故专藏乙。辰者，木之余气，水之墓地，而土之本气也。故藏戊乙癸②，称为杂气。杂者，土旺之地，杂以乙癸，而乙癸又各不相谋，非如长生禄旺之为时令之序也。春令如是，余可类推。故寅申巳亥，称为四生③之地；子午卯酉，为专旺之方；辰戌丑未，为四墓之地。所藏人元，各有意义。若阴干长生，则无关时令之气。地支藏用，不因之而有所增损也。

---

① 行注：甲乙各半。
② 行注：辰戌为阳土，故藏戊；丑未阴土，故藏己。
③ 行注：亦是四禄。

## 阴阳顺逆生旺死绝之图

| 巳 | 午 | 未 | 申 |
|---|---|---|---|
| 壬庚戊丙甲<br>绝生禄病 | 壬庚戊丙甲<br>胎败旺死 | 壬庚戊丙甲<br>养冠衰墓 | 壬庚戊丙甲<br>生禄病绝 |
| 癸辛己丁乙<br>胎死旺败 | 癸辛己丁乙<br>绝病禄生 | 癸辛己丁乙<br>墓衰冠养 | 癸辛己丁乙<br>死旺败胎 |

| 辰 | | | 酉 |
|---|---|---|---|
| 壬庚戊丙甲<br>墓养冠衰 | | | 壬庚戊丙甲<br>败旺死胎 |
| 癸辛己丁乙<br>养墓衰冠 | | | 癸辛己丁乙<br>病禄生绝 |

| 卯 | 阴阳顺逆 | | 戌 |
|---|---|---|---|
| 壬庚戊丙甲<br>死胎败旺 | 生旺死绝之图 | | 壬庚戊丙甲<br>冠衰墓养 |
| 癸辛己丁乙<br>生绝病禄 | | | 癸辛己丁乙<br>衰冠养墓 |

| 寅 | 丑 | 子 | 亥 |
|---|---|---|---|
| 壬庚戊丙甲<br>病绝生禄 | 壬庚戊丙甲<br>衰墓养冠 | 壬庚戊丙甲<br>旺死胎败 | 壬庚戊丙甲<br>禄病绝生 |
| 癸辛己丁乙<br>败胎死旺 | 癸辛己丁乙<br>冠养墓衰 | 癸辛己丁乙<br>禄生绝病 | 癸辛己丁乙<br>旺败胎死 |

长生、沐浴、冠带、临官、旺、衰、病、死、墓、绝、胎、养。禄，临官也；败，沐浴也。

## 五行阴阳顺逆生旺死绝表

| | 甲* | 乙 | 丙* | 丁 | 戊* | 己 | 庚* | 辛 | 壬* | 癸 |
|---|---|---|---|---|---|---|---|---|---|---|
| 生 | 亥 | 午 | 寅 | 酉 | 寅 | 酉 | 巳 | 子 | 申 | 卯 |
| 浴 | 子 | 巳 | 卯 | 申 | 卯 | 申 | 午 | 亥 | 酉 | 寅 |
| 冠 | 丑 | 辰 | 辰 | 未 | 辰 | 未 | 未 | 戌 | 戌 | 丑 |
| 禄 | 寅 | 卯 | 巳 | 午 | 巳 | 午 | 申 | 酉 | 亥 | 子 |
| 旺 | 卯 | 寅 | 午 | 巳 | 午 | 巳 | 酉 | 申 | 子 | 亥 |
| 衰 | 辰 | 丑 | 未 | 辰 | 未 | 辰 | 戌 | 未 | 丑 | 戌 |
| 病 | 巳 | 子 | 申 | 卯 | 申 | 卯 | 亥 | 午 | 寅 | 酉 |
| 死 | 午 | 亥 | 酉 | 寅 | 酉 | 寅 | 子 | 巳 | 卯 | 申 |
| 墓 | 未 | | 戌 | | 戌 | | 丑 | | 辰 | |
| 绝 | 申 | | 亥 | | 亥 | | 寅 | | 巳 | |
| 胎 | 酉 | | 子 | | 子 | | 卯 | | 午 | |
| 养 | 戌 | | 丑 | | 丑 | | 辰 | | 未 | |

　　土居中央，寄于四隅①。附火而生，生于寅，禄于巳；附水而生，生于申，禄于亥。特在寅巳，有丙火帮扶，旺而可用；在申亥，寒湿虚浮，力量薄弱而无可用，故仅言丙戊生寅，而不言壬戊生申也。

　　＊阳干符号，无则为阴。

　　上述五行分配，各占七十二日者，举其大数也。盖一年为三百六十五日又四分之一，又因戊土寄生寄旺之故，土之分野较多，余亦参差不齐。兹将人元司令分野列表于下。

---

① 行注：参阅《干支方位配卦图》。

## 支藏人元图

| 巳<br>庚 戊 丙 | 午<br>己 丁 | 未<br>乙 丁 己 | 申<br>戊 壬 庚 |
|---|---|---|---|
| 庚 戊 丙<br>生 禄 | （生乙） | 墓木 | 庚 壬<br>禄 生 |
| 辰<br>癸 乙 戊 | | | 酉<br>辛 |
| 墓水 | | | （己丁）<br>生 |
| 卯<br>乙 | | | 戌<br>辛 丁 戊 |
| （生癸） | | | 墓火 |
| 寅<br>戊 丙 甲 | 丑<br>辛 癸 己 | 子<br>癸 | 亥<br>甲 壬 |
| 甲 戊 丙<br>禄 生 | 墓金 | （生辛） | 甲 壬<br>生 禄 |

## 十二月令人元司令分野表

| 寅月 | 立春后戊土七日，丙火七日，甲木十六日 | 立春 | 雨水 |
|---|---|---|---|
| 卯月 | 惊蛰后甲木十日，乙木二十日 | 惊蛰 | 春分 |
| 辰月 | 清明后乙木九日，癸水三日，戊土十八日 | 清明 | 谷雨 |
| 巳月 | 立夏后戊土五日，庚金九日，丙火十六日 | 立夏 | 小满 |
| 午月 | 芒种后丙火十日，己土九日，丁火十一日 | 芒种 | 夏至 |
| 未月 | 小暑后丁火九日，乙木三日，己土十八日 | 小暑 | 大暑 |
| 申月 | 立秋后戊己土十日，壬水三日，庚金十七日 | 立秋 | 处暑 |
| 酉月 | 白露后庚金十日，辛金二十日 | 白露 | 秋分 |
| 戌月 | 寒露后辛金九日，丁火三日，戊土十八日 | 寒露 | 霜降 |
| 亥月 | 冬后戊土七日，甲木五日，壬水十八日 | 立冬 | 小雪 |
| 子月 | 大雪后壬水十日，癸水二十日 | 大雪 | 冬至 |
| 丑月 | 小寒后癸水九日，辛金三日，己土十八日 | 小寒 | 大寒 |

按：此表人元司令日数，虽未可执着，而藏天干于地支，乾体而坤用，分析阴阳，至为精密。所谓以坎离震兑，分主二至二分，而三百八十四爻，阴阳错综，盈虚消息，无不相合者是也。始于何时，出于何人之手，犹待考证，海内博雅君子，如有知其源流，举以见示，至为感纫。

人之日主，不必生逢禄旺，即月令休囚，而年日时中，得长禄旺，便不为弱，就使逢库，亦为有根。时说谓投库而必冲者，俗书之谬也，但阳长生有力，而阴长生不甚有力，然亦不弱。若是逢库，则阳为有根，而阴为无用。盖阳大阴小，阳得兼阴，阴不能兼阳，自然之理也。

地支所藏之干，本静以待用，透出干头，则显其用矣。故干以通根为美，支以透出为贵。《滴天髓》云："天全一气，不可使地德莫之载；地全三物，不可使天道莫之容。"如四辛卯，四丙申，虽干支一气，而不通根，不足贵也。地全三物，谓所藏三干，不透出则不能显其用也。天干通根，不仅禄旺为美，长生、余气、墓库皆其根也。如甲乙木见寅卯，固为身旺，而见亥辰未，亦为有根也。逢库必冲之说，谬误可嗤。如辰本为东方木地，若在清明后十二日内，乙木司令，余气犹旺，何云投库？土为本气，无所谓库。金火则库中无有，冲亦何益？仅壬癸水遇之为库，若能透出，同一可用。癸水本为所藏，而透壬水，则生旺墓本从五行论，不分阴阳也。谓阴长生不甚有力，然亦不弱，又谓逢库阴为无用，皆因误于阴阳各有长生，而不能自圆其说也。又此节虽指日主，而年月时之干皆同，能得月令之气，自为最强；否则，月令休囚，而年日时支中，得生禄旺余气墓，皆为通根也。

## 论十干配合性情

合化之义，以十干阴阳相配而成。河图之数，以一二三四五配六七八九十，先天之道也。故始于太阴之水，而终于冲气之土，以气而语其生之序也。盖未有五行之先，必先有阴阳老少，而后冲气，故生以土。终之既有五行，则万物又生于土，而水火木金，亦寄质焉，故以土先之。是以甲己相合之始，则化为土；土则生金，故乙庚化金次之；金生水，故丙辛化水又次之；水生木，故丁壬化木又次之；木生火，故戊癸化火又次之，而五行遍焉。先之以土，相生之序，自然如此。此十干合化之义也。

十干配合，源于《易》"天一、地二、天三、地四、天五、地六、天七、地八、天九、地十"之数，而以为十干之合即河图之合，其实非也。河图一六共宗水，二七同道金，三八为朋木，四九为友火，五十同途土。堪舆之学，以盘为体，根于河图，以运为用，基于洛书，此与命理不同。命理十干之合，与医道同源，出于《内经》。《五运大论》曰："丹天之气，经于牛女戊分；黅天之气，经于心尾己分；苍天之气，经于危室柳鬼；素天之气，经于亢氐昴毕；玄天之气，经于张翼奎娄，所谓戊己之间，奎壁角轸，乃天地之门户也，戌亥之间，奎壁之分也；辰巳之间，角轸之分也，故五运皆起于角轸甲己之岁。戊己黅天之气，经于角轸，角属辰，轸属巳，其岁月建，得戊辰己巳，干皆土，故为土运。乙庚之岁，庚辛素天之气，经于角轸，其岁月建，得庚辰辛巳，干皆金，故为金运。丙辛之岁，壬癸玄天之气，经于角轸，其岁月建，得甲辰乙巳，干皆木，故为木运。戊癸之岁，丙丁丹天之气经天于角轸，其岁月建，得丙辰丁巳，干皆火，故为火运。"① 夫十干各有本气，是为五行，若五合所化，则为五运。曰运者，言天之纬道。临于辰巳者，为何纬道也？星命家逢辰则化之说，亦出于此，与河图配合之义有不同也。②

---

① 校注：《钦定协纪辨方书卷一·本原一·五行化气》曰：按化气之理，沈括据黄帝《素问》论之最明。《素问》有"五运六气"。所谓五运者，甲己为土运，乙庚为金运，丙辛为水运，丁壬为木运，戊癸为火运也。黄帝问岐伯"五运之所始"，岐伯引《太始天元册文》曰："始于戊己之分。所谓戊己分者，奎壁角轸也。奎壁角轸，天地之门户也。"王冰注引《遁甲》：六戊为天门，六己为地户。天门在戌亥之间，奎壁之分；地户在辰巳之间，角轸之分。阴阳皆始于辰，五运起于角轸者，亦始于辰也。甲己之岁，戊己黅天之气经于角轸，角属辰，轸属巳，其岁得戊辰、己巳，干皆土，故为土运。乙庚之岁，庚辛素天之气经于角轸，其岁得庚辰、辛巳，干皆金，故为金运。丙辛之岁，壬癸元天之气经于角轸，其岁得壬辰、癸巳，干皆水，故为水运。丁壬之岁，甲乙苍天之气经于角轸，其岁得甲辰、乙巳，干皆木，故为木运。戊癸之岁，丙丁丹天之气经于角轸，其岁得丙辰、丁巳，干皆火，故为火运。运临角轸，则气在奎壁，气与运常司天地之门户。戊己在角轸，则甲乙在奎壁。甲己岁必甲戌乙亥也，故《素问》曰："土位之下，风气承之。庚辛在角轸，则丙丁在奎壁。乙庚岁必丙戌丁亥也，故曰金位之下，火气承之。壬癸在角轸，则戊己在奎壁。丙辛岁必戊戌己亥也，故曰水位之下，土气承之。甲乙在角轸，则庚辛在奎壁，丁壬岁必庚戌辛亥也，故曰风位之下，金气承之。丙丁在角轸，则壬癸在奎壁。戊癸岁必壬戌癸亥也，故曰相火之下，水气承之。"五行家以戊寄于巳，己寄于午。六壬家以戊寄于巳，己寄于未。惟《素问》以戊寄于戌，己寄于辰。遁甲以六戊为天门，六己为地户，与《素问》同。水土相随。水，金子也，阳土，故居金行之末，以为亥始。水，木母也；巳，金祖也，阴土，故居水行之墓，以为巳始。故曰天地之门户，而万物所从出。星家有逢龙则化之说，亦本于此。此十干化气之源也。

② 行注：详《命理寻源》。

其性情何也？盖既有配合，必有向背。如甲用辛官，透丙作合，而官非其官；甲用癸印，透戊作合，而印非其印；甲用己财，己与别位之甲作合，而财非其财。如年己月甲，年上之财，被月合去，而日主之甲乙无分；年甲月己，月上之财，被年合去，而日主之甲乙不与是也。甲用丙食，与辛作合，而非其食，此四喜神因合而无用者也。

八字入手，先宜注意干支之会合，千变万化，皆出于此。十干相配，有能合不能合之分；既合之后，有能化不能化之别。本篇专论其合也。官非其官者，言不以官论也。盖相合之后，不论其能化与否，其情不向日主，不能作为官论也①。甲木日主，月干透辛为官，年干透丙，丙辛相合，官与食神，两失其用；甲用癸印，透戊作合，财印两失其用。余可类推。

年己月甲，年干之己，先被月干之甲合去；年甲月己，月干己财，先被年干甲木合去，日主之甲无分。序有先后，不作妒合争合论也。详下合而不合节。

又如甲逢庚为煞，与乙作合，而煞不攻身；甲逢乙为劫财，甲逢丁为伤，与壬作合，而丁不为伤官；甲逢壬为枭，与丁作合，而壬不夺食。此四忌神因合化吉者也。

喜神因合而失其吉，忌神亦因合而失其凶，其理一也，但亦须看地支之配合如何耳。如地支通根，则虽合而不失其用，喜忌依然存在。兹举例如下：

**癸未、辛酉、甲申、丙寅**

丙辛相合，而官旺通根。此为官多同煞，以丙火制官为用也。此为安徽主席刘镇华②之造。

**戊子、癸亥、庚寅、戊寅**

戊癸相合，而癸水通根，泄气太重，以戊土扶身制伤为用。此为实业

---

① 行注：此指年月之干相合，或年月之干与时干合而言，若与日主相合，不作此论，详下合而不合节。

② 校注：刘镇华，河南巩义市人，原镇嵩军统领。曾授将军府阜威将军，辛亥革命后，他凭籍这支号称十万之众的地方武装，依违于各大军阀之间，先后投靠孙中山、袁世凯、段祺瑞、吴佩孚、冯玉祥、阎锡山，最后归附于国民党蒋介石。曾任陕西督军兼省长、安徽省主席等职。1949年逃往台湾。1956年11月18日在台北家中病逝。

家洗冠生①造。

然则如何方为两失其用耶？兹再举例以明之：

**丙午、辛卯、戊寅、甲寅**

丙辛合而不化，无丙可用辛制甲，无辛可用丙化甲，两皆有用，因合而两失其用也。

**己卯、甲戌、乙亥、己卯**

年月甲己，本属无用，因合使两失其用，格局反清。此张绍曾②造也。

盖有所合则有所忌，逢吉不为吉，逢凶不为凶。即以六亲言之，如男以财为妻，而被别干合去，财妻岂能亲其夫乎？女以官为夫，而被他干合去，官夫岂能爱其妻乎？此谓配合之性情，因向背而殊也。

干支配合，关系甚巨，盖凶不为凶，固为美事，而吉不为吉，则关系甚重。有紧要相用，被合而变其格局者，有救护之神，被合失其救护之用，而凶神肆逞者，不可不辨也。举例如下：

**丁卯、壬子、壬申、甲辰**

本为水木伤官用财，无如丁壬一合，火失其焰，水旺木浮，只能顺其旺势而行金水之地也。③

**庚申、乙酉、丁丑、庚戌**

本为火炼真金格局，乙庚相合，印为财破，虽生富厚之家，而天生哑子，终身残废也。

原局十干配合，其关系之重如此；而行运逢合，此五行中之关系，亦

---

① 校注：洗冠生（1887～1952），原名洗炳成，生于1887年，广东佛山人。他自幼父亡，家境清贫。1902年深秋，随亲戚从佛山千里迢迢来上海，只身闯上海滩，终成事业。中国最早运用影星广告的人士，1912年所创办的冠园至今仍为中华老字号，1918年请影星胡蝶拍月饼广告而名扬四海。

② 校注：张绍曾（1879～1928），字敬舆，1879年10月9日生于直隶大城县。早年留学日本，回国后任北洋督练公所教练处总办。1911年任新军第二十镇统制。武昌起义后，与吴禄贞等举兵反清。1911年11月7日吴禄贞被袁世凯暗杀后，调任长江宣抚大臣，未赴任，潜至上海。1913年被袁世凯任为绥远将军。1916年任北洋政府陆军训练总监。1922年任陆军次长，次年任国务总理，主张迎孙中山入京协商南北统一，为总统曹锟所忌，不久去职，退居天津。1928年遇刺身亡。

③ 行注：见下《用神》节。

不亚于原局。譬如甲用辛官，癸丁并透，本以癸印制伤护官为用，而行运见戊，合去癸水，则丁火得伤其官星矣。或甲用辛官，透丁为伤，行运见壬，合去丁伤而官星得用矣。为喜为忌，全在配合，不论其化与否也[1]。

运干配合原局，其化与不化，全视所坐地支是否相助，与原局所有者，看法亦相同也。

## 论十干合而不合

十干化合之义，前篇既明之矣，然而亦有合而不合者，何也？

十干相配，非皆合也；既合之后，非皆能化也。上篇论十干相配而合，本篇论十干配而不合。学者宜细辨之。化之义另详。

盖隔于有所间也，譬如人彼此相好，而有人从中间之，则交必不能成。譬如甲与己合，而甲己中间，以庚间隔之，则甲岂能越克我之庚而合己？此制于势然也，合而不敢合也，有若无也。

有所间隔，则不以合论，然间隔非必克制也，如：

**甲子、丁卯、己亥、戊辰**

甲己合而间丁，则甲木生火而火生土，所谓以印化官也。此新疆杨增新都督[2]造。

---

[1] 行注：详见《行运》节。
[2] 校注：杨增新（1859～1928）字鼎臣，云南蒙自（期路白乡莫别村）人，是清末民初的政治人物。杨增新1864年3月6日（清同治三年正月二十八）生。1888年中举，次年联捷进士。初署甘肃中卫知县、河州知府，1900年任甘肃提学使兼武备学堂总办。1907年入疆任新疆陆军小学堂总办，兼督练公所参议官。1911年升任镇迪道兼提法使。中华民国成立后，被袁世凯任为新疆都督兼民政长。1912年8月25日，同盟会等5团体正式改组为国民党，在北京召开成立大会，被推举为参议。后拥护袁世凯称帝，并受封一等伯爵。袁死后，长期担任新疆省长。杨主政新疆先用以柔克刚的"和平谈判"手段，取消在辛亥革命中成立的伊犁临时革命政府，以新疆都督兼行伊犁将军事；嗣后派兵击败帝俄侵略军，平息乱事，改阿勒泰特区为阿山道，完成了新疆的统一。杨在新疆十七年，笃信李聃"小国寡民"的政治思想，奉行"无为而治"的统治政策。对于不时觊觎边陲的外国侵略势力，则折冲肆应，力求自保，维护了边疆的和平。1928年他通电拥护南京国民政府，宣布易帜归附，7月1日就任新疆省政府主席职。同年7月7日被政敌刺杀。著有《补过斋文牍》、《补过斋日记》、《读易学记》等。

**癸巳、壬戌、乙巳、戊寅**

戊癸合而间乙，惟其不合，故财局可以用印。此浙江公路局长朱有卿造。见财印并用节。

又有隔位太远，如甲在年干，己在时上，心虽相契，地则相远，如人天南地北，不能相合一般。然于有所制而不敢合者，亦稍有差，合而不能合也，半合也，其为祸福得十之二三而已。

隔位太远，则合之效用减少，有以失其原来之力为喜。有以不失其力为喜。或虽遥隔而仍作合论，各视其格局配合而已。如：

**丁卯、丙午、丙子、壬辰**

煞刃格，以煞制刃为用。丁壬相合，因遥隔，壬煞不失其用，而煞刃格以成。此龙济光①之造也。

**乙酉、甲申、丁巳、庚戌**

乙庚相合，通月令之气，虽遥隔而仍合，以庚劈甲引丁为用。张耀曾之造也。②

又有合而无伤于合者，何也？如甲生寅卯，月时两透辛官，以年丙合月辛，是为合一留一，官星反轻。甲逢月刃，庚辛并透，丙与辛合，是为合官留煞，而煞刃依然成格，皆无伤于合也。

两官并透，名为重官；两煞并透，是为重煞。合一留一，反以成格。官煞并透，是为混杂，合官留煞，或合煞留官，反以取清。如：**辛酉、丙申、庚子、丙戌**，此北洋领袖王士珍③之造也。辛合丙煞，合一留一，依

---

① 校注：龙济光（1868年～1925年3月12日），字子诚（紫宸），中国云南蒙自人，彝族，滇南世袭土司，与陆荣廷有姻亲之谊。民初军阀，陆军上将，曾任广西提督、广东安抚使、都督兼署民政长、两广巡阅使。初投广西藩司张鸣岐麾下，张升两广总督，时广东水师提督李淮跋扈，不受张命，因之龙得援引，官至广东提督，提三千济军入粤，以监水师。辛亥，粤变，李降，张走，时局混沌，龙按兵百粤，初则静观其变，继则遥受北命，期年间，竟出广东巡按使，凛然封疆。然党人多不忿，欲屠龙，奋战经年，龙终去职，年五十八，卒。

② 行注：按此造乙庚之间，隔以丁火，可以与上节参观。

③ 校注：王士珍（1861～1930），字聘卿，号冠儒，北洋三杰之首，他凭借过人的才智和卓越的政绩，得到袁世凯的青睐，先后担任军政要职，直至陆军部长、总参谋长和北洋总理，但由于他和清王朝的关系很深，在张勋复辟以后就退出政坛，故常给人以神龙见首不见尾的感觉。

然为煞刃格也。

**壬寅、戊申、丙寅、癸巳**

此合官留煞也。又《三命通会》以合为留，以克为去，如此造戊克壬合癸，名去煞留官，各家所说不同也。

按合而无伤于合者，去一留一也，或克而去之，或合而去之，其意相同。如林主席森①命造，**戊辰、甲寅、丁卯、戊申**，戊土伤官，年时两透，用甲克去年上伤官，而留时上伤官以生财损印，格局反清，其意一也。无食伤则财无根，两透则嫌其重，去一留一，适以成格。

又有合而不以合论者，何也？本身之合也。盖五阳逢财，五阴遇官，俱是作合，惟是本身十干合之，不为合去。假如乙用庚官，日干之乙，与庚作合，是我之官，是我合之。何为合去？若庚在年上，乙在月上，则月上之乙，先去合庚，而日干反不能合，是为合去也。又如女以官为夫，丁日逢壬，是我之夫，是我合之，正如夫妻相亲，其情愈密。惟壬在月上，而年丁合之，日干之丁，反不能合，是以己之夫星，被姊妹合去，夫星透而不透矣。

本身日元也，日元之干相合，除合而化，变更性质之外，皆不以合论。盖合与不合，其用相同，而合更为亲切。如：

**戊戌、甲子、己巳、戊辰**

月令偏财生官，劫财重重，喜得甲己相合，官星之情，专向日主，制住比劫，使不能争财，所谓用官制劫护财也。见论星辰节。

**戊寅、己未、甲寅、乙亥**

甲用己财；甲己相合，己土之财，专向日主也。见星辰节。

合去合来，各家所说不同。《三命通会》云："闲神相合，则有合去，

---

① 校注：林森（1868年2月17日～1943年8月1日），原名林天波，字长仁，号子超，自号青芝老人，别署百洞山人、虎洞老樵、啸余庐主人。福建林森县（今闽侯县）人。1914年在东京加入中华革命党。林森幼居福州，入英华学堂，因反清被开除，后参加反割让台湾斗争，并加入兴中会；中国同盟会成立时率会加盟。辛亥革命中，领导九江起义，并促海军反正，派兵援鄂、皖，稳定革命大局，被举为民国开国参议院议长。1932年起接替蒋介石任国民政府主席。1943年8月1日因车祸在重庆逝世，葬于重庆歌乐山林园。

日主相合，不可去也。"闲神者，年月时之干也。故云合官忘贵、合煞忘贱。若日主相合，则合官为贵，合煞为贱矣。窃谓闲神相合，亦有合去不合去之别。譬如甲用辛官，透丙相合，则合去；甲用庚煞，透乙相合，则虽合而不去。《书》云："甲以乙妹妻庚，凶为吉兆"。相合则煞不攻身，非谓去之也。乙用辛煞。透丙则合而去之。乙用庚官，月干再透乙以相合，则官仍在，并不合去也。惟以官为用神，则用神之情有所分，不专向日主。如女命以官为夫，则为夫星不专，透而不透也。又日主本身相合，无合去之理；然因不能合去，亦有向背之别。兹举例如下：

**丙戌、辛卯、辛巳、戊戌**

一丙合两辛，官星虽不合去，而用神之情不专矣。

**己酉、丙子、戊辰、癸亥**

丙火调候为用，无如戊癸相合，日主之情，向财不向印，癸水虽不能越戊克丙，而日主向用之情不专矣。

用神之情，不向日主，或日主之情，不向用神，皆非美朕①也。

然又有争合妒合之说，何也？如两辛合丙，两丁合壬之类，一夫不娶二妻，一女不配二夫，所以有争合妒合之说。然到底终有合意，但情不专耳。若以两合一而隔位，则全无争妒。如庚午、乙酉、甲子、乙亥，两乙合庚，甲日隔之，此高太尉命，仍作合煞留官，无减福也。

以两合一，用神之情不专，已见上例，若隔位则无碍。如：

**庚申、乙酉、癸未、乙卯**

两乙合庚而隔癸，全无争妒之意，亦无不专之弊。此朱家宝②命造也。高太尉造为合煞留官，化气助官；朱造印格用食，均无减福泽。

---

① 校注：朕，征兆，迹象。
② 校注：朱家宝（1860～1923）字经田。华宁县宁州镇人。官至安徽、吉林巡抚，光绪十八年进士。一生坚忍伉直，以洁清自励。善黄庭坚书法，雄伟有力。清光绪十八年（1892年）进士。选翰林院编修，再授礼部祭司，后历任直隶平乡、新城、南和知县。为直隶总督袁世凯所赏识，被袁推为"近畿循吏第一"，升保定知府，被派往日本考察政务，回国后升江苏按察使。光绪三十二年（1906年）由东三省总督徐世昌荐为吉林巡抚，未赴任，三十三年（1907年）安庆起义后移任安徽巡抚。1908年11月镇压了马炮营起义。

**癸酉、癸亥、戊子、丁巳**

两癸合戊，虽不以合论，而终有合意。为财格用禄比，财向日主，故为富格，亦无争妒与不专之弊也。为巨商王某造。

然则如何方为争合妒合乎？此须察其地位也。如：

**丙戌、壬辰、丁未、壬寅**

两壬夹丁，为争合妒合。乃顾竹轩①造是也。

**丙午、丙申、辛卯、丙申**

三丙争合一辛，又不能化。多夫之象，女命最忌。

今人不知命理，动以本身之合，妄论得失；更有可笑者，《书》云"合官非为贵取"，本是至论，而或以本身之合为合，甚或以他支之合为合，如辰与酉合、卯与戌合之类，皆作合官。一谬至此，子平之传扫地矣！

合官非为贵取，《三命通会》论之至详。所谓闲神相合，则合官忘贵，合煞忘贱；日主相合，则合官为贵，合煞为贱②。其理至明。今人不仔细研究，妄谈得失，无怪其错谬百出也。

十干配合，有合而化，有合而不化者，本书未论合化，附志于此。何谓能化？所临之支，通根乘旺也。如上朱家宝造，乙庚相合，支临申酉，即为化金；日元本弱，得此印助，方能以时上乙卯，泄秀为用，所谓印格用食也。又如上某哑子造，**庚申、乙酉、丁丑、庚戌**，亦为化金，因合化而印被财破也③。

---

① 校注：顾竹轩，江苏盐城人。字如茂。青年时因家境贫寒，适逢灾荒，16岁到上海谋生。在公共租界协记公司拉黄包车，一度入租界巡捕房充当巡捕。20多岁时，跻身上海帮会上层。徒弟达数百人，有"江北大亨"之称。20年代初，与人合伙在闸北开办同庆舞台，不久又开设德胜茶楼、天蟾舞台。1923年起，独资经营天蟾舞台，联络京剧名角，推进京剧演出场所改良。1932年一·二八事变和1937年八一三事变，参加伤兵和难民救济，派保卫团支援抗战。抗日战争期间，掩护、护送和营救中共地下党员。解放战争时期，掩护和协助中共中央上海局下属的帮会工作委员会的工作，又多次掩护法电厂地下党负责人的活动，并为运送物资和医药用品去苏北根据地提供方便。1947年，任上海市参议会参议员。1949年，作为特邀代表出席上海市第一次各界人民代表会议。1956年7月，在上海去世。

② 行注：日主无合煞。

③ 行注：见上《性情》章。

**丁亥、壬寅、丙子、丁酉**

丁壬相合，支临寅亥，必然化木，作为印论。

**癸巳、戊午、丙午、庚寅**

戊癸相合，支临巳午，必然化火，作为劫论。

右两造摘录《滴天髓征义》兄弟节。

日干相合而化，即为化气格局。举例如下。

**己卯、丁卯、壬午、甲辰**

丁壬相合，生于卯月，木旺秉令，时逢辰，木之原神透出，为丁壬化木格。

**戊辰、壬戌、甲辰、己巳**

甲己相合，生于戌月，土旺乘权，化气有余；年得戊辰，原神透出，为甲己化土格。录自《滴天髓征义》。

化气有真有假。上两造为化气之真者，亦有化气有余，而日带根苗劫印者；有日主无根，而化神不足者；更有合化虽真，而闲神来伤化气者，皆为假化。

**己卯、甲戌、甲子、己巳**

两甲两己，各自配合，卯木有戌土之合，亦尚无碍，嫌其甲木坐印，故为假化。

**甲辰、丁卯、壬辰、辛亥**

丁壬相合，通月令之气，化神极真，嫌其时透辛金，来伤化气，幸辛金无根，故为假化。右录《滴天髓征义》。

化真化假，均须运助，假化之格，能行运去其病点，固无异于真；真化不得旺运相助，亦无可发展也。此为进一步之研究，详《订正滴天髓征义》。

又化气格局仅以化合之两干作化气论，其余干支，并不化也。近人不察，拘于化气十段锦之说，而将四柱干支以及行运干支，均作化论，误会殊深。特化神喜行旺地，印比为美，克泄俱为所忌耳。附志于此，以免疑误。

天干五合，须得地支之助，方能化气；地支之三会六合，亦须天干之助，方能会合而化也。总之逐月气候，固为紧要，而四柱干支之配合，尤须参看也。兹再举两例如下：

**己未、丁丑、戊子、己未**

子丑相合，干透戊己丁火，子丑之化土方真。格成稼穑。

**壬子、癸丑、丙午、壬辰**

子丑相合，干透壬癸，不作化土论。煞旺身衰之象也。

## 干支会合化表①

| 正月节（寅月） | 二月节（卯月） | 三月节（辰月） |
|---|---|---|
| 丁壬化木（正化）<br>戊癸化火（次化）<br>乙庚化金（一云乙归甲不化）<br>丙辛不化（柱有申子辰可化）<br>甲己不化（木盛故不化）<br>寅午戌化火<br>亥卯未化木<br>申子辰不化<br>巳酉丑破相<br>辰戌丑未失地 | 丁壬化火<br>戊癸化火<br>乙庚化金（不化以乙归甲家也）<br>丙辛水气不化<br>甲己不化<br>寅午戌化火<br>亥卯未化木<br>申子辰不化<br>巳酉丑纯形<br>辰戌丑未小失 | 丁壬不化（木气已过故不化）<br>戊癸化火（渐入火乡可化）<br>乙庚成形（辰土生金故化）<br>丙辛化水（辰为水库故化）<br>甲己暗秀（正化）<br>寅午戌化火<br>亥卯未不化<br>申子辰化水<br>巳酉丑成形<br>辰戌丑未无信 |
| 四月节（巳月）<br>丁壬化火<br>戊癸化火（正化）<br>乙庚金秀（四月金生可化）<br>丙辛化火（则可化水不可）<br>甲己无位<br>寅午戌化火<br>亥卯未不化<br>申子辰纯形<br>巳酉丑成器<br>辰戌丑未贫乏 | 五月节（午月）<br>丁壬化火（不能化木）<br>戊癸发贵（化火）<br>乙庚无位<br>丙辛端正（不化）<br>甲己不化<br>寅午戌真火<br>亥卯未失地<br>申子辰化容<br>巳酉丑辛苦<br>辰戌丑未身贱 | 六月节（未月）<br>丁壬化木（未为木库故可化也）<br>戊癸不化（火气已过故不化）<br>乙庚不化（金气正伏故不化）<br>丙辛不化（水气正衰故不化）<br>甲己不化（己土即家故不化）<br>寅午戌不化<br>亥卯未不化<br>申子辰不化<br>巳酉丑化金<br>辰戌丑未化土 |

---

① 逐月横看，录子平《四言集腋》。

| 七月节（申月） | 八月节（酉月） | 九月节（戌月） |
|---|---|---|
| 丁壬化木（可化） | 丁壬不化 | 丁壬化火 |
| 戊癸化火 | 戊癸衰薄 | 戊癸化火（戌为火库亦正化） |
| 乙庚化金（正化） | 乙庚进秀 | 乙庚不化 |
| 丙辛进秀学堂 | 丙辛就妻 | 丙辛不化 |
| 甲己化土 | 甲己不化 | 甲己化土（正化） |
| 寅午戌不化 | 寅午戌破象 | 寅午戌化火 |
| 亥卯未成形 | 亥卯未无位 | 亥卯未不化 |
| 申子辰大贵 | 申子辰清 | 申子辰不化 |
| 巳酉丑武勇 | 巳酉丑入化 | 巳酉丑不化 |
| 辰戌丑未亦贵 | 辰戌丑未泄气 | 辰戌丑未正位 |

| 十月节（亥月） | 十一月节（子月） | 十二月节（丑月） |
|---|---|---|
| 丁壬化木（亥中有木） | 丁壬化木 | 丁壬不化 |
| 戊癸为水 | 戊癸化水 | 戊癸化火 |
| 乙庚化木 | 乙庚化木 | 乙庚化金（次化） |
| 丙辛化水 | 丙辛化秀（正化） | 丙辛不化 |
| 甲己化木 | 甲己化土（十一月土旺故可化） | 甲己化土（正化） |
| 寅午戌不化 | 寅午戌不化 | 寅午戌不化 |
| 亥卯未成材 | 亥卯未化木 | 亥卯未不化 |
| 申子辰化水 | 申子辰化水 | 申子辰不化 |
| 巳酉丑破象 | 巳酉丑化金 | 巳酉丑不化 |
| 辰戌丑未不化 | 辰戌丑未不化 | 辰戌丑未化土 |

## 论十干得时不旺失时不弱

《书》云："得时俱为旺论，失时便作衰看"，虽是至理，亦死法也。然亦可活看。夫五行之气，流行四时，虽日干各有专令，而其实专令之中，亦有并存者在。假若春木司令，甲乙虽旺，而此时休囚之戊己，亦尝艳于天地也。特时当退避，不能争先，而其实春土何尝不生万物，冬日何尝不照万国乎？

四时之中，五行之气，无时无刻不俱备，特有旺相休囚之别耳。譬如木旺于春，而其时金水火土，非绝迹也。但不得时耳。而不得时中，又有分别。如火为方生之气，虽尚在潜伏之时，已有逢勃之象，故名为相；金土虽绝，其气将来，水为刚退之气，下当休息①，虽不当令，其用固未尝消失也。譬如退伍之军人，致仕②之官吏，虽退归田野，其能力依然存在，一旦集合，其用无殊。非失时便可置之不论也。

况八字虽以月令为重，而旺相休囚，年月日时，亦有损益之权，故生月即不值令，而年时如值禄旺，岂便为衰？不可执一而论。犹如春木虽强，金太重而木亦危。干庚辛而支酉丑，无火制而不富，逢土生而必夭，是以得时而不旺也。秋木虽弱，木根深而木亦强。干甲乙而支寅卯，遇官透而能受，逢水生而太过，是失时不弱也。

旺衰强弱四字，昔人论命，每笼统互用，不知须分别看也。大致得时为旺，失时为衰；党众为强，助寡为弱。故有虽旺而弱者，亦有虽衰而强者，分别观之，其理自明。春木夏火秋金冬水为得时，比劫印绶通根扶助为党众。甲乙木生于寅卯月，为得时者旺；干庚辛而支酉丑，则金之党众，而木之助寡。干丙丁而支巳午，则火之党众，木泄气太重，虽秉令而

---

① 行注：参观《阴阳顺逆生旺死绝图》。
② 校注：古代官员正常退休叫作"致仕"，古人还常用致事、致政、休致等名称，盖指官员辞职归家。源于周代，汉以后形成制度。

不强也。甲乙木生于申酉月，为失时则衰。若比印重叠，年日时支，又通根比印，即为党众，虽失时而不弱也。不特日主如此，喜用忌神，皆同此论。

　　是故十干不论月令休囚，只要四柱有根，便能受财官食神而当伤官七煞。长生禄旺，根之重者也；墓库余气，根之轻者也。得一比肩，不如得支中一墓库，如甲逢未、丙逢戌之类。乙逢戌、丁逢丑、不作此论，以戌中无藏木，丑中无藏火也。得二比肩，不如得一余气，如乙逢辰、丁逢未之类。得三比肩，不如得一长生禄刃，如甲逢亥寅卯之类。阴长生不作此论，如乙逢午、丁逢酉之类，然亦为有根，比得一余气。盖比劫如朋友之相扶，通根如室家之可住；干多不如根重，理固然也。

　　此节所论至精。墓库者，本身之库也，如未为木库，戌为火库，辰为水库，丑为金库。不能通用，与长生禄旺同，余气亦然。辰为木之余气，未为火之余气，戌为金之余气，丑为水之余气①。盖清明后十二日，乙木犹司令，轻而不轻，在土旺之后，则为轻矣；然亦可抵一比劫也。若乙逢戌、丁逢丑，非其本库余气，自不作通根论。至于阴长生，既云"不作此论"，又云"亦为有根，可比一余气"云云，实未明生旺墓绝之理，不免矛盾。木至午，火至酉，皆为死地，岂得为根②？盖亦拘于俗说而曲为之词也。比劫如朋友，通根如家室。有比劫之助而不通根，则浮而不实。譬如四辛卯，金不通根，四丙申，火不通根，虽天元一气，仍作弱论。总之，干多不如支重，而通根之中，尤以月令之支为最重也。

　　今人不知命理，见夏水冬火，不问有无通根，便为之弱。更有阳干逢库，如壬逢辰、丙坐戌之类，不以为水火通根身库，甚至求刑冲开之。此种谬书谬论，必宜一切扫除也。

---

①　行注：参观《论阴阳生死章人元司令图表》。
②　行注：参阅《论阴阳生死》章。

从来谈命理，有五星、六壬、奇门、太乙、河洛、紫微斗数①各种，而所用有纳音、星辰、②宫度、③卦理之不同。子平用五行评命，其一种耳。术者不知其源流，东拉西扯，免强牵合，以讹传讹，固无足怪。然子平既以五行为评命之根据，则万变而不离其宗者，五行之理也。以理相衡，则谬书谬论，自可一扫而空矣。

## 论刑冲会合解法

刑者，三刑也，子卯巳申之类是也。冲者，六冲也，子午卯酉之类是也。会者，三会也，申子辰之类是也。合者，六合也，子与丑合之类是也。此皆以地支宫分而言。斜对为冲，击射之意也。三方为会，朋友之意也。并对为合，比邻之意也。至于三刑取义，姑且阙疑。虽不知其所以然，于命理亦无害也。

三刑者，谓子卯相刑，寅巳申相刑、丑戌未相刑、辰午酉亥自刑。刑者，数之极也，为满招损之意。《阴符经》④云："三刑生于三会，犹六害之生于六合也。"⑤申子辰三合，与寅卯辰方相比，则寅刑申，子刑卯，辰见辰自刑。寅午戌三合与巳午未方相比，则巳刑寅，午见午自刑，戌刑未。巳酉丑三合，与申酉戌方相比，则巳刑申，酉见酉自刑，丑刑戌。亥

---

① 校注：六壬，又称六壬神课，是用阴阳五行占卜吉凶的一种古老的术数门类，与奇门遁甲、太乙神数合称三式。《河洛理数》一书，相传是和宋太祖赵匡胤博弈赢下华山的陈抟老祖所著，是一种用八卦推算人事的预测法。此法以《易经》和《河图》、《洛书》为本。配合人的生年、月、日、时以预测人事，自成一家。紫微斗数，传统命理学的最重要的支派之一。它是以人出生的年、月、日、时确定十二宫的位置，构成命盘，结合各宫的星群组合、干支理论，来预测一个人的吉凶祸福。

② 校注：星辰，多指以二十八宿推命。二十八宿的名称，自西向东排列为：东方苍龙七宿（角、亢、氐、房、心、尾、箕）；北方玄武七宿（斗、牛、女、虚、危、室、壁）；西方白虎七宿（奎、娄、胃、昴、毕、觜、参）；南方朱雀七宿（井、鬼、柳、星、张、翼、轸）。

③ 校注：宫度，五星批命所使用的一种术语。

④ 校注：《阴符经》，又称《黄帝阴符经》。旧题黄帝撰。部分学者认为是后人伪托，有人说商朝，有人说是战国时的苏秦，有人说是北魏的寇谦之，也有人说是唐朝的李筌；成书年代也莫衷一是，暂时都无法取得比较统一的意见。本书性质，论者见解各异，纷纭不一。但多认为系道家哲学与修养之术，论涉哲学与军事，论涉养生要旨、气功、食疗、精神调养、房中等方面。

⑤ 行注：详见卷六《起例》。

卯未三合，与亥子丑方相比，则亥见亥自刑，卯刑子，未刑丑。各家解释不一，以此说为最确当也。

六冲者，本宫之对，如子之与午、丑之与未、卯辰之与酉戌、寅巳之与申亥是也。天干遇七则为煞，地支遇七则为冲。冲者克也。

六合者，子与丑合之类，乃日躔①与月建相合也。日躔右转，月建左旋，顺逆相值，而生六合也。

三合者，以四正为主。四正者，子午卯酉即坎离震兑也。四隅之支，从四正以立局。木生于亥，旺于卯，墓于未，故亥卯未会木局。火生于寅，旺于午，墓于戌，故寅午戌会火局。金生于巳，旺于酉，墓于丑，故巳酉丑会金局。水生于申，旺于子，墓于辰，故申子会水局。②

三刑、六冲、六害、五合、六合、三合，其中刑与害关系较浅。天干五合，地支六合、三合以及六冲，关系极重。八字变化，胥出于此，兹更详之。三合以三支全为成局。倘仅寅午或午戌，为半火局，申子或子辰为半为水局。若单是寅戌或申辰，则不成局。盖三合以四正为主也。若支寅戌而干丙丁，支申辰而干壬癸，则仍可成局，丙丁即午，壬癸即子也。又寅戌会，无午而有巳，申辰会，无子而有亥，亦有会合之意。盖巳为火之禄，亥为水之禄，与午子相去一间耳。金木可以类推。此为会局之变例。又甲子、己丑为天地合，盖以甲己合、子丑合也。而丙申、辛卯，亦可谓为天地合，盖申即庚，卯即乙，乙庚合也。又如甲午、壬午，午中藏己，可与甲合；午中藏丁，可与壬合；辛巳、癸巳，巳中藏丙戊，可与辛癸合，是为上下相合也。又如辛亥月丁巳日，亥中之壬，可以合丁；巳中之丙，可以合辛，此为交互相合也。凡此为六合之变例。③

八字支中刑冲，俱非美事；而三合六合，可以解之。假如甲生酉月，逢卯则冲，而或支中有戌，则卯与戌合而不冲；有辰，

---

① 校注：日躔，太阳视运动的度次。《文选·颜延之〈三月三日曲水诗序〉》："日躔胃维，月轨青陆。"吕向注："躔，次也。胃，星名。维，畔也……言日次胃星之轨行畔也。"《元史·历志一》："列宿著於天，为舍二十有八，为度三百六十五有奇。非日躔无以校其度，非列舍无以纪其度。"清夏炘《学礼管释·释冬夏致日春秋致月》："夫两弦之月道既在二至之度，则日躔必在二分，而四序不忒。"

② 行注：参阅卷六《入门起例》。

③ 行注：详订正《滴天髓征义》天合地节。

则酉与辰合而不冲；有亥与未，则卯与亥未会而不冲；有巳与丑，则酉与巳丑会而不冲。是会合可以解冲也。又如丙生子月，逢卯则刑，而或支中有戌，则与戌合而不刑；有丑，则子与丑合而不刑；有亥与未，则卯与亥未会而不刑；有申与辰，则子与申辰会而不刑。是会合可以解刑也。

会合可以解刑冲，刑冲亦可以解会合，此须看地位与性质之如何而定。有冲之无力，冲如不冲者，法至活变，无一定之方式也。又冲者克也，贴近为克，遥动为冲，如年支与时支之冲是也。举例如下：

**壬午、壬子、庚辰、甲申**

此陕西主席邵力子①之造。因申子辰之会，而解子午之冲也。

**丁巳、己酉、癸卯、丁巳**

此浙江督军杨善德②之造。因卯酉之冲，而解巳酉之会也。

**戊午、辛酉、乙卯、丙戌**

此陆荣廷③之造。因卯戌之合，而解卯酉之冲也。

---

① 校注：邵力子（1882～1967），中国近代著名政治家、教育家。复旦大学杰出校友，早年加入同盟会，并与柳亚子发起组织南社，提倡革新文学。1921年加入上海共产主义小组，同年加入中国共产党，其一直主张国共合作，曾任国民党中宣部部长，1949年国民党政府拒绝签定和平协定后，脱离国民党政府。解放后，留驻大陆，任多届全国人大常委、政协常委，民革常委。

② 校注：杨善德（1873～1919），字树棠，安徽省怀宁县人。北洋武备学堂毕业。1902年任北洋常备军右翼第十营管带，1904年晋第二镇部队第五标统带，1906年任北洋第四镇第七协统领，后又赴浙江统领。1912年被袁世凯任为陆军第四师师长。次年任江苏省松江镇守使。1915年署上海镇守使，旋改松沪护军使兼江苏军务帮办。1917年升浙江督军，与省长齐耀珊为反对黎元洪，一度宣告独立。张勋复辟时，参加"讨逆军"。后又与曹锟等联名通电反对恢复国会。1913年9月14日晋加陆军上将衔，1919年8月14日追赠陆军上将。

③ 校注：陆荣廷（1859～1928），壮族，武鸣县垒雄村人。陆军上将。1858年9月19日生于广西武缘县垒雄村（今武鸣县宁武乡雄孟村），取名特宋（亚宋）。1882年（光绪八年）被驻水口关清军管带程武英招为亲兵，与谭夫人正式成婚。1892年（光绪十八年）那兰之战率众痛歼法军多威大卫部队23人。此战后陆部游勇声威大震，后发展到5000多人，成为中国关外重要的游击抗法力量。1906年（光绪三十二年）7月奉派到日本考察军事，12月回国。在东京期间与孙中山会面，并秘密加入中国同盟会。1915年（民国四年）3月23日，晋授为陆军上将耀武上将军。1917年晋京谒见黎元洪、段祺瑞；4月10日，民国政府发表命令，任陆为两广巡阅使。1921年1月31日，北京政府改任陆为广西边防军务督办。7月17日，陆在南宁通电下野。1928年11月6日（阴历9月25日），病逝于上海租住寓所。

**甲子、丙子、丙寅、丙申**

此浙江盐商周湘舲[①]造。因寅申之冲，而解子申之会也。

又有因解而反得刑冲者，何也？假如甲生子月，支逢二卯相并，二卯不刑一子，而支又逢戌，戌与卯合，本为解刑，而合去其一，则一合而一刑，是因解而反得刑冲也。

因解反得刑冲者，四柱本可不冲，因会合而反引起刑冲也。不一其例：

**丙子、甲午、丙午、庚寅**

此张国淦[②]之造。一子不冲二午，因寅午之会，复引起子午之冲也。

---

[①] 校注：周湘舲，字庆云，曾任两浙盐业协会会长。其生平可阅《吴兴周君湘舲墓志铭》一书。

[②] 校注：张国淦（1876～1959），字乾若、仲嘉，号石公，湖北蒲圻（今赤壁市）人。北洋政府官员、学者、藏书家。张国淦像张国淦像幼随父居安徽，1902年中举人。1904年考取内阁中书。1906年任宪政编查馆馆员，在《沪报》上发表关于辽、吉两省时政文章。次年任黑龙江省抚院秘书官、调查局总办、财政局会办等职。武昌首义前，调北京任内阁统计局副局长；后以"参议"随唐绍仪参加南北议和，得袁世凯青睐，1912年4月任国务院铨叙局局长、国务院秘书长，后历任总统府秘书长、内务次长、教育总长。黎元洪执政时，因同乡关系，继续受重用，历任总统府秘书长、国务院秘书长、农商总长、司法总长、水利局总裁。周旋于北洋军阀各派系之间，调节矛盾，为各方所倚重。1918年至1926年，先后担任平政院院长、高等文官惩戒委员会委员长、农商总长、兼署内务总长、教育总长、司法总长等职。在京时，参加湖北自治运动，谋"鄂人治鄂"，以驱逐王占元。1926年国民革命军北伐时，他去职居天津，来往于北京和东北之间，潜心史地调查。抗日战争前后，以写稿、卖书维持生活。抗日战争胜利后，湖北省政府主席万耀煌曾聘他为"湖北先贤遗著编校处主任"，他谢辞，退回寄款三百万元。建国后，拥护共产党和人民政府。初为上海文史馆馆员，1953年赴京任中国科学院近代史研究所研究员。1954年任北京市政协委员，次年任全国政协委员。著有《历代石经考》、《俄罗斯东渐史略》、《中国古方志考》、《〈永乐大典〉方志辑本》、《芜湖乡土志》、《黑龙江旗制辑要》、《黑龙江志略》、《西伯利亚铁路图考》、《续修河北通志》、《湖北书征》、《湖北献征》、《中国书装源流》、《常熟瞿氏观书记》、《辛亥革命史料》、《北洋述闻》、《潜园文集》、《潜园诗集》等；并参加过《湖北文征》的编纂。

**壬午、戊申、壬寅、壬寅**

此张继①命造。因年时寅午之会,而引起月日寅申之冲也。寅午遥隔,本无会合之理,而引起冲则可能也。

**癸未、壬戌、庚戌、庚辰**

此茅祖权②之造。一未不刑两戌,本可不以刑论,乃因辰戌之冲,复引起戌未之刑。

**壬辰、癸卯、丁酉、己酉**

此赵观涛③之造。一卯不冲二酉,乃以辰酉之合,引起卯酉之冲,与上张继造相同。

又有刑冲而会合不能解者,何也?假如子年午月,日坐丑位,丑与子合,可以解冲,而时逢巳酉,则丑与巳酉会,而子复冲午;子年卯月,日坐戌位,戌与卯合,可以解刑,而或时逢寅午,则戌与寅午会,而卯复刑子。是会合而不能解刑冲也。

刑冲而会合不能解者,本有会合,可解刑冲矣,乃因另一会合,复引起刑冲,或因第二刑冲引起第一刑冲,亦不一其例。

---

① 校注:张继(1882~1947)原名溥,19岁时改名继,字溥泉,别署博泉、自然生。国民党元老,河北沧县人。清光绪二十三年(1897年)就读于保定莲池书院。光绪二十五年(1899年)赴日本东京早稻田大学留学,先后在善邻书院、早稻田大学求学。光绪三十年(1904年)任长沙明德学堂历史教习,与黄兴、宋教仁等创立华兴会。1911年,武昌起义后回国,任同盟会交际部主任兼河北支部长、国会第一届参议院议长。1924年1月,当选为国民党一大中央监察委员。1927年任国民党中央特别委员会委员。1928年起,任国民党中央政治会议委员、司法院副院长、中央监察委员、国史馆馆长等职。晚年多参与编写国民党党史和民国史的撰写,也参与了故宫博物院的建立。1946年出席制宪国民大会并被选为主席团成员。年底出任史馆馆长。1947年12月15日在南京病逝,著有《张溥泉先生全集》及《补编》。

② 校注:茅祖权,1883年生,江苏海门人。字泳薰。早年留学日本。后加入同盟会。1912年后任国会议员。1924年任国民党中央候补执行委员。后任江苏省民政长、中央公务员惩戒委员会主任委员、行政法院院长、司法院秘书长、总统府国策顾问等职。1950年在上海被人民政府逮捕。1952年病死狱中。

③ 校注:赵观涛:(1892~1977)别名敬荣,字雪泉,浙江嵊县人,陆军中将。湖北陆军第二预备学校、保定陆军军官学校第三期步科、中央军校高等教育班第一期毕业。1933年3月28日升任第八军中将军长。1935年1月赣浙边界怀玉山,阻击方志敏率领的红军北上抗日先遣队,俘虏红军将领方志敏,押解南昌向蒋介石请功。同年4月5日叙任陆军中将,5月24日晋颁一等宝鼎勋章。1935年8月因病辞职,调任军事委员会中将参议,1936年7月9日获颁国民革命军誓师十周年纪念勋章。1937年10月因久病辞参议职,长期居住上海、杭州等地,解放前夕去台湾。1977年11月16日在台北病逝。

**丁亥、乙巳、丁酉、甲辰**

此招商督办赵铁桥①造。巳酉会合，可解己亥之冲，乃因辰酉之合，复引起巳亥之冲也。

**丙子、甲午、甲戌、戊辰**

此陆宗舆②之造。午戌会可解子午之冲矣，乃因辰戌之冲，复引起子午之冲也。

**乙丑、癸未、甲午、甲子**

此齐耀琳③之造。午未合本可解丑未之冲，乃因子午之冲，复引起丑未之冲也。

更有刑冲而可以解刑者，何也？盖四柱之中，刑冲俱不为美，而刑冲用神，尤为破格，不如以另位之刑冲，解月令之刑冲矣。假如丙生子月，卯以刑子，而支又逢酉，则又与酉冲不刑月令之官。甲生酉月，卯日冲之，而时逢子立，则卯与子刑，而月令官星，冲之无力，虽于别宫刑冲，六亲不无刑克，而月官犹

---

① 校注：赵铁桥（1886~1930），同盟会员，四川反清起义及反袁斗争首领之一，四川叙永县金鹅乡（今兴文县金鹅乡）人。1907年，加入同盟会，积极参与熊、黄等筹划的永宁（今叙永）起义。事败，又被推为江安起义指挥，从犍为启程挟炸弹几枚赴江举事，又因事泄未成，乃潜回家中。1915年，孙中山任赵为中华革命党四川支部长，兼领北方讨袁军事。1917年，赵由京返川，为熊克武北伐参谋军事。1918年，任靖国军总司令部财务处处长。1919年任四川浚川源官银行总经理。1925年，国民政府定都南京，任赵为建设委员，继任上海招商局总办。1930年7月24日上午7时50分，升任招商局总办，被王亚樵派遣的杀手暗杀，送医后不治身亡。

② 校注：陆宗舆（1876~1941），字润生，浙江海宁盐官人，1913年~1916年担任驻日公使。五四运动中，他与曹汝霖、章宗祥一起被称为"卖国贼"，于1919年6月10日被解职替罪。后寓居天津日租界经商。1925年一度出任临时参政院参政。1940年被汪兆铭伪国民政府聘为行政院顾问。1941年6月1日病死于北京。

③ 校注：齐耀琳（1863年-?），字震岩，吉林伊通人。清末民初政治人物。光绪十九年（1893年）举人，光绪二十一年（1895年）乙未科进士，选翰林院庶吉士，散馆后改知县，历任直隶曲周县、清苑县知县，历升磁州、遵化直隶州知州，保定府知府。光绪三十四年（1908年），任天津道。宣统元年（1909年），升直隶按察使（1910年各省按察使均改为提法使，他继续任直隶提法使）。宣统三年（1911年）晋江苏布政使，旋改河南布政使。因与袁世凯关系密切，袁复出后，1911年12月授其河南巡抚，不久升任盐务大臣。中华民国成立后，民国元年（1912年）3月，他任河南都督。民国二年（1913年）6月，他任吉林民政长。1914年7月，他任江苏巡按使。民国四年（1915年）12月，袁世凯称帝时，他获封一等伯。民国五年（1916年）6月，江苏巡按使更名为江苏省长，他继续任江苏省长。民国六年（1917年）7月，他曾一度代理江苏督军。民国九年（1920年）9月，他辞去省长职务，退出政坛。此后他曾任天津耀华玻璃公司总董。后来其生平不详。

在，其格不破。是所谓以刑冲而解刑冲也。

以别位之刑冲而解月令之刑冲者，有以冲而解，有以会而解，不一其例。

**丁亥、丙午、丁卯、庚子**

此因子卯之刑，而解子午之冲也。为敝友陈君造。

**甲戌、丙子、癸卯、壬戌**

此因卯戌之合，而解子卯之刑也。为海军总长杜锡珪①造。

如此之类，在人之变化而已。

命理变化，不外乎干支会合刑冲，学者于此辨别明晰，八字入手，自无能逃形。上述变化，尚有未尽，兹再举数例于下：

**庚辰、乙酉、癸卯、庚申**

此行政院副院长孔祥熙②之造也。卯酉之冲，似解辰酉之合，不知申中之庚，与卯中之乙暗合，因暗合而解冲，遂成贵格。

有所处之地位同，因支之性质，而有解不能解之别。如：

**丁酉、壬寅、辛巳、丙申**

酉巳之会，因隔寅木而不成局；寅申之冲，亦因隔巳火而不成冲；且巳申刑而带合，去申中庚金，使其不伤寅木，财官之用无损，便成贵格。此造摘自《神峰通考》。

**辛未、丙申、丁亥、壬寅**

亥未隔申，不能成局；寅亥之合，似可解寅申之冲，无如申金秉令，亥中壬甲休囚，不能解金木之争；且丁壬寅亥，天地合而假化，旺金伤

---

① 校注：杜锡珪（1874—1933），字慎丞、慎臣，号石钟，福建闽县（今福州市区）人。民国海军将领、政治家、军事家，直系军阀。毕业于江南水师学堂，曾率海军舰队镇压武昌起义，后来率领舰队在九江起义，投靠革命军。1923 年，出任海军总司令，封将军府瀛威将军。1925 年，出任海军总长。1926 年，曾代理国务总理并摄行大总统职，后又出任福州海军学校校长。北伐开始后，归附南方国民革命军。1931 年，授海军上将衔。1933 年 11 月，在上海病逝。

② 校注：孔祥熙（1880 年 9 月 11 日—1967 年 8 月 16 日），字庸之，号子渊，山西省太谷县人，祖籍山东曲阜，出生于山西省太谷县一个亦商亦儒的家庭，孔子第 75 代孙，岳父是宋嘉树。中华民国南京国民政府行政院长，兼财政部长。亦是一名银行家及富商。孔祥熙的妻子是宋霭龄，孔与宋子文、蒋介石为姻亲关系。孔祥熙长期主理国民政府财政，主要政绩有改革中国币制，建设中国银行体系，加大国家对资本市场的控制等。1967 年 8 月 15 日在纽约心脏病发去世。

木，化气破格。此逊清光绪皇帝①造也。

又四柱之中，刑冲俱非美事，此言亦未尽然。喜用被冲，则非美事，忌神被冲，则以成格，非可一例言也。举例如下：

### 辛卯、丁酉、庚午、丙子

煞刃格。天干丁火制辛，煞旺劫轻，喜子冲午，使火不伤金，酉冲卯，使木不助煞，此两冲大得其用。此逊清乾隆皇帝②之造也。

### 戊辰、甲寅、丁卯、己酉

寅卯辰气聚东方而透甲，印星太旺，时上酉冲卯，损其有余，去其太过，却到好处。此国府主席林森③之造。或云戊申时，然不论其为申为酉，用神同为取财损印，特借以阐明刑冲会合之理而已。

---

① 校注：清德宗爱新觉罗·载湉（1871年8月14日～1908年11月14日）：清朝第十一位皇帝，也是清朝入关后的第九位皇帝，在位年号"光绪"，史称"光绪帝"。蒙古人称为巴达古尔特托尔汗。父亲醇亲王奕譞，1874年，过继给四伯母兼姨母的慈禧太后为子，起初由慈安、慈禧两宫太后垂帘听政。光绪七年（1881年）慈安太后崩逝后由慈禧太后一人垂帘，直至光绪帝十八岁亲政，此后虽名义上归政于光绪帝，实际上大权仍掌握在慈禧太后手中。光绪帝一生受制慈禧，未曾掌握实权。1898年，光绪帝实行"戊戌变法"，但却受到以慈禧太后为首的保守派的反对。光绪帝打算依靠袁世凯牵制住以慈禧太后为首的这一股势力，但反被袁世凯出卖，从此被慈禧太后幽禁在中南海瀛台。整个维新不过历时103天，故称"百日维新"。1908年11月14日光绪帝暴崩，享年38岁，疑为慈禧太后派李莲英下毒，葬于清西陵的崇陵。

② 校注：清高宗爱新觉罗·弘历（1711年9月25日－1799年2月7日），清朝第六位皇帝，入关之后的第四位皇帝。年号"乾隆"，寓意"天道昌隆"。25岁登基，在位六十年，禅位后又任三年零四个月太上皇，实际行使国家最高权力长达六十三年零四个月，是中国历史上实际执掌国家最高权力时间最长的皇帝，也是中国历史上最长寿的皇帝。

③ 校注：林森生平见前注释。1931年1月21日，林森任国民政府主席，2月赴菲、澳、美、英、德、法诸国慰问侨胞并视察党务。3月还在国外，国民党中央常委会选其为立法院长。4月国民党中央4名监委通电弹劾蒋介石，时虽在国外，也列名其中。6月蒋介石复任国民政府主席，12月蒋介石下野，被推为国民政府代理主席，并确定主席为国家元首，不负实际政治责任。

# 子平真诠卷二

## 论用神

　　八字用神，专求月令，以日干配月令地支，而生克不同，格局分焉。财官印食，此用神之善而顺用之者也；煞伤劫刃，用神之不善而逆用之者也。当顺而顺，当逆而逆，配合得宜，皆为贵格。

　　用神者，八字中所用之神也。神者，财、官、食、印、偏财、偏官、偏印、伤官、劫刃是也。八字中察其旺弱喜忌，或扶或抑，即以扶抑之神为用神，故用神者，八字之枢纽也。所取用神未真，命无准理，故评命以取用神为第一要义。取用神之法，先求之于月令之神，月令者当旺之气也。如月令无可取用，乃于年日时之干支中求之。用虽别求，而其关键仍有月令。譬如月令禄劫印绶，日元盛旺，劫印不能用，则别求克之泄之之神为用；用虽不在月令，而别求之关键，则在月令也。若四柱克泄之神多，日元转弱，则月令劫印，依然可用。故云用神专求月令，以日元配月令地支，察其旺衰强弱而定用神也。

　　取用之法不一，约略归纳，可分为下列五种：

　　（一）扶抑。日元强者抑之，日元弱者扶之，此以扶抑为用神也。月令之神太强则抑之，月令之神太弱则扶之，此以扶抑月令为用神也。

　　（二）病药。以扶为喜，则以伤其扶者为病；以抑为喜，则以去其抑者为病。除其病神，即谓之药。此以病药取用神也。

　　（三）调候。金水生于冬令，木火生于夏令，气候太寒太燥，以调和气候为急。此以调候为用神也。

　　（四）专旺。四柱之气势，偏于一方其势不可逆，惟有顺其气势为用，或从或化，及一方专旺等格局皆是也。

（五）通关。两神对峙，强弱均平，各不相下，须调和之为美，此以通关为用也。

取用之法，大约不外此五者，皆从月令推定。至于名称善恶，无关吉凶。为我所喜，枭伤七煞，皆为吉神；犯我所忌，正官财印，同为恶物，不能执一而论，在乎配合得宜而已。因用神之重要，故凡五行之宜忌，干支之性情，以及生旺死绝会合刑冲之解救方法，同为取用时所当注意，虽为理论，实为根本，阅者幸注意及之。

# （一）扶抑

（1）扶抑日元为用。扶有二，印以生之，劫以助之是也。抑亦有二，官煞以克之，食伤以泄之是也。

**丁亥、丙午、壬寅、己酉**

财旺身弱，月令己土官星透出，财官两旺而身弱，故用印而不用官，以印扶助日元为用神。为前外交部长伍朝枢[①]命造。

**丁卯、癸丑、丙申、戊子**

丑中癸水官星透出，子申会局助之，水旺火弱，用劫帮身为用神。此

---

[①] 校注：伍朝枢（1887－1934），字梯云，广东新会人，生于天津。伍廷芳之子。1897年随父赴美国，15岁入西方高等小学。17岁升入大西洋城之高等学校。1905年毕业返国，任广东劳工局及农工实业局委员。1908年又以官费派送英国留学，入伦敦大学研究法律，1911年毕业，获法学士学位，旋入林肯法律研究院，获大律师资格。1912年由英返国；5月任湖北都督府外交司长、外交部条约委员会会长。1913年被选为第一届国会众议院议员。国会解散后，任宪法起草委员会委员，兼外交部条约审查委员会委员。1915年任政事堂参议兼外交部参事。1917年赴粤参加护法运动。1918年任广东军政府外交部次长兼总务厅厅长。1919年春，代表广州政府赴法国，参加巴黎和会。1921年5月，孙中山就任非常大总统时，被任为外交部次长。1923年6月，任广东大元帅府外交部长。1924年2月，中国国民党改组，任中央党部商务部部长。1925年3月，任广东军政府外交部部长；7月任广州国民政府委员、司法委员会主席兼广州市政委员长；11月任司法调查委员会主席。1926年1月，被选为国民党第二届中央执行委员。1927年5月，任南京国民政府外交部长，兼中央政治会议委员。1928年2月辞职，赴欧美各国考察。1929年1月，任驻美公使。1931年5月，美国密苏里大学赠以法学博士学位；6月回国，任广东国民政府委员；11月任广东省政府主席；12月南京国民政府任命为司法院院长，未就职；1932年3月，就任琼崖特区长官；5月任国民政府委员。1934年1月3日病逝于香港。年47岁。

为蔡孑民先生①命造。

**癸巳、丁巳、丁卯、丙午**

日元太旺，取年上癸水抑制日元为用，行官煞运大发。为交通部长朱家骅②命造。

**丙子、壬辰、壬申、乙巳**

亦日元太旺，辰中乙木余气透干，用以泄日元之秀，亦抑之之意。为前财政部长王克敏③命造。

（2）扶抑月令之神为用

**戊辰、甲寅、丁卯、戊申**

寅卯辰气全东方而透甲，用神太强，取财损印为用。此国民政府林主席森之造也。

---

① 校注：蔡元培，字鹤卿，又字仲申、民友、孑民，乳名阿培，并曾化名蔡振、周子余，汉族，浙江绍兴山阴县（今浙江绍兴）人，原籍浙江诸暨。革命家、教育家、政治家。民主进步人士，国民党中央执委、国民政府委员兼监察院院长。中华民国首任教育总长，1916年至1927年任北京大学校长，革新北大开"学术"与"自由"之风；1920年至1930年，蔡元培同时兼任中法大学校长。他早年参加反清朝帝制的斗争，民国初年主持制定了中国近代高等教育的第一个法令——《大学令》。北伐时期，国民政府奠都南京后，他主持教育行政委员会、筹设中华民国大学院及中央研究院，主导教育及学术体制改革。1927年3月28日组织、发起"护国救党运动"，揭开4.12屠杀序幕。1928年至1940年专任中央研究院院长，贯彻对学术研究的主张。蔡元培数度赴德国和法国留学、考察，研究哲学、文学、美学、心理学和文化史，为他致力于改革封建教育奠定思想理论基础。1940年3月5日在香港病逝。葬香港仔山巅华人公墓。

② 校注：朱家骅，字骝先、湘麟，浙江湖州人，中国教育界、学术界的泰斗、外交界的耆宿，中国近代地质学的奠基人、中国现代化的先驱，以其过人的聪明才智和过人的精力，担当过教育、学术、政府、政党等多项重要职务，与中国政局的演变有密不可分的关系，影响现代中国甚巨。朱家骅曾是中统负责人，20世纪20年代至40年代中德关系的重要人物。

③ 校注：王克敏（1876～1945），字叔鲁。中国近代的政治人物，1937年日本扶植的傀儡政权"中华民国临时政府"的首脑之一。1876年5月4日生于广东，祖籍浙江杭州，曾经中过举人；1900年以清国留学生监督的名义到日本，并担任清国驻日大使馆的参赞。回国后也于外交部任职。中华民国成立之后，王克敏曾经于段祺瑞执政期间出任1917年中国银行总裁，并且在以后三度出任财政部长。后曾任冀察政务委员会委员，并出任东北政务委员会、北平政务委员会等多项要职，其本人是对日妥协派的一员。1937年中日战争爆发后，王克敏于同年12月14日出任日军扶植的傀儡政权"中华民国临时政府"行政委员长一职；1940年3月伪中华民国临时政府与伪中华民国维新政府并入汪精卫的伪南京国民政府之后，又出任伪华北政务委员会委员长。名义上王克敏归汪精卫管辖，事实上自成体系。后来王克敏又出任伪南京国民政府的内务总署督办、中央政治委员等要职。1945年8月日本投降之后，王克敏被国民政府以汉奸罪逮捕，1945年12月25日于狱中自杀身亡。

己卯、丁丑、癸丑、乙卯

月令七煞透干，取食神制煞为用，亦用神太强而抑之也。为前行政院长谭延闿[①]命造。

戊戌、己未、丙子、庚寅

丙火生于六月，余焰犹存，时逢寅木，子水官星生印，日元弱而不弱。月令己土伤官透出，八字四重土，泄气太重，用财泄伤为用，亦太强而抑之也。此合肥李君命造。

乙亥、癸未、己亥、辛未

己土日元，通根月冷，年上乙木微弱，取癸水润土滋煞为用，乃用神太弱而扶之也。此前交通总长曾毓隽[②]造。

己巳、乙亥、壬子、乙巳

年上己被乙克，巳遭亥冲，置之不用，身旺气寒。时之巳火微弱，取

---

① 校注：谭延闿（1880～1930），（注：闿字拼音读：kǎi和"凯"同音，广东话读"海"，常被误写为谭延恺或谭延凯）字祖安、祖庵，号无畏、切斋，湖南茶陵人，曾经任两广督军，三次出任湖南督军兼省长兼湘军总司令，授上将军衔，陆军大元帅。曾任南京国民政府主席、行政院院长。1930年9月22日，病逝于南京。去世后，民国政府为其举行国葬。有"近代颜书大家"之称。著述有《祖庵诗集》等。

② 校注：曾毓隽（1875年8月5日～1967年11月14日），原谱名以烺，字云霈，祖籍福建省长乐县，迁居闽县（福州市区）孝义巷。民国初年，为皖系军阀段祺瑞政府成立的安福系成员。早年就学于福建船政学堂，后被选送出国留学。清光绪二十四年（1898年），参加乡试，中举人，任知县。光绪三十四年（1908年），奉邮传部委派，勘测川汉铁路线。宣统二年（1910年）冬，为段祺瑞幕僚，颇得赏识，被保举为道员，升任邮传部参事。中华民国成立，以北京政府陆军部任处长等职。民国5年（1916年），段祺瑞任国务总理，被委为京汉铁路总办，升局长。翌年3月，参加作为段祺瑞政治工具的"中和俱乐部"。同年7月，张勋拥溥仪复辟，任讨逆军司令部军需处处长。民国7年3月，受段祺瑞指使在北京安福胡同组织俱乐部，操纵新国会选举。8月，当选为新国会议员，出任国务院秘书。10月，任交通部次长兼国有铁路督办。民国8年12月，任靳云鹏内阁交通总长。次年7月，直皖战争爆发，皖系失败，被通缉，逃进日本使馆，后转道日本返天津租界居住。民国13年，段祺瑞任"中华民国临时总执政"，复出为段的幕僚；段倒台后，居天津。民国27年，梁鸿志组织日伪"维新政府"，要其参加，潜逃香港。同年6月，到重庆任国民政府赈济委员会委员直到1941年（民国30年）5月。1949年中华人民共和国成立后，寓居北京。1956年应当时中央文史研究馆馆长章士钊之约，加入中央文史研究馆为馆员。而后长期寄居其独女曾和清、女婿黄大馥的天津寓所。1967年11月病逝于天津。

伤官生财为用，亦用神弱者扶之也。乃前内阁总理周自齐①造。

## （二）病药

**戊戌、甲子、己巳、戊辰**

月令偏财当令，比劫争财为病，取甲木官星制劫为用，盖制劫所以护财也。此为合肥李君命造。②

**壬戌、己酉、丁丑、甲辰**

月令财旺生官，己土食神损官为病，以甲木去病为用，故运至甲寅乙卯，富贵优游，此南浔刘澄如③命造。

## （三）调候

**壬辰、癸丑、辛丑、甲午**

金寒水冷，土结为冰，取时上午火为用，乃调和气候之意。此逊清王

---

① 校注：周自齐（1871~1923）字子廙，原籍山东成武县孙寺镇郑庄人（原属山东单县），1871年10月14日出生于单县城区牌坊街，出身达官世家。其曾祖父周鸣銮清嘉庆己巳恩科进士，后任广东分巡雷琼兵备道；祖父周毓桂，清道光丙戌科进士，后任广东雷州知府。1894年（清光绪二十年），他应京兆试，科顺天乡试副榜。历任驻美公使馆参赞、领事，外务部右丞、左丞，山东都督兼民政长、中国银行总裁、交通总长、陆军总长、财政总长、农商总长。1922年3月，署理国务总理。1922年6月2日，摄行大总统职务，10月11日，黎元洪复职大总统，周退出政界。1923年10月21日，病故于上海。

② 行注：按此造须兼取巳中丙火。十一月气寒，得火暖之，方得发荣，即调候之意也。

③ 校注：刘安江（1862~1934），又名刘锦藻，字澄如，清光绪十四年（1888年）考取举人，光绪二十年（1894年）高中进士，成为南浔刘氏第一个在科举上成功的人。刘安江中进士后，被赐花翎三品衔候补五品京堂官衔，从此步入仕途。清朝末年，刘安江积极参加了浙江人民保路运动，担任第一任沪杭铁路副总经理，维护了浙江路权。刘安江的最大贡献则是在学术方面，他是中国历史上著名的文献学家。进入中年以后，刘安江淡泊于做官，沉溺于清朝史料的整理和旅游游全国各地。他独自穷20多年之功力，于1921年编成了一部多达400卷的《清朝续文献通考》。此书为中国10大政书之一，在中国文献学上占有重要地位。刘安江在文化学术方面的突出贡献，著有《坚匏庵集》行世。

湘绮①命造。

**辛亥、己亥、壬午、辛亥**

虽己土官星透干，无午支丁火，则官星无用，亦调候之意。乃南通张退厂②命造。

病药为用，如原局无去病之神，必须运程弥其缺憾，方得发展，调候亦然。倘格局转变则不在此例。

## （四）专旺

**壬寅、丁未、己卯、乙亥**

丁壬寅亥卯未，气偏于木，从其旺势为用。此前外交总长伍廷芳命造，为从煞格也。

**丁巳、丁未、丁卯、癸卯**

虽有癸水七煞透出，而有卯木化之，亦宜顺其旺势。此前清戚杨知府命造。

**乙丑、己卯、乙亥、癸未**

春木成局，四柱无金，为曲直仁寿格，乃段执政祺瑞③命造也。

---

① 校注：王闿运（1833～1916）晚清经学家、文学家。字壬秋，又字壬父，号湘绮，世称湘绮先生。咸丰二年（1852）举人，曾任肃顺家庭教师，后入曾国藩幕府。1880年入川，主持成都尊经书院。后主讲于长沙思贤讲舍、衡州船山书院、南昌高等学堂。授翰林院检讨，加侍读衔。辛亥革命后任清史馆馆长。著有《湘绮楼诗集、文集、日记》等。

② 校注：张退厂其人，无历史记载。《穷通宝鉴评注》一书中有解说"张退厂命：取午中丁火生助己土官星，丁己同得禄于午，但十月壬水用丁己，不如丙戊，望重乡闾，寿八十八，卒于戊寅年。"

③ 校注：段祺瑞（1865～1936），曾用名启瑞，字芝泉，晚年号称"正道老人"，清同治四年二月初九（1865年3月6日），出生于六安县太平集（今六安市金安区三十铺镇太平村）。民国著名政治家，号称"北洋之虎"，皖系军阀首领。孙中山"护法运动"的主要讨伐对象。曾助袁世凯练北洋新军，而后以此纵横政坛十五载，一手主导了袁世凯死后北洋政府的内政外交。有"三造共和"的美誉，后来因宠信徐树铮，迷信武力统一，为直系击败而下野，曾借助和张作霖、孙中山的三角同盟而复出。"九·一八"事变后，日本人曾胁迫段祺瑞去东北组织傀儡政府，段严词拒绝。1933年1月，蒋介石派专使迎段祺瑞南下，委以"国府委员"衔。1936年11月2日，段祺瑞逝于上海宏恩医院。一生清正耿介，颇具人格魅力，号称"六不总理"，曾四任总理、四任陆军总长、一任参谋总长、一任国家元首。是中国现代化军队的第一任陆军总长和炮兵司令。任过中国第一所现代化军事学校——保定军校的总办。

**戊寅、乙卯、丁未、壬寅**

丁壬相合，月时卯寅，化气格真，化神喜行旺地，旺之极者，亦喜其泄。此丁壬化木格，孙岳①之命造也。

## （五）通关

**丁酉、丙午、丁酉、己酉**

火金相战，取土通关为富格，盖无土则金不能用也。此名会计师江万平君②造。

**癸亥、庚申、甲寅、乙亥**

金木相战，取水通关，以煞印相生为用。乃陆建章③命造。

通关之法，极为重要，如原局无通关之神，亦必运程弥其缺憾，方有发展。用神如是，而喜神与忌神之间，亦以运行通关之地，调和其气为美。如财印双清者，以官煞运为美；月劫用财格，以食伤运为美。即通关之意也。

是以善而顺用之，则财喜食神以相生，生官以护财；官喜透财以相生，生印以护官；印喜官煞以相生，劫才以护印；食喜身旺以相生，生财以护食。不善而逆用之，则七煞喜食神以制伏，

---

① 校注：孙岳（1878～1928），本名孙耀，字禹行，直隶（今河北）高阳县人，民国将领。早年曾出家为僧，后加入中国同盟会，成为北方支部领导人之一。民国成立后，任陆军第十九师师长兼江西庐山垦牧督办。二次革命失败后遭通缉，亡命日本。不久回国，组织"共学园"。后任第十五混成旅旅长兼大名镇守使、京畿警备副总司令。1924年10月，与冯玉祥、胡景翼发动北京政变。后任国民军副司令兼国民军第三军军长、河南省长、陕西军务督办、直隶军务督办兼省长。1928年任南京国民政府军事委员会委员。同年5月27日在上海病逝。

② 校注：江万平，生于1897年6月8日，字曼倩，晚清浙江余杭人，工山水，曾熙弟子，上海"曾李同门会"会员，《历代画史汇传补编》有记，主要活动於20世纪上半叶，20年代至40年代上海有名的会计师。

③ 校注：陆建章，1862出生，卒于1918年，字朗斋，安徽蒙城人，天津北洋武备学堂毕业。清光绪二十一年（1895）随袁世凯训练新建陆军，历任右翼第三营后队中哨官、督队稽查先锋官、左翼步一营帮带。光绪二十九年（1903）升兵部练兵处军学司副使；三十一年（1905）任北洋军第四镇第七协统领。后调任山东曹州镇总兵、广东高州镇总兵、广东北海镇总兵、广东高州镇第七协统领。1912年任袁世凯总统府警卫军参谋官、右路备补军统领，后改警卫统领兼北京军政执法处处长。在任期间，大肆屠杀革命党人、进步人士及广大群众，被称为"陆屠伯"

忌财印以资扶；伤官喜佩印以制伏，生财以化伤；阳刃喜官煞以制伏，忌官煞之俱无；月劫喜透官以制伏，利用财而透食以化劫。此顺逆之大略也。

　　财喜食神以相生者，譬如甲以己土为财，以丙为食神，财以食神为根，喜丙火之相也。生官以护财者，甲以甲乙为比劫，庚辛为官煞，比劫有分夺财星之嫌；财生官煞而官煞能克制比劫，是生官即以护财也。官喜透财以相生者，如甲以辛为官，以己土为财，官以财为根，喜己土之相生也。生印以护官者，如甲以壬癸为印，庚辛为官，官生印也；以丁火为伤，丁火克制官星，喜壬癸印制伤以护官，故云生印以护官也。印喜官煞以相生，劫财以护印者，甲以壬癸为印，戊己为财，忌财破印，得比劫分财，即所以护印也。食神者我生者也，喜身旺以相生。生财以护食者，譬如甲以丙火为食，己土为财，壬癸为印，食神忌印相制，得财破印，即所以护食也①。财官印以阴阳配合为顺，食神以同性相生为顺，循扶抑之正轨，此善而顺用者也。七煞者，同性相克②，其性刚强。身煞相均，最宜制伏。而财能泄食以生煞，印能制食以护煞，故云忌财印资扶也。伤官者，异性相生，日元弱，喜印制伏伤官；日元强，喜伤官生财；财可以泄伤官之气，泄伤，即所以化伤也。阳刃喜官煞者，日元旺逾其度，惟五阳有之，故名阳刃。旺极无抑，则满极招损，故喜官煞之制伏。月劫者，月令禄劫，日元得时令之气，最喜官旺。若用财，则须以食伤为转枢，以食化劫，转而生财。用煞则身煞两停，宜用食制。此皆以扶抑月令之神为用，为不善而逆用之也。

　　今人不知专主提纲，然后将四柱干支，字字统归月令，以观喜忌，甚至见正官佩印，则以为官印双全，与印绶用官者同论；见财透食神，不以为财逢食生，而以为食神生财，与食神生财同论；见偏印透食，不以为泄身之秀，而以为枭神夺食，宜用财制，与食神逢枭同论；见煞逢食制而露印者，不为去食护煞，而

---

① 行注：上以甲为例，类推。
② 行注：如阳金克阳木，阴金克阴木。

以为煞印相生，与印绶逢煞者同论；更有煞格逢刃，不以为刃可帮身制煞，而以为七煞制刃，与阳刃露煞者同论。此皆由不知月令而妄论之故也。

正官佩印者，月令正官，或用印化官，或见食伤碍官，取印制食伤以护官也。印绶用官者，月令印绶，日元得印滋生而旺，别干透官，而官得财生，是为官清印正，官印双全，虽同是官印，而佩印者忌财破印。印绶用官者，喜财生官，用法截然不同也。见财透食者，月令为财，余干透食神，取以化劫护财。食神生财者，月令食神，见财流通食神之气，见劫为忌。偏印透食者，月令偏印滋生日元，食神为泄身之秀，忌见财星。食神逢枭者，月令食神，别支见枭，为枭神夺食，宜用财制枭以护食。煞逢食制而露印者，月令逢煞，别支食神制之太过，露印为去食护煞，印绶逢煞者，月令逢印绶而印轻，喜见煞以生印，是为煞印相生。煞格逢刃者，月令七煞，日元必衰，日时逢刃，取刃帮身以敌煞也。阳刃露煞者，月令阳刃，日元必旺，取七煞以制刃，为煞刃格也。是由未曾认清月令，以致宾主倒置，虽毫厘之差，而有千里之谬也。上述宜忌，须审察日主旺弱，未可拘执。

然亦有月令无用神者，将若之何？如木生寅卯，日与月同，本身不可为用，必看四柱有无财官煞食透干会支，另取用神；然终以月令为主，然后寻用，是建禄月劫之格，非用而即用神也。

建禄月劫之格，非必身旺，旺者喜克泄，取财官煞食为用；弱者喜扶助，即取印劫为用。是用神虽不在月令，而取用之关键，则仍在月令，所谓先权衡月令当旺之气，再参配别神也。

## 论用神成败救应

用神专寻月令，以四柱配之，必有成败。何谓成？如官逢财印，又无刑冲破害，官格成也。财生官旺，或财逢食生而身强带比，或财格透印而位置妥贴，两不相克，财格成也。印轻逢煞，或官印双全，或身印两旺而用食伤泄气，或印多逢财而财透根轻，印格成也。食神生财，或食带煞而无财，弃食就煞而透印，食格成也。身强七煞逢制，煞格成也。伤官生财，或伤官佩印而伤官旺，印有根，或伤官旺、身主弱而透煞印，或伤官带煞而无财，伤官格成也。阳刃透官煞而露财印，不见伤官，阳刃格成也。建禄月劫，透官而逢财印，透财而逢食伤，透煞而遇制伏，建禄月劫之格成也。

用神既定，则须观其成败救应。官逢财印者，月令正官，身旺官轻，四柱有财生官，身弱官重，四柱有印化官，又有正官兼带财印者，须财与印两不相碍①，则官格成也。刑冲破害，以冲为重，冲者，克也。如以木为官，则冲者必为金为伤官，故以冲为重。刑破害须酌量衡之，非必尽破格也②。

财旺生官者，月令星旺，四柱有官，则财旺自生官；或月令财星而透食神，身强则食神泄秀，转而生财。财本忌比劫，有食神则不忌而喜，盖有食神化之也。或透印而位置妥贴者，财印不相碍也③。如年干透印，时干透财，中隔比劫，则不相碍；隔官星则为财旺生官，亦不相碍，是为财格成也。

印轻逢煞，或官印双全者，月令印绶而轻，以煞生印，为煞印相生；以官生印，为官印双全。如身强印旺，则不能再用印，最喜食伤泄日元之秀。若印太多，则须以损印为用，如土多金埋，水多木漂④，必须去其有余，补其不足，则用神方显。故以财透根轻，运生财地，助其不足为美。若四柱财无根气，则印虽多，不能用财破印；原局财星太旺，印绶被伤，则反须以比劫去财扶印为美矣。此则随局取材，不能执一也。

月令食神，四柱见财，为食神生财，格之正也。若四柱透煞，则食神制煞为用，忌财党煞，故以无财为美。若煞旺而透印，则弃食就煞，以印化煞为用，但弃食就煞者，虽月令食神，不再以食神格论矣。四柱若见枭

---

① 行注：参观《论正官印》节。
② 行注：参观《格局高低》篇胡汉民造。
③ 行注：参观《财格佩印》节。
④ 行注：参观《五行生克制化宜忌》节。

印夺食，则弃食就煞为真，斯亦格之成也。

月令偏官而身强，则以食神制煞为美，为煞格之成。若身强煞弱，或煞强身弱，皆不能以制伏为用，必身煞两停者，方许成格。

月令伤官，身强以财为用，为伤官生财；身弱以印为用，为伤官佩印。伤官旺，印有根，以运生印地为美。斯二者皆格之正也。若伤官旺，身主弱，而透煞印，则当以印制伤，化煞滋身为用。虽月令伤官，而其重在印。伤官带煞而无财，与食神带煞相同。盖以伤官驾煞，即是制伏，忌财党煞，故以无财为成也。

月令阳刃，以官煞制刃，格局最美。刃旺煞强，威权显赫，印滋刃，财生煞，故以财印并见为吉，但须不相碍耳。刃旺者，亦可用食伤泄秀，但用官煞制者，不能再用食伤，故以不见伤官为格之成也。

建禄月劫，透官而逢财印，即同官格；透财而逢食伤，即同财格；透煞而遇制伏，即同煞格。盖禄劫本身不能为用，而另取扶抑之神为用，即与所取者之格相同也。

何谓败？官逢伤克刑冲，官格败也；财轻比重，财透七煞，财格败也；印轻逢财，或身强印重而透煞，印格败也；食神逢枭，或生财露煞，食神格败也；七煞逢财无制，七煞格败也；伤官非金水而见官，或生财生带煞，或佩印而伤轻身旺，伤官格败也；阳刃无官煞，刃格败也；建禄月劫，无财官，透煞印，建禄月劫之格败也。

败者，犯格之忌也。月令用神，必须生旺。正官见伤，则官星被制，冲官星者，非伤即刃，同为破格也。

财轻比重，则财被分夺；财透七煞，则财不为我用而党煞，反为克的者之助，为财格所忌也。

印轻逢财，则印被财破；身强印重，须食神泄身之旺气，若不见食神而透煞，则煞生印，印又生身，皆为印格之忌也。

食神逢枭印，则食为枭印所夺矣；食神生财，美格也，露煞则财转而生煞，皆破格也。

七煞以制为用，有财之生而无制，则七煞肆逞而身危矣。

伤官以见为忌。惟金水伤官，金寒水冷，调候为急，可以见官，除此之外，见官皆非用伤所宜。伤官生财，与食神生财相同，带煞则财转而生煞，为格之忌。身旺用伤，本无需佩印；伤轻见印，则伤为印所制，不能发舒其秀气，故为格之败也。

阳刃以官煞制刃为用，若无官煞，则刃旺而无裁抑之神矣。

建禄月劫，日主必旺，喜财生官，无财官而透煞印，则煞生印，转而生身，其旺无极，皆为破格也。成格破格，程式繁多，亦有因会合变化而成败者，参观用神变化节。

成中有败，必是带忌；败中有成，全凭救应。何谓带忌？如正官逢财而又逢伤；透官而又逢合；财旺生官而又逢伤逢合；印透食以泄气，而又遇财露；透煞以生印，而又透财，以去印存煞；食神带煞印而又逢财；七煞逢食制而又逢印；伤官生财而财又逢合；佩印而印又遭伤，阳刃透官而又被伤，透煞而又被合。建禄月劫透官而逢伤。透财而逢煞，是皆谓之带忌也。

带忌者，四柱有伤用破格之神，即所谓病也；救应者，去病之药也。

正官逢财，财生官旺，为格之成；四柱又透伤，则官星被伤而破格矣。月令正官，干头透出，格之所喜，而又逢合，如甲以辛为官，生于酉月，透出辛金，正官格成矣；而又透丙，丙辛相合，官星不清而破格矣。

财旺生官者，月令财星，生官为用，与正官逢财相同；逢伤则官被伤，逢合则财被合去，孤官无辅，同为破格。

印透食以泄气者，月令印绶，日元生旺，透食以泄身之秀，印格成也；又遇财露，则财损印为病，而破格矣。透煞以生印，煞逢印化，印得煞生，格之成也；而又透财，则财破印党煞而破格也。

食神带煞印者，月令食神而无财，弃食神而用煞印，是为威权显赫；或以印滋身、以食制煞而不相碍，亦为成格。若见财，食以生财，财来党煞破印，格局俱格矣。

七煞逢食制者，以食制煞为用，逢印夺食而格败。

伤官生财者，身旺恃财泄伤官之秀，财被合则气势不流通，而生财之格破。

伤官佩印者，身弱恃佴滋身，又逢财，则印被财伤，而佩印之格破。

阳刃格喜官煞制刃，透官而见伤官，透煞而煞被合，失制刃之效用矣。建禄月劫与阳刃相同。用官喜见财生，逢伤失制劫之用，用财喜食伤之化，用煞须食伤之制，若不见食伤而反逢煞透，则财党煞以伤身，皆犯格局之忌。

成中之败，亦变化万端，此不过其大概也。如财旺生官，美格也，身弱透官，即为破格。伤官见官，为格之忌，透财而地位配置合宜，则伤官生财，财来生官，反可以解，种种变化，非言说所能尽，在于熟习者之妙悟耳。

成中有败，或败中有成，命造中每个有之，不能一一举例。兹略举造，以见一斑。

**壬戌、己酉、丁丑、甲辰**

此南浔刘澄如造。月令财星生官，格之成也，而干透己土，官星被伤，成中有败。时干透甲印，而财印不相碍，印绶制食，格局以成。年上官星破，故不贵；丁己同宫，财星有情，故为浙西首富。[①] 行官煞运有印

---

① 校注：刘锦藻（1862～1934年）原名刘安江，是刘镛的第二个儿子，字澄如，蓄志励学，按照其父走科举之路的理想，终成一代饱学之士。他于清光绪十四年1888年乡试中举，光绪二十年1894年与南通张謇同榜登甲午科进士，成为南浔刘氏第一个在科举上成功的人。此后几年中被清廷留任京官，担任工部主事、行走、郎中等小官。1899年其父去世后，他回南浔奔丧，办理家乡慈善事业，从此不再北返，挑起了家族事业的重担。刘锦藻办实业，较之其父刘镛眼光更为远阔。他承继父志，不仅继续从事家乡缉里丝的生丝出口贸易、扬州的盐场和典当业，同时在上海大做房地产生意，先后买下了南京东路鸿承里、福州路上会乐里、福州路上杏花楼所在地，淮海路上兴业里等租界里的黄金地段的房地产，在青海路、同孚路（今石门路）、厦门路、北京东路、建国西路、新闸路、胶州路、麦阳路、河南路也广为购地造屋，或自家居住，或出租生利。据现年90高龄的当年为刘家经租过房产的孙曜东先生回忆，当年刘家在淮海路上的一条大弄堂，仅此一弄，年收租金即达3000两银元。50年代公私合营，仅四房刘湖涵一房所拿房产定息，一个季度就达4万元。50年代的4万元无疑是个天文数字，亦可推知刘氏家族当年的实力与"牛气"。后来，不仅在上海和南浔，刘家的实业又走向了全国，在武汉、长沙、杭州、南通、南京等地投资船运、电力、铁路、茶业等实业，在通州大面积购买河口海边滩涂，围海造田，建立垦牧公司；与张謇合办上海大达轮埠公司，并经农工商部奏派为总理；在武汉投资兴建了暨济水电公司（即汉口水电厂）。1905年浙江铁路公司成立，刘家以个人名义或以堂号名义认购股权1万元以上者达20人，共为该公司集资近100万元。汤寿潜与刘锦藻担任正副总理，沪杭铁路遂赖以于1909年建成通车。1907年著名的浙江兴业银行成立时，刘锦藻又是主要股东之一，这个银行始终以振兴民族工业为己任，江南一带著名的民族工商业以及官商合办的大型企业，如汉冶萍公司、轮船招商局、恒丰纱厂等，无不与其有着密切的联系，不少企业正是由于该银行的支持，才免遭倒闭的厄运。刘锦藻遂成为江南著名的大腕人物，声誉甚隆。

化，为败中有成也。

**己卯、丙子、庚寅、辛巳**

此申报馆主人史量才①造。伤官带煞而透印，格之成也。印坐财地，不能制伤化煞，成中有败。所以仅为无冕帝王也。煞通根寅巳而旺，只能用伤官制煞。财为忌神，居于年支，早年必困苦。至未运，会卯化财，泄伤党煞，被刺。

**己卯、丙子、丙子、丁酉**

此党国元老胡汉民②造。月令官星，年印时财，两不相碍，格成三奇。惟官重宜行印劫，惜运不助耳。此造为生于光绪五年十一月初七日酉时，

---

① 校注：史量才（1880~1934），杰出的商人、教育家和报业巨子，上个世纪初中国最出色的报业经营者，作为上海的报业大王，史量才曾经说过一句很著名的话："国有国格，报有报格，人有人格。"1899年中秀才，1901年考入杭州蚕学馆（今浙江理工大学）学习。曾在泗泾创办养正小学堂。先后在南洋中学、育才学堂、江南制造局兵工学堂、务本女校任教，并与黄炎培等发起组织江苏学务总会。1908年任《时报》主笔。辛亥革命爆发后，参加江苏独立运动，清理江海关财务，后被选为江苏省议会议员。1912年，南京临时政府与袁世凯议和期间，史量才又参加了南北议和的协商工作，并在上海海关清理处和松江盐务局担任过一段时间的公职。1912年，史量才与张謇、应德闳、赵凤昌等合资，以12万元购买了《申报》。《申报》敢于抨击时弊，揭露当局的黑暗统治，因而声誉雀起，发行量骤增。1922年11月，英国报界巨子、《泰晤士报》的主人北岩勋爵来到中国，他在参观《申报》馆后，称赞它是中国的《泰晤士报》。到1931年，该报日发行量增加到15万份，年利润达数10万元，销售量和影响直追当时全国最畅销的《新闻报》。1927年，他购得《时事新报》的全部产权，1929年，他又从美商福开森手中收买了《新闻报》的大部分股权，一跃而为上海乃至中国新闻界最大的报业集团。1934年10月，因胃病复发，史量才前往他在杭州的寓所秋水山庄疗养。11月13日傍晚，在回程途中遭国民党特务暗杀。章太炎先生在为史量才写的墓志铭中赞道："史氏之直，肇自子鱼。子承其流，奋笔不纡。""唯夫白刃交胸，而神气自如。"

② 校注：胡汉民（1879~1936），原名衍鹳，后改名衍鸿，字展堂。晚年别号不匮室主。汉民是他在《民报》上发表文章时所用的笔名。出生于广东番禺，祖籍江西吉安。资产阶级革命家，国民党早期主要领导人之一，也是国民党前期右派代表人物之一。孙中山逝世后主持编写了《总理全集》。1901年中举人；1902年、1904年两度赴日本留学，入弘文学院师范科、法政大学速成法政科；1905年9月加入中国同盟会，同年11月任《民报》创刊；1912年1月1日任总统府秘书长；1918年8月与廖仲恺、朱执信、戴季陶等人创办《建设》杂志，支持学生爱国运动和新文化运动；1921年5月被任命为总参议兼文官长；1924年1月参与国民党第一次全国代表大会宣言等重要文件的起草工作，当选为国民党第一届中央执行委员，同年5月黄埔军校成立，兼军校政治教官，同年9月初，孙中山督师北伐，胡汉民留守广州，代行大元帅职权，兼任广东省长；同年11月，孙中山北上，胡汉民仍留守广州，代行大元帅职权。1925年9月间以"出使苏俄"为名赴莫斯科，在苏联期间，胡汉民被缺席选为国民党中央执行委员会委员、常务委员；1927年支持蒋介石清党，同年4月18日任国民政府委员会常务委员；1928年1月与孙科赴欧洲考察政治，同年10月出任立法院院长；1935年6月前往德国、意大利等国考察，同年12月被选为中央执行委员，在国民党五届一中全会上，当选为常务委员会主席。1936年5月12日突发脑溢血病逝。

或有传其为十月廿六日申时者,则成中有败矣。列式如下:

己卯、丙子、丙寅、丙申

月令官星,财印为辅,格之成也。惜寅申相冲,财印两伤,主虽正,奈辅佐冲突,不得力何?为成中有败也。又浙西盐商周湘舲①造,为甲子、丙子、丙寅、丙申,两造相似,均主辅佐倾轧,晚年寥落不得意也。

---

① 校注:周庆云(1864~1933),清代碑传文通检作(1866~1934)。字景星,号湘舲,别号梦坡,浙江吴兴南浔人。清光绪七年(1881)秀才,后以附贡授永康教谕,例授直隶知州,均未就任。为南浔巨富,年轻时经营丝、盐、矿等业。曾任苏、浙、沪属盐公堂总经理。三十一年投资兴建苏杭铁路,竭力反对向英商借款、出卖路权。1913年在杭州开办天章丝织厂,抗衡外货。1925年,为抵制日盐进口,在上海浦东设立五和精盐公司,又投资兴办长兴煤矿。1933年病逝于上海。周庆云光绪七年(1881)中秀才,后以附贡授永康县学教谕,例授直隶知州,均未就任,从此弃学从贾,随父辈业丝,以湘舲为常名。后成为两浙盐商中的权威人物。他对岱山等产地盐场及盐廒,有一套卓有成效的管理办法,又通晓盐政历史,著有《盐法通志》100卷,及《岱盐记略》一卷,为中国盐政留下宝贵的历史资料。周是近代有名的民族资本家,光绪三十一年(1905)他积极支持和投资由汤寿潜与刘锦藻发起创办浙江铁路公司,参加浙江拒款保路运动,反对清政府以向英国借款为由,出卖路权,支持汤寿潜和刘锦藻主张自集资金,建造苏杭甬铁路,取得成功。1907年他赞助并投资由浙江铁路公司在杭州创设浙江兴业银行,民国7年(1918)他又投资由张静江和虞洽卿等发起创办的上海物品证券交易所。为振兴丝绸业,民国2年(1913)在杭州开办天章丝织厂,其后又投资创办虎林丝绸公司,在嘉兴办秀纶和厚生丝织厂,民国9年(1920)在湖州办模范丝厂。他还发起和投资开采长兴煤矿和铁矿(按清末民初在湖州西门外弁山有铁官井,即今李家巷矿区)。为提倡家电照明,投资由南浔与震泽合办的浔震电灯公司。民国14年(1925),为抵制日本精盐倾销我国市场,他又在上海浦东开设了五和精盐公司。周亦兴学,如为浔溪书院延师,改革科举旧学,为盐业子弟办浙西礎务学校。民国后在杭州珠宝巷改设盐务小学,以后在梅东高桥发展为盐务中学,在家乡资助南浔中学并任校董。平时爱好诗词、书画、文物、藏书,以及著述。书画金石家吴昌硕,国学家沈涛园、朱古徵、王文濡等均为他座上客。他以市井尘垢,放意山水外,超山、莫干山均有别业。作诸游记,有《天目游记》一卷、《京江避寿记》一卷、《汤山修禊日记》一卷。从游记而修方志,有《西湖灵峰寺志》4卷、《莫干山志》13卷、《西溪秋雪庵志》4卷,而规模较大的是民国初里人议修镇志,周湘舲主其事,于民国11年(1922)刻印《南浔志》60卷,附《南林缀秀录》一卷,继《汪志》后范围和内容更为充实,惟断年为宣统之末。此外他还办了一些值得称颂的好事,宣统元年(1909)为西湖灵峰补植梅树300本,以复咸丰时杨蕉隐所绘《灵峰探梅图》景观。以后又在超山建宋梅亭,突出文物,增加旅游景观。民国16年(1927)在莫干山创办肺病疗养院,由其侄德国留学生周君常任院长,扩修剑池名胜古迹,亲题"剑池"二字刻于悬崖。他还修建西溪两浙词人祠、临安济川桥、宁波天童玲珑岩石经等,又杭县文澜阁藏《四库全书》,遭兵残毁不全,周湘舲等筹资逻写《文津本》得4400余卷,阙者始完整,故有《补抄文澜阁阙卷纪录》一卷之作。周著述尚有《节本泰西新史揽要》8卷、《浔雅》18卷、《浔溪诗征》40卷、《浔溪诗征补遗》一卷、《浔溪词征》2卷、《浔溪文征》16卷、《两浙词人小传》16卷、《梦坡室获古丛编》12卷、《金玉印痕拓本》7卷、《梦坡室藏砚拓本》及《董夫人经塔石刻拓本》等。年50学鼓琴,复有《琴史》、《补琴史》、《琴书存目》、《乐书存目》、《琴操存目》等之作。周所著集成《梦坡室丛书》,凡45种计469卷。民国22年(1933)周庆云病逝于上海寓所,终年70岁。

**癸巳、丙辰、壬申、癸卯**

此杨杏佛①命造。时逢癸卯，身旺泄秀，干透丙火，通根于巳，为伤官生才，格之成也。年时两癸，群劫争财，成中有败也。行运到子，申子辰比劫会局，流年癸酉，冲去卯木，被刺。

---

① 校注：杨铨（1893~1933），字宏甫，号杏佛，江西清江县人（江西省樟树市），祖籍江西玉山。经济管理学家，辛亥革命社会活动家。中国人权运动先驱。中国管理科学先驱。1908年，杨杏佛入上海吴淞中国公学就读，接受进步思想。武昌起义时，他以同盟会会员身份赶往武昌，亲历辛亥革命，后来在孙中山组建的中华民国临时政府中任总统府秘书处的收发组长。1912年南北议和，袁世凯窃取了革命成果。此时，如果杨杏佛见风使舵，自然会获得很好的职位。但以他耿直的性格，痛感时局不可为后，毅然放弃优厚的待遇，远赴美国求学。杨杏佛先在康奈尔大学选读机械专业，接着在哈佛大学商学院商业管理学院攻读硕士学位。他希望汲取到世界最先进的思想和营养，为祖国效力。1910年加入同盟会。1911年与茅以升一道考入唐山路矿学堂（现西南交通大学）。武昌起义爆发，赴武昌参加保卫战。1912年1月，孙中山任中华民国大总统，他到南京任总统秘书处收发组长。孙中山辞职后，他赴美国入康乃尔大学学习。毕业后，又转入哈佛大学学习。留学期间发起创办《科学》杂志。杨杏佛很早就怀有科学救国、实业救国的理想，赴美后，美国先进的科学与中国落后的面貌形成巨大的反差，刺激着杨杏佛和他的同伴。1914年夏，美国康乃尔大学的几个中国留学生决定创办《科学》月刊，他们认为：中国最缺的莫过于科学，《科学》月刊就是专门向中国介绍科学的杂志。他们说干就干，迅速筹备，促使《科学》月刊第一期很快在美国编辑成功，1915年1月即在上海由商务印书馆印行。《科学》月刊是中国第一份综合性科学杂志。在《科学》月刊上签名的"缘起"人有：胡明复、赵元任、杨杏佛、任鸿隽等。从《科学》创刊到1921年，杨杏佛任编辑长达7年之久，共主编6卷69期杂志。他不仅约稿、组稿、审稿，而且经常自己写稿、译稿。1918年回国，1920年任国立东南大学教授。经常与共产党人恽代英接触，还利用业余时间到中国共产党创办的上海大学讲课。因而遭校方记恨，被迫离校，奔赴广州，投向革命。到广州后，任孙中山秘书。1924年11月随孙中山北上。1924年，孙中山主持中国国民党改组，实现了第一次国共合作。杨杏佛与陈去病等人在东南大学成立国共合作的地下组织，从事革命活动。他的举动受到东大校长郭秉文的敌视，工科被取消。杨杏佛辞去教育界的职务，回到孙中山身边，担任孙中山的秘书。同年年底，孙中山应冯玉祥之邀北上，共商国是，杨杏佛随往。1925年3月12日，孙中山病逝于北京。杨杏佛陪伴孙先生走过其生命最后的时光，深受孙中山精神所鼓舞，深得孙中山思想之精髓。1926年1月，国民党上海特别市党部执行委员会秘密成立，杨杏佛被选为执行委员，主持策应北伐军工作。1927年春，中国共产党在上海发动工人起义，杨杏佛出席国共席会议。起义胜利后，当选为临时政府常务委员。四·一二反革命政变后，认清蒋介石面目，以中国济难会名义极力接济和营救革命者，被国民党当局撤职。九·一八事变后，为反对国民党政府非法逮捕和监禁爱国人士，与宋庆龄、蔡元培等著名人士于1932年12月在上海发起组织中国民权保障同盟，任总干事，并组织营救了不少被关押的共产党人和爱国人士。1932年底，蔡元培和宋庆龄有感于外籍人士牛兰夫妇绝食抗议、陈独秀被捕等一系列政治事件，成立了中国民权保障同盟，专门营救被政治迫害的文化名流，争取言论、出版、集会等自由。同盟办公地设在上海法租界亚尔培路331号中央研究院国际出版物交换处，杨杏佛任同盟的总干事，成为自由与人权的坚决维护和实践者。傅国涌先生曾言："如果说宋庆龄、蔡元培是民权保障同盟的精神领袖或者说灵魂人物，那么杨杏佛就是同盟的实干领袖，是实干家。"如果缺了杨杏佛这样执著精干的人物，民权保障同盟就不会有如此大的作为。1933年6月18日，杨杏佛与其子杨小佛驾车外出，被设伏特务枪杀于上海亚尔培路。

己卯、丁丑、癸丑、乙卯

此前行政院长谭延闿①命造也。食神制煞，而中隔以财，格之败也。喜乙丁隔癸，木不生火，煞坐食地，为败中有成。将煞安置一旁，不引生则无碍。丁火藉以调候，不可为用，盖丁火动则生煞也。用神专取食神，非但泄秀，兼以制煞。下救应节云，财逢煞而食神制煞以生财，有救应，即是败中有成，为贵也。申运庚午年，乙卯两官均伤，又午年丁巳得禄，煞旺攻身，突然脑冲血逝世。

丁亥、丙午、壬寅、己酉

此前外交部长伍朝枢②命造。寅午会局，财官并透，但五月壬水休囚，

---

① 校注：谭延闿（1880年～1930年），字组庵，湖南茶陵县人，生于浙江杭州。中国国民政府主席、第一任行政院院长。其父谭钟麟，据朱保炯等编《明清进士碑录索引》卷下，谭钟麟考中咸丰六年（1856年）丙辰科二甲第十名进士；另据朱汝珍编《词林辑略》卷七，谭钟麟，字云觐，号云卿，湖南茶陵人。散馆授编修。官至两广总督，谥文勤。谭延闿聪颖好学，5岁入私塾。其父规定三天要写一篇文章，五天要写一首诗，还要练写几页大、小楷毛笔字。11岁学制义文学，光绪帝的师傅翁同龢称之为"奇才"。1893年，谭延闿到长沙参加童子试，考中秀才，谭父当时年事已高，谭延闿在陪同家父安渡晚年的同时，继续跟从各地名师学习时文等。1904年，谭延闿参加清末最后一次科举试，中试第一名贡士，即会元，4月参加殿试，列为二等第三十五名，赐进士出身。延闿幼承家学，天资聪颖，少年临池，颇有笔力，翁同龢见而爱之，尝语谭父曰："三令郎伟器也，笔力殆可扛鼎。"后果如其言。光绪十八年（1892年）入府学，光绪二十八年（1902年）中举人，三十年中进士，入翰林，旋授编修，返湖南办学。慈禧太后晚年，曾亲自主持改革，即所谓"丁未新政"，延闿积极呼应，属湖南立宪派首领，任省"谘议局"议长。1911年武昌起义后，任湖南军政府参议院议长、民政部长。10月底立宪派杀害正副都督焦达峰、陈作新后，被咨议局推举为湖南省都督。1912年7月被北京政府正式任命为湖南都督，9月兼湖南民政长，加入国民党，任湖南支部支部长。1913年参加二次革命，宣布湖南独立，并在《长沙日报》发表《讨袁檄文》，遂被袁世凯撤去都督之职。去职后，先后避居青岛、上海。1915年，袁称帝，延闿参与护国运动。1916年8月后复职湖南省长兼督军、湖南参议院院长。在护国战争中，为排斥外省军阀控制湖南，他提出了"湘事还之湘人"口号。袁死后，任湖南省长兼督军、省长，1920年11月被赵恒惕驱逐而赴上海。1922年投奔孙中山，再次加入中国国民党，6月任全湘讨贼军总司令。1923年后任广州陆海军大元帅府大本营内政部长，建设部长、湖南省省长兼湘军总司令。1924年1月当选为国民党第一届中央执行委员会委员、中央政治委员会委员兼大本营秘书长。1925年7月任广州国民政府委员；常务委员兼军委会委员、常委，国民革命军第二军军长。9月署理广州国民政府军事部长。1926年1月被选为国民党第二届中央执行委员会委员，3月代理广州国民政府主席，4月任中央政治委员会主席。7月又代理国民党中央党部主席。1927年3月后任国民党中常委、中政会主席团成员、军委会主席团成员、国民政府委员、常委、武汉国民政府战时经济委员会委员。9月宁汉沪三方在上海成立国民党中央特别委员会，任大会主席。1928年2月任南京国民政府主席，至10月转任行政院院长，兼任首都建设委员会委员，财政委员会委员、委员长，国民党中执委、中常委，总理陵园管理委员会委员。1930年9月22日病逝于南京。

② 校注：简介见前文注释。

财官太旺,身弱不能任用财官;喜年逢亥禄,时逢酉印,印禄帮身为用,乃败中成也。

**癸巳、辛酉、庚申、丙戌**

此石友三①命造,阳刃格。时透七煞,制刃为用,格之成也。无如月干辛金合丙,年上癸水制煞。为成中有败也,又如郭松龄②造,**癸未、丙**

---

① 校注:石友三(1891~1940),字汉章,吉林省九台市卡伦人。石友三一生中投机钻营,反复无常,曾先后多次投靠冯玉祥、阎锡山、蒋介石、汪精卫、张学良、日本人和中共,而又先后背叛,被时人称为"倒戈将军"。1926年春,奉军、直军、直鲁军、晋军联合向国民军发动进攻,石友三奉冯玉祥命令进攻晋军,在雁门关受阻,部队伤亡较大,石友三通过与晋军前敌总指挥商震的师生关系,达成休战协议。后冯玉祥赴苏联,南口大战国民军溃不成军,由于石友三与晋军早有妥协,反而收容了许多散兵,石友三的第6师增编为3个师。国民军撤至归绥、包头后,代理指挥张之江等决定进入甘肃,石友三不愿西行,便联络韩复榘,投降阎锡山。同年9月,冯玉祥回国,表示概不追究,石友三便离开晋军,跪在冯玉祥面前,痛哭流涕地悔罪。旋即被任为第5路司令,1928年参加了国民党的第二次北伐。1929年3、4月间,蒋桂战争爆发,双方都想拉拢冯玉祥。5月,冯玉祥通电反蒋,命令各部暂往西撤。6月1日,石友三率部开往许昌,蒋介石的私人代表钱大钧也到达许昌,交给石友三500万元犒赏费,任石友三为反逆军第13路总指挥。第二天,石友三便大骂冯玉祥,宣布其"十大罪状"。这年秋天,石友三被蒋介石任命为安徽省主席,旋即又被命令所部开赴广东讨伐李宗仁、陈济棠。石友三及其部属不愿离开北方南下,更担心在途中被蒋军消灭。这时,两广及唐生智也派人来游说,联合讨蒋。石友三同意。12月1日,唐生智领衔通电讨蒋。2日晚,石友三命令排列在长江北岸的数十门大炮一齐炮轰南京。不久,唐生智被蒋介石击败,12月21日,阎锡山发表反唐拥蒋通电。石友三通电投靠阎锡山。1930年春,冯、阎酝酿讨蒋,拉拢石友三。石友三又一次回到冯玉祥的麾下。5月,中原大战爆发,冯阎军呈现败势。9月18日,张学良率大军入关,石友三即通电投靠张学良。民国十七年三月,建国军樊钟秀乘冯玉祥的国民军后方空虚,夺占了巩县及偃师县,但不久被冯将领石友三夺回。樊钟秀南撤,转攻登封县城,其司令部即设在少林寺内。石友三部向南追击,至辗辕关(十八盘),少林寺僧助樊狙击,终不敌而溃。三月十五日,石友三追至少林寺,遂纵火焚法堂。次日,驻防登封的国民军(冯玉祥部)旅长苏明启,命军士抬煤油到寺中,将天王殿、大雄殿、紧那罗殿、六祖殿、阎王殿、龙王殿、钟鼓楼、香积厨、库房、东西禅堂、御座房等处,尽付一炬,以泄厥愤。至此,千载少林寺之精华,悉遭火龙浩劫。1940年4月,石友三在冀南战斗中遭到八路军的毁灭性打击,遂转而投靠日军,在开封与日本驻军司令佐佐木签订互不侵犯协议,并准备在联合消灭八路军后向日军投降。受石友三节制的新8军军长高树勋,因不愿进攻八路军,石友三便挑动日军袭击高部,石、高矛盾激化。石友三第69军政治部主任臧伯风及总参议毕广垣与高树勋策划,寻机杀掉石友三,以除大患。12月1日,高请石的老长官孙良诚以开会为名,邀请石友三前往濮阳,在会中将其绑架后用麻绳套住石友三的脖子活埋于黄河岸边。

② 校注:郭松龄(1883-1925),字茂宸,汉族,出生于辽宁省沈阳市东陵区深井子镇渔樵村,是唐朝名将汾阳王郭子仪的后裔。1905年就读于奉天陆军速成学堂,次年进永平府北洋陆军第二镇随营学堂,1908年任奉天防军哨长。1909年随朱庆澜换防进入四川,担任连长。1910年加入同盟会。曾为张学良之教官,奉军著名将领。1925年11月21日晚,郭松龄发出讨伐张作霖、杨宇霆的通电,提出三大主张:一是反对内战,主张和平;二是要求祸国媚日的张作霖下野,惩办主战罪魁杨宇霆;三是拥护张学良为首领,改革东三省。1925年11月28日,郭军攻占山海关。1925年12月25日兵败被杀。

辰、丙午、戊子，亦成中有败也。格之成者，如龙济光①造，丁卯、丙午、丙子、壬辰，煞刃格成也；建禄如江万平②造，丁酉、丙午、丁酉、己酉，用食神生财，亦格之成也。

何谓救应？如官逢伤而透印以解之，杂煞而合煞以清之，刑冲而会合以解之；财逢劫而透食以化之，生官以制之，逢煞而食神制煞以生财，或存财而合煞；印逢财而劫财以解之，或合财而存印；食逢枭而就煞以成格，或生财以护食；煞逢食制，印来护煞，而逢财以去印存食；伤官生财透煞而煞逢合；阳刃用官煞带伤食，而重印以护之；建禄月劫用官，遇伤而伤被合，用财带煞而煞被合，是谓之救应也。

官逢伤透印以解者，如甲木生于酉月，干头透丁破格而又透壬，则丁

---

① 校注：龙济光（1868~1925），字子诚（紫宸），中国云南蒙自人，彝族，民初军阀，陆军上将，曾任广西提督、广东安抚使、都督兼署民政长、两广巡阅使。土司出身，其兄是龙觐光，早年曾在蒙自、南等地办团练，被任为云南广南县弄汪地区续备营补用同知。1903年率部入广西，参与镇压百色地区的反清运动。不久，升任广西右江道。到1911年时，升任广西提督、新编陆军第二十五镇统制。1911年4月广东广州爆发黄花岗起义，龙"济军"进入广州。辛亥革命时，被迫与两广总督张鸣岐一道宣布广东独立。1912年袁世凯令龙率全部"济军"由广州调驻梧州。1913年7月爆发二次革命，广东宣布独立。袁世凯任龙济光为广东宣抚使，率部进入广东，后加任为广东都督兼民政长，在广东实行白色恐怖统治。1915年12月爆发反袁护国战争，派其兄龙觐光率部经桂攻滇，被滇桂护国军击败。1916年1月至3月，龙济光先后镇压朱执信、陈炯明等在广州、惠州等地的武装起义。1916年4月6日被迫宣布广东独立。12日，龙在广州海珠岛水上警署邀请各界代表，召开广东独立善后问题会议，会议中，龙的警卫军统领颜启汉突然开枪，将护国军代表汤觉顿、谭学夔等当场击毙。是为"海珠惨案"。龙竟然将事件起因歪曲为双方"言语冲突，开枪互击"。6月6日袁世凯死。7月滇桂护国军和广东民军发动进攻，龙部败退。7月6日北京政府任命广西护国军陆荣廷为广东都督，朱庆澜为省长，任龙济光为两广矿务。10月，龙率余部退守琼州（今海南岛）。1917年7月张勋复辟，解散国会。孙中山由上海乘海军军舰南下广州，并号召国会议员南下，开展护法运动。段祺瑞击败张勋回京后，欲武力统一中国，调动北洋军进入川、湘等地。并于11月8日，任命龙为两广巡阅使。龙亲率2万余人在阳江一带登陆，向广州方向推进。护法军政府组织讨龙军予以反击，于1918年年4月将龙击败。龙弃军逃往北京。之后段祺瑞拨发枪械，让他在天津编练振武新军，号称"龙军"。1920年7月爆发直皖战争。直、奉两系联合反叛段祺瑞，段令龙部协同作战。开战不久，龙军被奉军全部缴械。从此龙济光一蹶不振，于1925年3月12日病死北京。

② 校注：江万平简介见前文注释。江一平和江万平是二十年代至四十年代上海有名的律师和会计师（江一平是大买办虞洽卿的女婿，曾任国民政府立法委员），他们的联合事务所内专设了地产部经营房地产，常在报端刊登广告，或代理客户征购某些地区的房地产，或为产业出卖人标卖某处房地产、建房基地等等，广告常是巨幅的，以展示其显赫的声势。

壬合，丁火不伤酉金之官也。合煞如丙火生于子月，壬癸并透，官煞杂而破格，透丁，则壬合而官清矣。刑冲者，如己土生于寅月，支逢申，则申冲寅破官，支又见子，则子申合而化水，反生寅木，所谓会合解冲也。

财逢劫而食化者，如甲木生辰戌丑未月，乙木并透，比劫争财，干头透丙火，则比劫生食，转而生财，而财格不破矣。或不透丙而透辛，则辛金克制乙木，亦不争财矣。

逢煞者，如丙火生于酉月，月令正财，干透壬水，则财生煞而格破。如又透戊土，则壬为戊制，而戊土又生酉金之财，或不透戊而透丁，则合煞以存财，皆败中之救也。

印逢财而劫解者，如乙木生于亥月，月令正印，逢戊己土财，则财破印而格坏。如透甲乙木，则劫制财而护印；透癸甲则合财以存印。

食神逢枭，如甲木见丙而又透壬，为食被枭夺而破格。若透庚煞，则可弃食就煞以成格；或不透煞百透戊土之财，则戊亦可制壬以护丙食，为食格成也。

乙木生酉月而透丁火，食神制煞也。煞以制为用，见壬癸去丁火食神，则破格矣。更见戊己之土，去印以存食，不坏制煞之局，而格成也。

伤官生财透煞者，如甲木生午月而透己土，为伤官生财格，透庚金七煞而格破，如柱透乙木，则乙庚合而伤官生财，格成矣。

阳刃格以官煞制刃为用，带伤食制官煞而格破，若得重印以去食伤，则阳刃格成矣。

建禄格，见劫用官而遇伤，用财而带煞者，如甲木生寅为建禄，用辛金官星而遇丁火，用己土财星而透庚金，皆为破格。若遇丁火而透壬，丁壬合，不伤辛金，而官可用；见庚金而透乙，乙庚合，财不党煞而格全。皆为败中之救应也。

上述败中救应之法，乃显而易见者，救应之例不一，兹略举数造，以见一斑。

**丁巳、己酉、庚子、丁亥**

朱古薇①命造。月令阳刃用官，然重官不贵，妙在年上官星隔以己印，官生印，印生身，专用时上官星，运行助官，回翔台阁，则因己土为救应之神也。

**癸酉、乙丑、庚寅、丙子**

此浙江省长张载阳②造。时上七煞透出，用年上癸水伤官制煞，中隔乙木，则伤官生财，财生煞，为格之败。妙在乙从庚合，则癸水不生乙木

---

① 校注：朱祖谋（1857～1931），原名朱孝臧，字藿生，一字古微，一作古薇，号沤尹，又号彊村，浙江吴兴人。光绪九年（1883）进士，官至礼部右侍郎，因病假归作上海寓公。工倚声，为晚清四大词家之一，著作丰富。书法合颜、柳于一炉；写人物、梅花多饶逸趣。卒年七十五。著有《彊村词》。朱祖谋，浙江归安（今湖州）埭溪渚上彊村人。父光第，曾官郑州知州。童年爱好文学，光绪八年（1882）中举，光绪九年（1883）进士，改庶吉士，散馆授编修，历官会典馆总纂总校、侍讲学士、礼部侍郎、兼署吏部侍郎。光绪三十年（1904），出为广东学政，因与总督不和，最后辞官，寓居苏州，任教于江苏法政学堂。光绪二十六年（1900），义和团包围外国使馆，董福祥部击毙日本外交官。朱孝臧上疏反对仇教开衅，因触怒西太后等，几获罪。次年《辛丑条约》签订后，以"忠心谋国"升为内阁学士，擢为礼部侍郎。是年秋，外放广东学政。因与总督意见不合，引病退职，卜居苏州。不久，被聘为江西法政学堂监督。宣统元年（1909），为弼德院顾问大臣，因病未赴任。辛亥革命后，隐居上海。袁世凯欲聘为高等顾问，一笑拒之，后在天津以君礼参拜废帝溥仪，卒于上海。

② 校注：张载阳（1874～1945），字春曦，号暄初，新昌梅渚镇张家店村人。幼年随父业农，及长，仪容修伟，臂力过人。清光绪二十四年（1898）春，考入浙江武备学堂，二十七年以正科第二名毕业，历任浙江常备军及新军多项军职。辛亥革命光复杭州时，张载阳驻于镇海，率军响应，后擢升至旅长师长，授陆军少将衔，并兼杭州警备司令。1913年，任台州镇守使兼禁烟督办，切实禁止台温一带鸦片烟毒，受省都督府嘉奖。民国元年（1912）9月任浙军第二十五师五十旅旅长兼杭州警备司令，授陆军少将。2年，二次革命爆发后，以旅长兼浙江省城卫戍司令。3年7月，任浙江台州镇守使，后升中将。5年，任浙军第25师师长、嘉湖卫戍司令。7年，任浙军第二师师长，11年11月任浙江省省长。12年，授陆军上将衔。13年9月，江浙战争时，任浙沪联军第三军司令，兵败去职。1922年10月张载阳任浙江省省长，翌年授陆军上将。任内关心和重视地方公益和慈善事业。兴建杭临公路及绍兴、曹娥、嵊县公路，还成立杭州大学校董会，筹建浙江艺术专科学校，募修杭州岳坟、钱王祠、绍兴禹陵。对家乡建设，兴修水利，建桥修路，造先贤祠，大佛寺新社，编纂县志倾力相助，并以在杭新昌同乡会会长名义，筹集银元五千元重建大市聚镇。1924年江浙战争后，张载阳卸任住杭州井亭桥"暄庐"寓所，谢绝烦事，精研书法，杭州西湖、灵隐、天竺、岳坟、九溪等处均有其题额书联。笔者多年来收藏张将军楹联多幅，所书雍容大度，笔力圆润，字如其人，且其联句也富哲理，如："至性至情得天者厚，实心实政感人也深。"、"壁上琴弦外奏，书中玉纸背磨。"1937年"八·一三"淞沪战争爆发后，日寇大肆入侵，杭城告急，省级机关纷纷后撤，亲日派谋设维持会，欲张主其事。为摆脱纠缠，张将军率全家星夜渡江返籍，住县城下市街故宅，后又迁居老家张家店。时老幼三十余口，经济拮据，浙江省政府主席黄绍雄钦其为人，欲聘为省议员，给予经济援助，张将军婉谢。1944年夏，日军突至其家，威逼利诱其参加维持会，张将军厉声斥道："岂能为汉奸，唯有死耳！"日敌惶然而退。其凛然气节，正所谓："实心实政，感人也深。"抗战胜利仍返杭州，1945年11月17日因病逝。

而制煞，以本身之合为救应也。

**癸酉、丁巳、己卯、甲戌**

民初浙江省长褚辅成[1]造。己土生于四月，丁火透出，火炎土燥，得年上癸水破印生官，以癸水为救应之神也。巳酉会局，食伤碍官，妙在癸水透，则食伤之气生财，故运亦仅癸运为美也。此造粗视之，财印相碍，官伤相碍，不知贵在何处，细按方知，《滴天髓》云，"澄浊求清清得净，时来寒谷也回春"，正谓此也。

**辛巳、壬辰、乙亥、壬午**

此江苏省长陈陶遗[2]造。乙生辰月，日坐长生，用午中丁巳，食神生

---

[1] 校注：褚辅成（1873～1948），字慧僧，一作惠生。汉族，浙江嘉兴人，九三学社发起人之一，近代爱国人士。监生出身，日本东洋大学高等警政科毕业，在日本加入光复会和中国同盟会。回国后任嘉兴府商会总理。1909年当选为浙江省咨询局议员、候补常驻议员。褚辅成是九三学社发起人之一、中央理事。监生出身，其先世祖籍杭州，明代自崇德迁来嘉兴。父褚了仙，母受氏，有弟兄8人，排行居六，长兄及诸弟均早殇。幼年从二兄赞成在家读书。辛亥革命时参与领导起义，光复省城，军政府建立后任民政长。后任浙江省参议会议长、浙江军政府参事。1913年录选为第一届国会众议院议员，同年8月遭袁世凯逮捕，袁死后获释。1916年参加第一次恢复的国会，与王正廷组织政余俱乐部。国会解散后响应孙中山号召，南下护法，参加广州国会非常会议。1918年9月开正式会议时当选为众议院副议长。1925年任善后会议委员。1927年任浙江省政府委员兼民政厅长。虹口公园爆炸案之后，帮助韩国独立临时政府领导人金九在嘉兴避难。抗日战争时期任国民参政会参政员，主张抗日。1946年5月，九三学社正式成立时，任中央理事。后曾任上海法学院院长。1948年去世。

[2] 校注：陈陶遗（1881～1946），名公瑶，号道一，松隐镇人。光绪二十七年（1901年）秀才，在松隐教书。光绪卅一年，入松江融斋师范学堂读书，因反对好色嗜赌的学堂经理杨荫安而被开除。东渡日本，入早稻田大学攻读法政。并由同乡高天梅介绍，加入同盟会，改名剑虹。不久，受命回国，在上海和高天梅等创立中国公学，暗为同盟会秘密机关，从事革命。后立健行公学，和柳亚子、高天梅、朱少屏等人任讲师，以《黄帝魂》、《法国革命史》、《荡虏丛书》等为教材，宣传爱国主义、民族主义和资产阶级民主革命思想。民国元年（1912年）8月，同盟会改组为国民党，他当选为国民党江苏省支部长，随孙中山、黄兴等往北京和袁世凯会谈。次年3月，袁世凯暗杀了宋教仁，孙中山、黄兴号召南方各省反袁失败而出国流亡，他回家隐居。民国14年冬，军阀孙传芳割据苏、浙、皖、赣、闽，自称五省联军总司令，提出"苏人治苏"口号，他被张一麟推荐，到南京就任江苏省长。任职期间，尽力维护地方治安；重视农业，关心治螟；废除若干苛捐杂税，减轻人民负担；还提议收回租界。民国15年某日，他得悉孙传芳密令吴江县公署逮捕柳亚子，即派亲信星夜赶赴吴江黎里通报，使柳幸免于难。民国16年初，他劝说孙传芳联合北伐军，未被采纳，遂愤然挂冠而去。民国22年（1923年），他应上海市临时参议会会长史量才之请，担任秘书长。民国26年因病留沪。汪精卫曾亲笔写信要他出任伪江苏省长或上海市长，均被拒绝。侵华日军司令冈村宁次也上门来"请"，他不为所动。抗战胜利后，他看到国民党接收人员巧取豪夺，非常气愤，告诫小辈不要做官。民国35年，国民党要他出任上海市参议会会长，遭到拒绝。是年4月27日，他在贫病忧愤中去世。

财格也。年透辛金七煞为破格，喜得辰中透壬水，化煞生身，以壬为救应之神也。虽用食神生财而运喜食忌财，则以食能泄秀而财破印也。凡八字多风浪起伏者，大多如此。

八字妙用，全在成败救应，其中权轻权重，甚是活泼。学者从此留心，能于万变中融以一理，则于命之一道，其庶几乎！

八字中之成败救应，千变万化，非言说所能尽。上列变化，就月令用神举其普通之方式而已。孟子云，大匠能使人以规矩，不能使人巧，学者熟习之后，自生妙悟。若论其变，则同一八字，地位次序，稍有更易，即生变化，或成或败，或能救应，或不能救应，非可同论，亦非引举方式所能尽。惟有一理融贯之，则自然权轻权重，左右逢源矣。

## 论用神变化

用神既主月令矣，然月令所藏不一，而用神遂有变化。如十二支中，除子午卯酉外，余皆有藏，不必四库也。即以寅论，甲为本主，如郡之有府，丙其长生，如郡之有同知，戊亦长生，如郡之有通判；假使寅月为提，不透甲而透丙，则如知府不临郡，而同知得以作主。此变化之由也。

十二支中，子午卯酉为专气，所藏仅一神也；寅申巳亥为生地，所藏为长生禄旺之气也。十干即五行，五行仅四生地。阴长生者，乃阳极而阴生，非真生地，故子午卯酉中，无长生之神也。寅中甲木禄旺，丙戊长生，故所藏为甲戊丙。巳中丙戊禄旺，庚金长生，故所藏为丙戊庚，申中庚金禄旺，壬戊长生，故所藏为庚壬戊。亥中壬戊禄旺。甲木长生，故所藏为壬戊甲。土寄生于寅申，寄旺于巳亥。仅言寅巳而不言申亥者，以寅中有丙火之生，故土旺可用申；亥中有金水之泄，故土弱不可用也。辰戌丑未为墓地，所藏者即余气及入墓之物。辰为木之余，水之墓，而土为其本气，故所藏为戊乙癸也，戌丑未准此类推。故以寅而论，甲为本主，乃当旺之气也。

次者丙戊，亦已得气。假使寅月为提，不透甲而透丙，是甲虽当旺，而在此八字中，非其所管辖；丙虽次要，而为此八字之主持者，势须舍甲而用丙。此为变化之由也。

故若丁生亥月，本为正官，支全卯未，则化为印。己生申月，本属伤官。藏庚透壬，则化为财。凡此之类皆用神之变化也。

丁生亥月，本为月令正官，支全卯未，则三合木局而化为印，此因会合而变化者也。己生申月，本土金伤官，藏庚透壬，则伤官而用财，此因藏透而变化者也。

变之而善，其格愈美；变之不善，其格遂坏，何谓变之而善？如辛生寅月，逢丙而化财为官；壬生戌月，逢辛而化煞为印。癸生寅月，藏甲透丙，会午会戌，则化伤为财，即使透官，可作财旺生官论。不作伤官见官，乙生寅月。透戊为财，会午会戌，则月劫化为食伤。如此之类，不可胜数，皆变之善者也。

辛生寅月，月令正财秉令，透丙则以财生官旺为用，不专以财论。壬生戌月，月令七煞秉令，透辛则辛金余气作用，煞印相生，不专以煞论。此二者以透出而变化者也。癸生寅月，月令伤官秉令，藏甲透丙，会午会戌，则寅午戌三合，伤化为财；加以丙火透出，完全作为财论，即使不透丙而透戊土，亦作财旺生官论。盖寅午戌三合变化在前，不作伤官见官论也。乙生寅月，月劫秉令，会午会戌，则劫化为食伤，透戊则为食伤生财，不作比劫争财论。此二者因会合而变化者也。因变化而忌化为喜，为变之善者。

何谓变之而不善？如丙生寅月，本为印绶，甲不透干而会午会戌，则化为劫。丙生申月，本属偏财，藏庚透壬，会子会辰，则化为煞。如此之类亦多，皆变之不善者也。

丙生寅月，甲木秉令，本为偏印，甲不透干百透丙，或会午会戌，则三合火局，印化为劫。丙生申月，庚金秉令，本属偏财，干不透庚而透壬，或会子会辰，则三合水局，才化为煞。因变化而喜化为忌，为变之不善。喜忌变化不一，特举数造为例：

**壬寅、丁未、己卯、乙亥**

此伍廷芳①之造也。己生未月，干透丁火，正火土当旺之时，然支会亥卯未木局，干透壬水，丁合壬化木，年支寅，时透乙以助之，丁未两字，皆化为木，己土不得不从煞矣。四柱无金，会局纯粹，从煞格成也。

**丙子、壬辰、壬申、乙巳**

此王克敏②造也。壬生三月，本为墓地，戊土七煞秉令，然辰中不透戊而透壬乙，申子辰三合水局，则土旺变为水旺，春木余气，泄水之旺气，丙火又得禄于巳，变为伤官生才格。

**乙亥、己卯、甲申、乙亥**

此湖北都督萧耀南③之造。月令阳刃，申金制之，煞刃格成也。申中

---

① 校注：伍廷芳（1842～1922），本名叙，字文爵，又名伍才，号秩庸，后改名廷芳。汉族，广东新会西墩人，清末民初杰出的外交家、法学家，出生于新加坡，3岁随父回广州芳村定居，早年入香港圣保罗书院，1874年自费留学英国，入伦教学院攻读法学，获博士学位及大律师资格，成为中国近代第一个法学博士，后回香港任律师，成为香港立法局第一位华人议员。洋务运动开始后，1882年进入李鸿章幕府，出任法律顾问，参与中法谈判、马关谈判等，1896年被清政府任命为驻美国、西班牙、秘鲁公使，签订近代中国第一个平等条约《中墨通商条约》。辛亥革命爆发后，任中华民国军政府外交总长，主持南北议和，达成迫清室退位。南京临时政府成立后，出任司法总长。1917年赴广州参加护法运动，任护法军政府外交总长、财政总长、广东省长。1922年，陈炯明叛变时，因惊愤成疾，逝世于广州。1922年6月16日，陈炯明炮轰总统府，孙中山避入永丰舰。第二天，80岁的伍廷芳立即上舰看望孙中山，共商反叛大计。回家之后，还愤怒不已，次日接到陈炯明来电，要求他向孙中山劝说，让他下野，言辞中对伍廷芳也颇为不敬。一气之下，他病卧不起，儿子伍朝枢立即送他进广州新公医院，被确诊为肺炎。6月23日，伍廷芳终于乘鹤西去。在永丰舰的孙中山悲痛万分，舰上他发表演讲："今日伍总长之殁，无异代我先死，亦即代诸君而死，为伍总长个人计，诚死得其所；惟元老凋谢，此后共谋国事，同德一心，恐无如伍总长其人矣。惟全军惟有奋勇杀贼，继成（承）其志，使其瞑目于九泉之下，以尽后死者之责而已。""弥留时，犹谆谆授公子朝枢以护法本末，昭示国人，无一语及家事。"纪念伍廷芳的活动在全国展开，1922年12月17日，上海开了追悼大会。

② 校注：王克敏生平简介见前文注释。又及：一生从政之外，惟喜收藏，其家世有藏书，其曾祖父王兆杏，建有藏书楼"知悔斋"，其父王存善，字子展，与梁鼎芬、杨锐等人关系密切。1900年迁居上海，因善于理财而受盛宣怀赏识。于1917年继承藏书，名椠颇多，如宋刊本《后汉书》、宋刻明印本《圣宋文集》、校宋本《李长吉诗集》、卢文弨校本《宝刻丛编》、钱泰吉校本《苏子美集》，均为"知悔斋"的镇库之宝。藏金石碑版有宋拓本《道因法师碑》、《怀仁圣教碑》、《昭陵碑》等。并购新书益多，曾以8000元购藏贵阳陈氏旧藏。可惜他醉心于政治，投靠日本侵略者，任伪要职，抗战胜利后，藏书一部分被充公。在杭州所藏，拨交给浙江省立图书馆，达432箱，50 615册。

③ 校注：萧耀南（1875～1926），字珩珊、衡山，因其祖籍浙江兰陵，也常被人称为萧兰陵，1875年出生于黄冈县孔埠镇萧家大湾（今属武汉市新洲区）。北洋政府时期，历任第二十五师师长、湖北督军、两湖巡阅使、湖北省省长等职。

庚金，见卯中乙木暗合，气协情和，正所谓"甲以乙妹妻庚，凶为吉兆"是也。阳刃合煞，煞不克身，至甲运而开府两湖；戌运生金合卯，格局尽破，不禄。

**癸酉、丁巳、壬午、丙午**

此淞沪护军使何丰林①造也。月令才煞，日元弱极，妙在巳酉一合，财化为印，癸克去丁，使丁不合于壬，亦不伤印，所谓用劫护印也。时上丙火透出，财旺生官，而财印不相碍，遂成贵格。设有癸水之救应，而无巳酉之变化，亦不成也。

又有变之而不失本格者。如辛生寅月，透丙化官，而又透甲，格成正财，正官乃其兼格也。乙生申月，透壬化印，而又透戊，则财能生官，印逢财而退位，虽通月令，格成正官，而印为兼格，癸生寅月，透丙化财，而又透甲，格成伤官，而戊官忌见。丙生寅月，午戌会劫，而又或透甲，或透壬，则仍为印而格不破。丙生申月，逢壬化煞，而又透戊，则食神能制煞生财，仍为财格，不失富贵。如此之类甚多，是皆变而不失本格者也。

辛生寅月，甲木正财秉令，甲丙并透，则成为财旺生官之局。兼格者兼而用之，非两格并用也。

乙生申月，月令正官，透壬本可舍官而用印，戊财并透，则财生官而破印，格须弃印就财官。盖寅中甲木当旺，而丙戊得气，申中庚金当旺，

---

① 校注：何丰林（1873—1935）字茂如，山东平阴县人。天津武备学堂毕业。北洋军阀，先后投靠皖系、奉系。1896年（光绪二十二年）考入天津武备学堂。毕业后曾任北洋常备军左翼步兵第九营营长。1912年后，任陆军第四师第七、第八旅旅长，不久随浙江督军杨善德前往浙江，1913年晋升为浙江宁台镇守使，袁世凯称帝后，封三等男爵。袁死后归入皖系，历任浙江嘉湖镇守使，署淞沪护军使兼陆军第六混成旅旅长。1924年江浙战争时任浙沪联军第一军总司令。1927年加入奉系，1927年6月任张作霖安国军政府大元帅府军事部长兼安国军模范军团司令。曾任军事特别法庭审判长，签署命令判决李大钊绞刑。1935年任东北边防军司令长官公署首席参议。1936年被国民政府授予陆军中将衔。袁世凯死后，何丰林投靠皖系卢永祥。1917年（民国6年）1月，任浙江省宁台镇守使。1920年（民国9年），任淞沪护军使兼第6混成旅旅长。1924年（民国13年），参加江浙战争，任浙沪联军第1军司令，因卢永祥败北而下野，逃到大连。此后，何丰林加入奉系。张作霖任大元帅时，被任命为军事总长、安国军模范军团总司令。北洋政府倒台后，何丰林辞职逃往东北。1931年（民国20年），何丰林任东北边防军司令长官公署首席参议。1935年（民国24年），何丰林去世，终年62岁。1936年，被追赠陆军中将衔。

壬戌得气，先用当旺之神，次及得气之神，乃一定之次序。当旺之气透出，则次要者退让，或生助当旺之神为用，乃一定之理也。

癸生寅月，伤官秉令，甲丙并透，则先甲后丙，仍为伤官生财，而忌见官星矣。

丙生寅月，印绶秉令，支会午戌，则化为劫。透甲则甲印当权，印格不变；透壬则印有煞生，劫被煞制，而印格亦不变。

丙生申月，偏才秉令，透壬则水通源而化煞，又透戊，则财有食生，煞为食制，而才格亦不变。此为变而不变者之例。

是故八字非用神不立，用神非变化不灵，善观命者，必于此细详之。

看用神而不察其变化，则用神不能确定，宜细辨之。

## 论用神纯杂

用神既有变化，则变化之中，遂分纯、杂。纯者吉，杂者凶。

用神纯则气势纯一，而能力易于发挥；用神杂则牵掣多端，而能力不显。《滴天髓》云："一清到底显精神，管取平生富贵真，澄浊求清清得净，时来寒谷亦回春"，即纯杂之谓也①。

何谓纯？互用而两相得者是也。如辛生寅月，甲丙并透，财与官相生，两相得也。戊生申月，庚壬并透，财与食相生，两相得也。癸生未月，乙己并透，煞与食相克，相克而得其当，亦两相得也。如此之类，皆用神之纯者。

财官食印，互用为多，必须合于日元之需要，方为相得。如辛生寅月，必须辛金通根得禄，需要官旺，而官得财生。戊生申月，亦须帮身之物多，需要泄秀，而庚壬并透，财食相生，是为得其当而两相得也。癸生未月，乙己并透，亦要身强，方以用食制煞为得当。总之合于需要，则相

---

① 行注：参看《滴天髓征义》清浊节例证。

得而益彰，即非同出月令，而后年日时支透出。亦以相得为美。

何谓杂？互用而两不相谋者是也。如壬生未月，乙己并透，官与伤相克，两不相谋也。甲也辰月，戊壬并透，印与财相克，亦两不相谋也。如此之类，皆用之杂者也。

官与伤不并用，财与印不并用，此通例也①。壬生未月，透己土官星而藏乙，则乙木无力以伤官。甲生辰月，透壬水印绶而藏戊，则辰土亦不能破印也。并透则为嫌矣。如地位不相碍，或干头另有制合，亦可救应。否则，不以吉论。

**甲子、丁卯、己亥、戊辰**

此杨增新②之造也。亥卯会合，年透官星，好在子水财星生官，官生印，而印生身，财官印相得，纯而不杂也。可惜时上少一点金，及身而止，不免后嗣艰耳。

**癸未、甲子、丙戌、辛卯**

此梁鸿志③之造也。月令官星透出，然月令子水，为戌未所包围，而

---

① 行注：除例外。
② 校注：杨增新（1859~1928），字鼎臣，云南蒙自（期路白乡莫别村）人，是清末民初的政治人物。杨增新1864年3月6日（清同治三年正月二十八）生。1888年中举，次年联捷进士。初署甘肃中卫知县、河州知府，1900年任甘肃提学使兼武备学堂总办。1907年入疆任新疆陆军小学堂总办，兼督练公所参议官。1911年升任镇迪道兼提法使。中华民国成立后，被袁世凯任为新疆都督兼民政长。1912年8月25日，同盟会等5团体正式改组为国民党，在北京召开成立大会，出席并与阎锡山、张继、李烈钧、胡瑛、王传炯、温宗尧、陈锦涛、陈陶遗、莫永贞、沈秉堃、松毓、褚辅成、于右任、马君武、田桐、谭延闿、张培爵、徐谦、王善荃、姚锡光、赵炳麟、柏文蔚、孙毓筠、景耀月、虞汝钧、张琴、曾昭文、蒋翊武、陈明远一起被推举为参议。拥护袁世凯称帝，并受封一等伯爵。袁死后，长期担任新疆省长。杨主政新疆先用以柔克刚的"和平谈判"手段，取消在辛亥革命中成立的伊犁临时革命政府，以新疆都督兼行伊犁将军事；嗣后派兵击败帝俄侵略军，平息乱事，改阿勒泰特区为阿山道，完成了新疆的统一。杨在新疆十七年，笃信李聃"小国寡民"的政治思想，奉行"无为而治"的统治政策，整顿吏治以"消患未萌"，裁减兵员，奖励垦荒，提倡封建迷信，阻挠兴办学校和传布科学文化，鼓吹"纷争莫问中原事"、"浑疆长为太古民"，以闭关自守和愚民政策统治各族人民，使新疆地区各方面均停滞不前。对于不时觊觎边陲的外国侵略势力，则折冲肆应，力求自保，维护了边疆的和平。1928年他通电拥护南京国民政府，宣布易帜归附，7月1日就任新疆省政府主席职。同年7月7日被政敌刺杀。著有《补过斋文牍》、《补过斋日记》、《读易学记》等。
③ 校注：梁鸿志（1882~1946），福建长乐人。中国近代的政治人物，自幼诵读经史，为人狂傲，以东坡自许。抗战期间，梁鸿志投靠日本，沦为汉奸，出任伪中华民国维新政府行政院长，破坏抗日战线，从事卖国活动。抗战胜利后，梁鸿志被国民政府以汉奸罪逮捕，1946年被处决。

癸未又官坐伤地，丙辛相合，日元之情向财而不向官，各不相谋，似乎夹杂。但细按之，丙火合辛，使财不伤印，印制伤以存官，浊中有清，所以贵也。转辗救应，非细辨不知耳。

纯杂之理，不出变化，分而疏之，其理愈明，学命者不可不知也。

变化之法，不外五合、三合、六合及生克制化。凡八字佳者，用神未有不纯者也，稍次则稍杂，愈次则愈杂。其例不胜备举，多看八字自明。

## 论用神格局高低

八字既有用神，必有格局，有格局必有高低，财官印食煞伤劫刃，何格无贵？何格无贱？由极贵而至极贱，万有不齐，其变千状，岂可言传？然其理之大纲，亦在有情无情、有力无力之间而已。

凡八字同一格局而有高低。高低之别，从大体言之，即是成败救应与用神纯杂；若细论之，则干支之藏透，位置之配合次序，喜忌闲神与日元之间隔与贴近，或喜用与日元之进气与退气，皆为格局高低之分。故有情无情、有力无力八个字，各个命造不同。学者多看八字，神而明之，自然会悟，非文字所能详说也。试举例于下：

戊子、甲寅、戊午、甲寅
己亥、丙寅、戊子、甲寅

此两造同为煞重用印。上造日元坐午，两寅夹拱，财在年支，肋煞生印，印在坐下，贴近有力，两煞拱护，相生有情。下造同一用印，印复透干，但日元坐财，忌神贴近。两造同为贵格，同为才煞印相生，而下造不及上造，所谓同一格局而分高低也。

如正官佩印，不如透财，而四柱带伤，反推佩印。故甲透酉官，透丁合壬，是谓合伤存官，遂成贵格，以其有情也。财忌比劫，而与煞作合，劫反为用。故甲生辰月，透戊成格，遇乙为劫，逢庚为煞，二者相合，皆得其用，遂成贵格，亦以其有情也。

身弱用官，宜于印化；身强用官，宜用财生。此官印格所以不及财官格之发皇也。若四柱带伤，日元既有官克制，又被伤泄弱，虽用财可以化伤，而身弱不能任用财官，反不如佩印之可以制伤护官，滋生日元，一印而三得其用也。甲透酉官者，甲生酉月，透出辛金官星，见丁火则官星被伤，有壬合丁，不但合去伤官，而丁壬化木，又助日元，化忌为喜，是为有情。

财格忌比劫争财，而透煞则财去党煞，亦儿犯格之忌，然劫煞并透而合，反两得其用。盖煞可以制劫，使其不争财，而劫可以合煞，使煞不攻身也。如甲生辰月而透戊，偏财成格也，乙庚并透，彼此牵制，财格藉以不破①。此以忌制忌，为有情而贵也。

身强煞露而食神又旺，如乙生酉月，辛金透，丁火刚，秋木盛，三者皆备，极等之贵，以其有力也。官强财透，身逢禄刃，如丙生子月，癸水透，庚金露，而坐寅午，三者皆均，遂成大贵，亦以其有力也。

此为用官用煞之别。身强煞旺宜食制，身强官旺喜财生。乙生酉月，辛金透出。七煞格也。乙木支坐寅卯亥，干透比劫，秋木盛也。丁火透出，木盛则火亦有力。三者皆备，运行制煞之乡，必为极等之贵②。以身煞食神均旺而有力也。举例如下：

**癸未、辛酉、乙酉、丁亥**，此阎锡山造。

**戊子、辛酉、乙未、丙子**，此商震③造。

**戊午、辛酉、乙卯、丙戌**，此陆荣廷造。

此三造皆所谓辛金透，丁火刚，秋木盛也。然须注意者，辛金必须透出，方为有力而成贵格。乙为柔木，不怕煞旺也，不透则不贵，丙丁亦以

---

① 行注：参观《论财格财带七煞》节。
② 行注：参观《论煞》节。
③ 校注：商震（1888年9月21日～1978年5月15日），中华民国陆军二级上将，晋绥军早期将领。历任河北省主席、山西省主席，河南省主席。抗战时期的第二十集团军总司令、第六战区司令长官，军事委员会办公厅主任、战后中国驻美军事代表团团长、国民政府参军长、中国驻日代表团团长。是少有的在军事、政治、外交上都有突出表现的人物。

透出为美。如许世英①造：

**癸酉、辛酉、乙丑、辛巳**

乙木太弱，虽印透通根，不作从论，究嫌秋木不盛，丙火藏巳，三合牵绊，制煞无力。虽同为贵格，而较上三造，有高低之分。如若丁火透出，而辛金不透，则制过七煞，庸碌之人耳。非秋木不作此论。

**丁未、己酉、乙亥、癸未**

此造丁火透，秋木盛，而辛金不透也。不成格。

**丙子、辛丑、乙巳、乙酉**

此造辛金丙火均透，特为冬木而非秋木，不作此论。

丙生子月而癸水透，正官格也。支坐寅午禄刃之地，丙火身旺也。庚金露则官有财之生，财为官之引，官以财为根。运行财乡，必然大贵，以日元与财官皆有力也。举例如下：

**辛酉、庚子、丙寅、癸巳**

此造癸水透庚金露也。妙在日坐长生，时逢归禄，身旺能任财官，而财生官旺也。②

**己卯、丙子、丙寅、丙申**

此胡汉民③造。惜癸水不透，庚金不露，而申冲寅，伤丙火之根，虽怀宝迷邦，名高天下，而用神不显，辅助无力，主持中枢，霖雨苍生，尚有待于岁运之扶助也。盖官逢财印，无刑冲，为官格之成，冲官则破格。

---

① 校注：许世英（1873～1964），字俊人，一作静仁，安徽省秋浦县（今东至县）人。19岁中秀才，光绪23年（1897）以拔贡生选送京师参加廷试，得一等，以七品京官分发刑部主事，从此跻身官场，历经晚清、北洋、民国三个时期，宦海浮游60余年，成为中国近代政坛上一位著名历史人物。

② 行注：此造录自《滴天髓征义》。

③ 校注：胡汉民先生简介见前文注释。民国成立，孙中山推荐胡汉民担任广东都督，并说："胡汉民先生为人，兄弟知之最深，昔与同谋革命事业已七八年，其学问道德均所深信，不独广东难得其人，即他省亦所罕见也。迹其平生之大力量、大才干，不独可胜都督之任，即位以总统，亦绰绰有余。"邱捷："胡汉民本质上仍是一个书生，在军事上没有什么突出的才能。他对起义的贡献，主要是筹款等方面，没有参与过冲锋陷阵。历史上书生转变为军事家的比比皆是，但胡汉民跟着孙中山从事革命斗争20多年，一直是个书生型的人物。""胡汉民很真诚，也很努力，希望按照孙中山三民主义的理念建设新广东。在南京临时政府成立后的各个省中，广东在坚持三民主义方面是做得最好的。以胡汉民为都督、陈炯明为副都督的广东军政府，还有广阳军务处督办朱执信、财政司长廖仲恺、警察厅长陈景华等同盟会骨干。从省军政官员，到各县县长，基本由同盟会员担任。其他省份那种立宪派、旧官僚掌握实权的情况，广东基本上不存在。"

此造财印相冲，虽不破格，而究嫌辅佐受损也。

又有有情而兼有力，有力而兼有情者。如甲用酉官，壬合丁以清官，而壬水根深，是有情而兼有力者也。乙用酉煞，辛逢丁制，而辛之禄即丁之长生，同根月令，是有力而兼有情者也。是皆格之最高者也。

有情有力，前已分疏，兼而有之，更为美备。如正官佩印格，甲用酉官，壬合丁化伤护官为有情，壬水通根申亥为有力。食神制煞格，辛金透出，通根月令，为煞有力，丁火长生于酉，食煞同宫为有情，盖喜神需其通根有力，而忌神则利其无力。如甲用酉官，壬为喜神，丁为忌神，故以壬通根为美。若丁火通根，则合之不去，为病不净，反为无情。乙用酉煞，透丁火制煞为喜神，见壬合丁为忌神，若壬通根，则印深夺食，更为破格。故有情有力之中，先须辨其喜忌也。

如甲用酉官，透丁逢癸，癸克不如壬合，是有情而非情之至。乙逢酉煞，透丁以制，而或煞强而丁稍弱，丁旺而煞不昂，又或辛丁并旺而乙根不甚深，是有力而非力之全，格之高而次者也。

如上甲用酉官，透丁为伤，壬癸虽同为去伤护官，而癸不如壬。盖壬合为去之无形，且有化木帮身之益，癸克不过强而去之而已，不如化忌为喜为情之至。乙逢酉煞，以身强食煞并旺为合格，若稍有低昂，即非全美，必须运岁补其不足，方能发达。如煞强丁弱，须行食伤制煞之运；丁旺煞弱，须行煞旺之运；辛丁并旺而身弱者，必须行禄旺之运。不逢佳运，依然蠖屈，所以为格之次高者也。譬如上文身强煞旺节，所引阎、商、陆三造，丙火伤官制煞，不知丁火食神制煞为有力何则？丙火逢辛反法，不能显其力。此商陆两造，所以不及阎造也。

至如印用七煞，本为贵格，而身强印旺，透煞孤贫，盖身旺不劳印生，印旺何劳煞助？偏之又偏，以其无情也。伤官佩印，本秀而贵，而身主甚旺，伤官甚浅，印又太重，不贵不秀，盖欲助身则身强，制伤则伤浅，要此重印何用？是亦无情也。又如煞强食旺而身无根，身强比重而财无气，或夭或贫，以其无力也。

是皆格之低而无用者也。

用神配合辅佐，全在合于日主之需要。故合于用，则伤官可以见官；不合于用，则财官皆害身之物。如印用七煞，本以印化煞生身为用，若身强印旺，煞印皆失其用，而旺极无泄，反日主之害，所谓偏之又偏也。伤官而需佩印，必因身弱伤旺，故以印滋身制伤而得其中和，若身与伤官并旺，已无佩印之必要。伤浅而加以印重，伤官被其克尽，印为破格之忌神矣。煞强食旺必须身强，方能制煞为权，若身无根，则克泄交加，焉能抵当？身强比重，而用财必须有食伤之化，或有官煞制比劫以护财，若财浮露无根，则被比劫争夺以尽。所谓只旺得一个身子，妻子财帛，皆无其份，其为贫夭无疑。

然其中高低之故，变化甚微，或一字而有千钧之力，或半字而败全局之美，随时观理，难以拟议，此特大略而已。

格局变化，非言说所能尽，譬如：

**戊戌、辛酉、戊戌、丙辰**

辛金伤官为用，丙合辛金牵绊为病。

**丙午、辛卯、戊寅、甲寅**

丙火化煞为用，辛金合丙牵绊为病。

两造同以合为病。上造丙辛遥合，牵制之力薄弱，下造丙辛贴近而辛在月干，牵制之力强大；上造丙火生戊而戊泄秀，下造丙火须克去辛金，方能化煞生身。格局高低，因以悬殊，其中变化，微之又微，在学者神而明之而已。

## 论用神因成得败因败得成

八字之中，变化不一，遂分成败；而成败之中，又变化不测，遂有因成得败，因败得成之奇。

八字成中有败，必是带忌，忌化为喜，则因败而得成矣。败中有成，全凭救应，救应化为忌，则因成而得败矣。变化起于会合，而会合须看其能否改易原来之气质，以及是否合于日元之需要，方能判其成败也。

是故化伤为财，格之成也，然辛生亥月，透丁为用，卯未会财，乃以党煞，因成得败矣。印用七煞，格之成也，然癸生申月，秋金重重，略带财以损太过，逢煞则煞印忌财，因成得败也。如此之类，不可胜数，皆因成得败之例也。

化伤为财者，如月支伤官，因会合而化伤为财，格因以成；然如辛生亥月，透丁，本金水伤官喜见官煞也，支逢卯未会财，则变为财党煞之局矣。印用七煞者，身弱，用印以化煞也，见财则破印党煞，本为所忌。如癸生申月，秋金重重，略见财则以财损印为用，去其太过，若逢煞则财去生煞，煞生旺印，为因成得败。然此须看其位置如何，非可一例，随步换形，即此可类推耳。

官印逢伤，格之败也，然辛生戊月，年丙时壬，壬不能越戊克丙，而反能泄身为秀，是因败得成矣。煞刃逢食，格之败也，然庚生酉月，年丙月丁，时上逢壬，则食神合官留煞，而官煞不杂，煞刃局清，是因败得成矣。如此之类，亦不可胜数，皆因败得成之例也。

官印格以官生印为用，见伤官则破格，然辛生戊月，年丙时壬，则年干丙火，生月干戊土之印，印生日元，日元泄秀于壬，天干一顺相生；壬丙之间隔以戊土，壬不能克丙火，戊不能克壬水，丙火亦不能越戊而合辛金，而有相生泄秀之美，是反因伤官忌神而成格矣。煞刃格以煞制刃为用，见食神制煞则破格，然庚生酉月，年丙月丁，时上逢壬，则壬水食神，合官而不制煞，煞刃局清，是反因食神忌神而成格矣。此为因败得成之例。

其间奇奇怪怪，变幻无穷，惟以理权衡之，随在观理，因时运化，由他奇奇怪怪，自有一种至当不易不论。观命者毋眩而无主、执而不化也。

因成而败、因败得成，其例不一，兹举两造如左：

癸丑、戊午、己巳、丁卯

此南通张季直①造。火炎土燥，赖癸水滋润，戊癸一合，去才为败；然因戊癸合化，格成专旺，此因败得成也。

丙子、戊戌、壬子、庚子

月令七煞，地支阳刃，煞刃格成也。是干透庚，偏印化煞，化煞本为美事，而在煞刃格，需要七煞抑刃，则偏印为破格，因成得败矣。

## 论用神配气候得失

论命惟以月令用神为主，然亦须配气候而互参之。譬如英雄豪杰，生得其时，自然事半功倍；遭时不顺，虽有奇才，成功不易。

用神须得时乘气，譬如夏葛冬裘，得时则贵。然亦有用神虽乘旺气而不贵者，则受气候之影响。故取用神，于扶抑之外，必须参合气候，即调候之法也。

是以印绶遇官，此谓官印双全，无人不贵。而冬木逢水，虽透官星，亦难必贵，盖金寒而水益冻，冻水不能生木，其理然也。身印两旺，透食则贵，凡印格皆然。而用之冬木，尤为秀气，以冬木逢火，不惟可以泄身，而即可以调候也。

木生冬令，月令印绶，冻水不能生木，透官星则金从水势，益增其寒；透财星则水寒土冻，毫无生机，故财官皆无所用。寒木向阳，惟有见丙丁食伤则贵。如**庚寅、戊子、甲寅、丙寅**，财官皆闲神，无所用之，其时上丙火清纯，以泄身调候为用，所谓用之冬木，尤为秀气。此前清某尚

---

① 校注：张謇（1853年7月1日～1926年8月24日）字季直，号啬庵，汉族，祖籍江苏常熟，生于江苏省海门市长乐镇（今海门市常乐镇）。清末状元，中国近代实业家、政治家、教育家，主张"实业救国"。中国棉纺织领域早期的开拓者。张謇创办中国第一所纺织专业学校，开中国纺织高等教育之先河；首次建立棉纺织原料供应基地，进行棉花改良和推广种植工作；以家乡为基地，努力进行发展近代纺织工业的实践，为中国民族纺织业的发展壮大作出了重要贡献。他一生创办了20多个企业，370多所学校，为中国近代民族工业的兴起，教育事业的发展作出了宝贵贡献，被称为"状元实业家"。

书之造也。然不仅冬木冬水为然，冬土亦须调候，盖土金伤官生于冬令，必须佩印也。如前清彭刚直公玉麟①之造，**丙子、辛丑、戊子、癸丑**，丑中癸辛透出为贵征，然冬土寒沍，非丙火照暖，则用不显。喜其年上丙火，合而不化，运行南方，丙火得地，而戊土辛癸，皆得显其用，亦调和气候为急也②。

伤官见官，为祸百端，而金水见之，反为秀气。非官之不畏夫伤，而调候为急，权而用之也。伤官带煞，随时可用，而用之冬金，其秀百倍。

此言金水伤官也。月令伤官，本以官煞为忌，独有金水伤官，生于冬令，金寒水冷，以见火为美，不论官煞也。更须身印两旺，财官通根，方为贵格。如**甲申、丙子、庚辰、戊寅**，木火通根于寅，庚金得禄坐印，贵为黄堂，又如己酉，庚辰、甲申，木火无根，虽小富而不贵，且不能用才官，身旺以伤官泄秀为用，特丙火调候，为配合所不可缺，否则，清寒之造也。更有调候虽得其宜而身弱者，如**丁巳、壬子、辛巳、丁酉**，丁火虽通根，而日元泄气已重，须以酉金扶身为用，亦为贵格。随宜配置，并无一定，特冬令金水，不可缺火，非定以为用也。

伤官佩印，随时可用，而用之夏木，其秀百倍，火济水，水济火也。

此亦调候之意也。凡佩印必缘身弱，而木火伤官，生于夏令之佩印，润土生木，得其中和为美。如**庚辰、壬午、甲辰、丁卯**，夏木丁火吐秀，日辰时卯，身不为弱，然喜壬水润泽，更得庚金生印，两辰泄火之燥，生金蓄水，配置中和，为清某观察造也。然夏木洩秀，亦有不佩印者，则因身旺也。如**己卯，庚午，甲寅，丁卯**。甲寅坐禄，时逢卯木，日元已旺，

---

① 校注：彭玉麟（1817～1890），字雪琴，号退省庵主人、吟香外史，祖籍衡永郴桂道衡州府衡阳县（今衡阳市衡阳县渣江），生于安徽省安庆府（今安庆市内）。清朝著名政治家、军事家、书画家。清末水师统帅，湘军首领，人称雪帅。与曾国藩、左宗棠并称大清三杰，与曾国藩、左宗棠、胡林翼并称大清"中兴四大名臣"，湘军水师创建者、中国近代海军奠基人。官至两江总督兼南洋通商大臣，兵部尚书。彭玉麟于军事之暇，绘画作诗，以画梅名世。他的诗后由俞曲园结集付梓，题名《彭刚直诗集》（八卷），收录诗作500余首。

② 行注：此造《命鉴》所批，误以为倒冲，近方悟得；因悟古来奇异格局，大多类此耳。附识于此，以志我过。

不藉佩印，但贵小不及佩印之秀耳，非如金水之必须见火也。

伤官用财，本为贵格，而用之冬水，即使小富，亦多不贵，冻水不能生木也。

承上文金水伤官而言。金水伤官，以木为财，伤官生财，本为美格，而冬令无火，见财无用，因冻水不能生木也。若为水木伤官，见财最美，盖财即火也。总之以调候为急。如**甲子、丙子、癸亥、乙卯**，水木假伤官用财，名利两全；又**己未、乙亥、癸亥、丙辰**，汪大发之造也，用丙火之财，亦调候之意也。《书》云，"惟有水木伤官格，财官两见始为欢"，其实水木喜财，金水喜官也。当分别观之。

伤官用财，即为秀气，而用之夏木，贵而不甚秀，燥土不甚灵秀也。

承上木火伤官而言。夏木用财，如**戊戌、丁巳、甲寅、己巳**，火旺木焚，而四柱无印，不得已取土泄火之气，行印运被土回克，非特不贵，富亦难期。

春木逢火，则为木为通明，而夏木不作此论；秋金遇水，则为金水相涵，而冬金不作此论。气有衰旺，取用不同也。春木逢火，木火通明，不利见官；而秋金遇水，金水相涵，见官无碍。假如庚生申月，而支中或子或辰，会成水局，天干透丁，以为官星，只要壬癸不透露干头，便为贵格，与食神伤官喜见官之说同论，亦调候之道也。

春木逢火，木火通明；夏木逢火，火旺木焚；秋金遇水，金水相涵；冬金遇水，水荡金沉。此乃气候之衰旺，不能一例论。夏木冬金，真伤官也，反不及假伤官之美矣。春木逢火见官，如**甲申、丙寅、甲申、庚午**，木嫩金坚，庚金通根于申，必须取丙火制庚为用，为儿能救母。若庚金轻而无根，则置之不用，如**戊寅、甲寅、甲寅、庚午**，反可取贵也。庚生申月而合水局，为金水假伤官，喜见官星，与冬金真伤官相同。壬癸透露则伤害官星，不论秋冬，为忌亦同。

食神虽逢正印，亦谓夺食，而夏木火盛，轻用之亦秀而贵，与木火伤官喜见水同论，亦调候之谓也。

食神伤官同类，正印固可夺食，偏印可制伤。只要干头支下不相冲突，则各得其用，此八字所以贵于配置适宜也。如一造：**甲寅、庚午、乙卯、丙子**，食轻为印所冲，官轻无财，为丙所克，乃乞丐之命也。

此类甚多，不能悉述，在学者引伸触类，神而明之而已。

观上述变化之法，可知用神以及辅佐，最要者在合于日主之需要。倘能合于需要，伤官不妨见官；不合需要，财官同为害物。更有两神成象，如水火对峙，非木调和不可，即使四柱无木，亦必待木运，弥其缺憾，方能发迹。以其需要为木，所谓通关是也。取用于四柱之外，更为奇者矣。

凡八字必以中和为贵，偏旺一方，而无调剂之神，虽成格成局，亦不为美。如**戊戌、己未、戊戌、丙辰**，稼穑格也，但辰被戌冲，火土偏燥，气不中和，戌中辛金不能引出，子嗣亦艰，不但不能富贵也。运以金地为美，运至财地，以原局无食伤之化，群劫争财，不禄。此为舍侄某之造，可见调候之重要也。

## 论相神紧要

月令既得用神，则别位亦必有相，若君之有相，辅我用神者是也。如官逢财生，则官为用，财为相；财旺生官，则财为用，官为相；煞逢食制，则煞为用，食为相。然此乃一定之法，非通变之妙。要而言之，凡全局之格，赖此一字而成者，均谓之相也。

相神又名喜神。财官食印，互相为用，必有所主，主为用，佐其主者为相。如《三命通会》正官格，逢官看财，以财为引，即以财为相也；以印为护，即以印为相也；正财格逢财看官，以食为引，即以官与食为相也。无财与印，不能用官；无官或食，不能用财，全局之格，赖此而成。推而言之，凡为全局之救应而藉以成格者，皆相也。

伤用神甚于伤身，伤相甚于伤用。如甲用酉官，透丁逢壬，则合伤存官以成格者，全赖壬之相；戊用子财，透甲并己，则合煞存财以成格者，全赖己之相；乙用酉煞，年丁月癸，时上逢戌，则合去癸印以使丁得制煞者，全赖戌之相。

《成败救应》节云："成中有败，必然带忌；败中有成，全赖救应"，救应之神，即相神也。合去忌神者为相，制化忌神者亦为相。如甲用酉官，见丁为伤，透壬合丁，透癸制丁，合伤与制伤，同为去忌成格，皆相也。戊用子财，而有己劫争财，干透庚辛食伤以化劫生财，亦相也①。以上论天干之相。

癸生亥月，透丙为财，财逢月劫，而卯未来会，则化水为木而转劫以生财者，全赖于卯未之相。庚生申月，透癸泄气，不通月令而金气不甚灵，子辰会局，则化金为水而成金水相涵者，全赖于子辰之相。如此之类，皆相神之紧要也。

此言地支之救应，三合六合，同一功用。如癸生亥月，不见卯未而见寅，则寅亥化木，转而生才，亦相也。更有会合解冲为救应者，如庚用午官，而逢子冲隔丑，则子丑合而解冲，官格以成，是以丑为相也。见寅卯，则水生木，木生午火以解冲，则寅卯为相也。更有甲用酉官，逢午为伤，得子冲去午而官格以成，是子为相也。午变万化，要在随局配置。以上论地支之相。

相神无破，贵格已成；相神相伤，立败其格。如甲用酉官，透丁逢癸印，制伤以护官矣，而又逢戊，癸合戊而不制丁，癸水之相伤矣；丁用酉财，透癸逢己，食制煞以生财矣，而又透甲，己合甲而不制癸，己土之相伤矣。是皆有情而化无情，有用而成无用之格也。

上文云成中有败，必是带忌，有忌而无救应之神，是为破格，或救应之神被伤，亦是破格，所谓相神有伤也。甲用酉官，透丁逢癸，癸为印，制伤护官，乃救之神也，又透戊合癸，则救应被伤矣。不特天干如此，支神亦同。如上节癸生亥月，透丙为财，财为月建所劫，逢卯来会，或逢寅来合，则化劫为财而成格；如卯逢酉冲，寅逢申冲，则寅卯之相被伤而破格矣。参观用神变化及成败救应节。

---

① 行注：参见《成败救应》节。

凡八字排定，必有一种议论，一种作用，一种弃取，随地换形，难以虚拟，学命者其可忽诸？

凡看八字，必合全局，何者为用，何者为相，必有一种理论，用必合于日元之需要，而相必合于用神之需要。分疏明白，自有一定不易之理。试举一例，如下：

戊戌、甲子、己巳、戊辰

月令偏财，为我之财，本当以财为用，但以生于十一月，水寒土冻，调候为急，故以巳中丙火为用神也。但比劫重重，争财为病，甲木官星制住比劫，使群劫不能争财，兼以生丙火，是以甲木为相神也。运行木火之地，富贵兼全，详见星辰篇。

## 论杂气如何取用

四墓者，冲气也，何以谓之杂气？以其所藏者多，用神不一，故谓之杂气也。如辰本藏戊，而又为水库，为乙余气，三者俱有，于何取用？然而甚易也，透干会支取其清者用之，杂而不杂也。

金木水火，各旺一方，土居中央，无时不旺，而寄于四隅，辰戌丑未四个月，各旺十八日。何以谓之杂气？十二支除子午卯酉为专气外，寅申卯酉与辰戌丑未，皆藏三干。所藏多寡，似非杂之本义，特寅申巳亥所藏，乃方生之气与当旺之气，长生禄旺，气势相通，而辰戌丑未所藏，则各不相谋。如辰中戊为本气，仅占十八日，乙为余气，水为墓库，意义效用各别，故谓之杂。取用之法，如干头透出，支辰会为局，则以所透之干、所会之局为用，盖透则用清，会则力大也。不透不会，则仅以土论，其所藏之物既不秉令，力量微弱，不能为用也。又辰丑为湿土，戌未为燥土，其用各别，亦不能概论也。

何谓透干？如甲生辰月，透戊则用偏财，透癸则用正印，透乙则用月劫是也。何谓会支？如甲生辰月，逢申与子会局，则用水印是也。一透则一用，兼透则兼用，透而又会，则透与会并用。其合而有情者吉，其合而无情者则不吉。

透干者以中所藏之神，透于天干也。凡八字支中所藏，必须透干；天干所用，必须通根。《滴天髓》云："天全一气，不可使地德莫之载；地全三物，不可使天道莫之容。"三物者，即支中所藏三神也。透于干，即是天道能容；天干通根，即是地德能载。譬如辰土透戊，为当旺之气，无论矣，乙癸虽力量不足，而透出干头，其用显著。会支者，支辰会合也。会子申则化水，合酉则化金。会合成局，其势强盛，故不论为喜为忌，既透干会支，则不能不顾及。喜则为有情而吉，忌则为无情而凶。

　　何谓有情？顺而相成者是也。如甲生辰月，透癸为印，而又会子会申以成局，印绶之格，清而不杂，是透干与会支，合而有情也。又如丙生辰月，透癸为官，而又逢己以为印，官与印相生，而印又能去辰中暗土以清官，是两干并透，合而情也。又如甲生丑月，辛透为官，或巳酉会成金局，而又透己财以生官，是两干并透，与会支合而有情也。

　　此专论透干支之有情无情，非就全局之喜忌言也。如甲生辰月，为月令偏财透癸，而又会子会申，则财化为印，印绶之格成矣。然而身强印旺，或取食伤以泄秀，或取财星以损印①。食伤与财，即上文之相神，赖以成格局，非干支透支会，即可以为用也。丙生辰月，癸乙并透，官印相生为有情。身强以官为用，另取财以生官；身弱取印为用，即以印化官，甲生丑月亦然。虽云兼用，必有所注重，须看全局之喜忌，日元之需要而定之。

　　何谓无情？逆而相背者是也。如壬生未月，透己为官，而地支会亥卯以成伤官之局，是透官与会支，合而无情者也。又如甲生辰月，透戊为财，又或透壬癸以为印，透癸则戊癸作合，财印两失，透壬则财印两伤，又以贪财坏印，是两干并透，合而无情也。又如甲生戌月，透辛为官，而又透丁以伤官，月支又会寅会午以成伤官之局，是两干并透，与会支合而无情也。

　　合而无情，即是带忌，局中如无救应，则为败格。如壬生未月，干透

---

① 行注：须时上另见财星，辰土会合化水局，不能再取以损印。

官而支会伤，柱有重印，制伤以护官，或身旺有财，化伤以生官，皆所谓救应也。甲生辰月，壬戊财印两透，如财印分居年时，中隔以官，官能化财生印，隔以劫，制财护印，或隔以丁火伤官，合去印以就财，皆所谓救应也。甲生戌月亦然。如无救应，是为败格，贫贱之局也。

　　又有有情而卒成无情者，何也？如甲生辰月，逢壬为印，而又逢丙，印绶本喜泄身为秀，似成格矣，而火能生土，似又助辰中之戊，印格不清，是必壬干透而支又会申会子，则透丙亦无所碍。又有甲生辰月，透壬为印，虽不露丙而支逢戌位，戌与辰冲，二者为月冲而土动，干头之壬难通月令，印格不成，是皆有情而卒无情，富而不贵者也。

　　有情而卒无情者，须看地位配置如何。如甲生辰月，而为丙年壬辰月，则丙火为壬水所制，不能泄甲木之秀。若为甲日丙寅时，与辰土相隔，则丙火泄秀而不生辰土也。会申会子，则印格清，而能否用丙泄秀，仍须看地位，非可一例言也。盖壬透自辰，虽云通根身库，究非亥子申可比。故逢戌土朋冲，微根消灭。壬水浮露，不能为用，是为印格之成而不成，谓富而不贵者。以其浊而不清，非不用印即可以富格视之也。

　　又有无情而终有情者，何也？如癸生辰月，透戊为官，又有会申会子以成水局，透干与会支相克矣。然所克者乃是劫财，譬如月劫用官，何伤之有？又如丙生辰月，透戊为食，而又透壬为煞，是两干并透，而相克也。然所克者乃是偏官，譬如食神带煞，煞逢食制，二者皆是美格，其局愈贵。是皆无情而终为有情也。

　　无情而终有情者，相克适以相成也。原文甚明，特用官更须官旺；若用财生官，须透露干头，不为比劫所夺；或见食以化劫，与月劫用官同例。丙生辰月，戊壬并透，则戊强而壬弱，盖戊为当旺之气也，壬煞须有财生印化，方能用之，与食神带煞、煞逢食制同例。如乐吾①自造：**丙戌、壬辰、丙申、丙申**，辰中壬水透出，以辰中乙木化煞为用是也②。

如此之类，不可胜数，即此为例，旁悟而已。

## 论墓库刑冲之说

辰戌丑未，最喜刑冲，财官入库不冲不发——此说虽俗书盛称之，然子平先生造命，无是说也。夫杂气透干会支，岂不甚美？又何劳刑冲乎？假如甲生辰月，戊土透岂非偏财？申子会岂非印绶？若戊土不透，即辰戌相冲，财格犹不甚清也。至于透壬为印，辰戌相冲，将以累印，谓之冲开印库可乎？

财官入库无冲不发之说，最为流俗谬谈。冲者，克也，克而去之也。辰戌丑未，皆属于土，同气刑冲，最少妨碍。盖余支或因刑冲而损格破用，而四库之土，则不因冲而破格也。支中所藏，因透出而用情。而会合而势强，各支皆然，杂气何独有异？至于甲生辰月，透壬为印，以辰为壬水之根，被戌冲则根拔，不能谓无害，岂能因冲而发乎？足见俗说之无稽也。

况四库之中，虽五行俱有，而终以土为主。土冲则灵，金木水火，岂能以四库之冲而动乎？故财官属土，冲则库启，如甲用戊财而辰戌冲，壬用己官而丑未冲之类是也。然终以戊己干头为清用，干既透，即不冲而亦得也。至于财官为水，冲则反累，如己生辰月，壬透为财，戌冲则劫动，何益之有？丁生辰月，透壬为官，戌冲则伤官，岂能无害？其可谓之逢冲而壬水之财库官库开乎？

---

① 校注：徐乐吾先生著作甚多，谨录于下：《造化元钥》即《穷通宝鉴评注》、《命理寻源》、《命理杂格》、《命理一得》、《子平一得》、《子平粹言》、《命学新义》、《滴天髓补注》、《滴天髓征义》、《宝鉴例悉录》、《子平真诠评注》、《古今名人命鉴》、《子平四言集腋》、《乐吾随笔第一集》、《乐吾随笔第二集》。

② 行注：生于清明后一日乙木司令，故可用。

财官属土，冲则库启，亦囿于俗说。要知甲生辰月，仅水为库耳，土乃本气，乙为余气，皆非库也。如土为用，透则用清，何待于冲，特四库同气，虽冲无碍耳。若壬水为用，冲则土动，岂能无碍？以乙木为用，冲则戌中辛金起而克木，亦非美事；若水木透干，则根受其损，不透则本非可用之物，冲否殊无关系耳。

今人不知此理，甚有以出库为投库。如丁生辰月，壬官透干，不以为库内之壬，干头透出，而反为干头之壬，逢辰入库，求戌以冲土，不顾其官之伤。更有可笑者，月令本非四墓，别有用神，年月日时中一带四墓，便求刑冲；日临四库不以为身坐库根，而以为身主入库，求冲以解。种种谬论，令人掩耳。

投库入库之说，皆由术者不讲原理，以讹传讹也。己用壬为财，逢辰则水止而不流，为财归库；丁用壬为官，逢辰为官投墓。亦有以归库投墓为吉者，逢冲反为不利，即使不宜墓库，亦当虽求引化之方，非刑冲所能解也。倘墓库在年日时支，有会合则以会合之五行论①。全一方之气势，则以一方之五行论②。无会合连接，则以土论。日临四库，如壬辰丙戌均作通根身库。若丙辰壬戌，即非为身库也。

然亦有逢冲而发者，何也？如官最忌冲，而癸生辰月，透戊为官，与戌相冲，不见破格，四库喜冲，不为不是。却不知子午卯酉之类，二者相仇，乃冲克之冲，而四墓土自为冲，乃冲动之冲，非冲克之冲也。然既以土为官，何害于事乎？

癸生辰月，透戊土官星，逢冲不破格者，即因辰戌同气，故少妨碍，并非喜冲也。十二支中以寅申巳亥之冲为最剧，以其为五行生地也。子午卯酉之冲，有成有败，则以四皆败地，亦是旺地。忌者冲而去之为成，喜者逢冲为败，至于四墓之冲，最少关碍。然有须注意者，人元用事是也。如辰中乙木，在清明后十日内，乙木余气犹旺，则乙木尚可为用，特与冲否无关系耳。

---

① 行注：如辰会子以水论，戌会午以火论。
② 行注：如辰连寅卯同作木论，戌连申酉同作金论。

是故四墓不忌刑冲，刑冲未必成格。其理甚明，人自不察耳。

四墓不忌刑冲，刑冲未必成路。此十二字最精当，幸阅者注意及之。

## 论四吉神能破格

财官印食，四吉神也，然用之不当，亦能破格。

官煞财印食伤，乃五行生克之代名词，以简驭繁，并寓刚柔相配之义，故有偏正名称，无所谓吉凶也。合于我之需要，即谓之吉，不合需要，即谓之凶。成格破格，系乎喜忌，不在名称也。详成败救应节。

如食神带煞，透财为害，财能破格也；春木火旺，见官则忌，官能破格也；煞逢食制，透印无功，印能破格也；财旺生官，露食则杂，食能破格也。

食神带煞，以食制煞为用也。见财则食生财党，煞为破格，若不带煞，则食神格喜见财矣。春木火旺，为木火伤官，见官破格。煞逢食制，见印夺食，财旺生官，见食则伤克官星，并皆破格。

是故官用食破，印用财破。譬之用药，参苓芪术，本属良材，用之失宜，亦能害人。官忌食伤，财畏比劫，印惧财破，食畏印夺，参合错综，各极其妙。弱者以生扶为喜，强者因生扶而反害；衰者以裁抑为忌，太旺者反以裁抑而得益。吉凶喜忌，全在是否合于需要，不因名称而有分别也。

## 论四凶神能成格

煞伤枭刃，四凶神也，然施之得宜，亦能成格。如印绶根轻，透煞为助，煞能成格也。财逢比劫，伤官可解，伤能成格也。食神带煞，灵枭得用，枭能成格也。财逢七煞，刃可解厄，刃能成格也。

四凶神能成格者，以煞伤枭刃为相神也。印轻透煞，以煞生印而成格。财逢劫夺，以伤化劫而成格。食神带煞，以枭制食化煞而成格。财逢七煞，以刃分财敌煞而成格。合于需要，皆可以为我之助也。

是故财不忌伤，官不忌枭，煞不忌刃，如治国长枪大戟，本非美具，而施之得宜，可以戡乱。

财须根深，最宜食伤相生；官宜印护，枭印同功；劫刃太旺，官煞咸美。用之合宜，皆为助我之神，岂因名称而有分别哉！

# 子平真诠卷三

## 论生克先后分吉凶

月令用神，配以四柱，固有每字之生克以分吉凶，然有同此生克，而先后之间，遂分吉凶者，尤谈命之奥也。

先后地位，最为紧要，有同此八个字，而在此为吉，在彼为凶，在此可用，在彼不可用者，贫富、贵贱、寿夭截然不同。此中变化无定，非程式可以说明。盖生克制化，如官忌伤，印忌财等，皆呆法也，而先后程序，则活法也。呆法可说，而活法无从说起，神而明之。存乎其人，在于学者熟习自悟而已。如鄙人贱造，**丙戌、壬辰、丙申、丙申**，生于清明后一日，乙木余气可用，以印化煞①，今年届知命，若生在清明十二日后，土旺用即非此论。舍亲某甲，为丙戌、丙申、丙申、壬辰，八个字完全相同，而生于七月，乙木休囚，不能为用，财当煞以攻身，青年夭折。此其一例耳。

如正官同是财伤并透，而先后有殊。假如甲用酉官，丁先戊后，后则以财为解伤，即不能贵，后运必有结局。若戊先而丁在时，则为官遇财生，而后因伤破，即使上运稍顺，终无结局，子嗣亦难矣。

正官格逢伤，透财可解。然有可解有不可解者，即先后程序之别也。兹以原文所述之例，列式以明之：

**丁年、己酉、甲日、戊辰**

是为财旺生官之局，伤官之气泄于财，丝毫无损于官星。若易其地

---

① 行注：见《命鉴》。

位，如下列格式：

**戊年、辛酉、甲辰、丁卯**

即为财生官而遇伤破局也。亦有虽是丁先戊后，亦不能解者，如：

**辛年、丁酉、甲午、戊辰**

辛金透出在年，酉金盖头丁火，虽戊土在时，亦不能解，盖火贴近也。又如：

**壬年、己酉、甲辰、丁卯**

此虽丁火伤官在时，亦不害官星，盖得己土化伤，壬印合伤以解也。丁年壬时同。

以财化伤如此，以印制伤护官，其理相同。如：

**甲年、癸酉、甲辰、丁卯**

丁火伤官，为癸印所制，不害官星也。如易以己年，则印被财破，火仍伤官矣。又如：

**癸年、辛酉、甲辰、丁卯**

虽有癸水之印，丁火仍伤官星，以其相隔也；官星先受其伤，印不及救护矣。

印格同是贪财坏印，而先后有殊。如甲用子印，己先癸后，即使不富，稍顺晚境；若癸先而己在时，晚景亦悴矣。

月令印绶而见财星，非必不吉，所谓贪财坏印者，必也印轻财重。日元需要印绶滋生，而为财所破，又无比劫救应，同为坏印[①]。而先后有别者，时为归宿之地。时逢喜神生旺，晚福必佳；时遇忌神生旺，晚景必悴。故甲用子印，己先癸后，是虽逢财破，仍得印生。若癸先而己在时，是印之结局，为财所破也。然亦须看四柱之配合，如浙西某富翁子造，**庚申、戊寅、丙申、乙未**，财星坏印，虽乙印在时，财先印后，而乙庚化合，得气于申，有救应而不解，如中年后运佳，尚有结局，再行财运，必无善果也。

食神同是财枭并透，而先后有殊。如壬用甲食，庚先丙后，

---

① 行注：参阅《论财论印中财印并用》节。

晚运必亨，格亦富而望贵。若丙先而庚在时，晚运必淡，富贵两空矣。

食伤生财，以枭印夺食制伤为病，若印在前，而食伤生财在后，则枭印滋生日元，日元旺而泄秀，与印旺用食伤相同①，格取富贵。盖食伤喜行财地，而财能制印，枭以护食伤也。若无丙财，则为有病无药。如：

**庚申、戊寅、壬子、甲辰**

庚枭夺食而无财为救应，运行财地，虽可补救一二，终嫌原局无财，一至申运，庚金得地，即难挽救②，斯乃无财之病也。若丙先而庚在时，则始而秀发，终被裁夺，富贵两空，势所必至也。

如一女造：

**丁未、壬寅、乙卯、己卯**

乙木身旺，丁火泄秀，以丁为用神，壬水为病，己土制壬水为药。惜丁壬合而化木，去水虽美，去火则不相宜。用神在年被损，故出身寒微。己土在时为救，故帮夫兴家，子嗣继美。运行南方得地，福泽悠长。男女一例也③。

七煞同是财食并透，而先后大殊。如己生卯月，癸先辛后，则为财以助用，而后煞用食制，不失大贵。若辛先而癸在时，则煞逢食制，而财转食党煞，非特不贵，后运萧索，兼难永寿矣。

煞用食制者，以煞为用，以食为相，透财为破格。然先后之间，有破格有不破格者，列式以明之：

**癸年、乙卯、己日、辛未**

虽财生煞旺，而得时上食神制煞，不失富贵之局。如易为癸卯月，如下：

**丁年、癸卯、己日、辛未**

同为财先食后，亦不免食神生财党煞矣。

至若食先财后，格局迥然不同。如：

---

① 行注：参阅《论印用食伤》节。
② 行注：参阅《滴天髓》卷四《真假》节。
③ 行注：参阅《滴天髓征义》卷六《女命》章。

**丙年、辛卯、己亥、癸酉**

丙火合去食神，酉金生财党煞，无救应之神矣。以食制煞如此，以印化煞亦同。如**癸年、乙卯月、己日、丁卯时**，财不破印，煞虽重，印可化也。若丁年癸卯月，或甲己年丁卯月，而癸酉时，均为财破印以党煞也。

他如此类，可以例推。然犹吉凶易见者也，至丙生甲寅月，年癸时戊，官能生印，而不怕戊合；戊能泄身为秀，而不得越甲以合癸，大贵之格也。假使年月戊癸而时甲，或年甲而月癸时戊，则戊无所隔而合全癸，格大破矣。

此亦地位之殊也，列式观之，即甚明显：

**癸年、甲寅、丙日、戊时**

官能生印，戊不能越甲以合癸也。假使如下列两式：

**癸年、戊午、丙日、甲午**

**甲午、癸酉、丙日、戊时**

第一式得甲木隔开，戊癸不能合，各得其用以成格。第二第三式，戊癸之合，非甲木所能隔，而格破矣。

丙生辛酉，年癸时己，伤因财间，伤之无力，间有小贵。假如癸己并而中无辛隔，格尽破矣。

此亦地位先后之殊，列式如下：

**癸年、辛酉、丙日、己时**

丙火日元，以癸为官，以己为伤，中得辛金财星间隔，则伤生财，财生官，富中取贵。假使如下式：

**己年、癸酉、丙日、辛时**

辛金不能化伤，己土直接伤害官星，格尽破矣①。

辛生申月，年壬月戊，时上丙官，不愁隔戊之壬，格亦许贵。假使年丙月壬而时戊，或年戊月丙而时壬，则壬能克丙，无望其贵矣。

辛日丙时，以官为用，以伤为病，以戊为救应之药也。列式如下：

---

① 行注：癸年己月同。

**壬年、戊申、辛日、丙时**

壬丙之间，得戊隔之，则壬水不能伤害官星也。

**丙年、壬辰、辛日、戊时**

设或戊土在时，官伤并列。

**戊年、丙辰、辛日、壬时**

上两式壬水直接伤丙火官星，戊不能救。

以上举官星为例，余如印畏财破，财惧比劫，食伤忌枭印，意义相同。救应之法，亦可例推矣。

如此之类，不可胜数，其中吉凶似难猝喻。然细思其故，理甚显然，特难为浅者道耳。

本篇所论生克先后吉凶，专举天干为例，而地支之重要，更有甚于天干者。试举例如下：

**癸酉、甲子、丁卯、丙午**

子午卯酉，四冲也，而此造则非但不冲，反为四助。卯酉之间，隔以子水，子午之间隔以卯木，金水木火，以次相生，以印化煞为用。遇水得木引化，遇金得水引化，不伤印绶用神，虽冲而不冲也。

**辛卯、丁酉、戊子、戊午**

此造土金伤官用印，然卯酉冲，官星不能生印；子午冲，印之根为财所破；地支木火被冲，天干火土亦成虚脱。不免一生落拓，有志难伸矣。

更有喜其冲克者，如逊清乾隆皇帝造：

**辛卯、丁酉、庚午、丙子**

阳刃格局，以煞制刃为用。但秋金无印，不作旺论，而官煞通根卯午，制刃太过。妙在卯酉冲，使卯木不能生火，子午冲，使午火不破酉金，而丙丁官煞仍得通根。抑其太过，入于中和，是则玄之又玄，更难猝喻者矣。

以上举子午卯酉为例，更有会合因先后而变其性质者，亦有非冲非合，而先后生克之间，吉凶迥殊者。非可备举，学者熟习之后，自能领悟耳。

## 论星辰无关格局

八字格局，专以月令配四柱，至于星辰好歹，既不能为生克之用，又何以操成败之权？况于局有碍，即财官美物，尚不能济，何论吉星？于局有用，即七煞伤官，何谓凶神乎？是以格局既成，即使满盘孤辰入煞，何损其贵？格局既破，即使满盘天德贵人，何以为功？今人不知轻重，见是吉星，遂致抛却用神，不管四柱，妄论贵贱，谬谈祸福，甚可笑也。

今之妄谈星辰者，皆未究其源流也。子平之法，从五星衍变而成，五星以年为主，以星辰判吉凶。星辰各有盘局，逐年不同，故子平法之初，亦以年为主。试观古本，如《李虚中命书》、《珞琭子三命消息赋》之徐子平、释昙莹、李同、东方明诸家注疏，可知其时看法，仍以年为主也。至明万育吾氏之《三命通会》，乃有年为本日为主之说，则看法之改变，实始于明代，距今数百年耳。《兰台妙选》①专谈格局，而其星辰也，纳音也，皆从年取，许多名词，尚承五星之旧，未尝改变。今之看法，既易年以日，星辰纳音，已无所用。借以作参考，固未尝不可，凭以断祸福，宁不为识者所笑耶？更有江湖术士之流，并看星辰之法，未曾明了，以日代年，牵强附合，自作聪明，数典忘祖，更为可嗤。要知星辰看法，今之堪舆家，尚不失其真。子平堪舆虽不同道，天空星辰之行度，岂有二耶？是可知其妄矣。

况书中所云禄贵，往往指正官而言，不是禄堂贵人。如正财得伤贵为奇，伤贵者，伤官也，伤官乃生财之具，正财得之，所以为奇，若指贵人，则伤贵为何物乎？又若因得禄而避位，得禄者，得官也，运得官乡，宜乎进爵，然如财用伤官食神，运透官

---

① 校注：《兰台妙选》一书为纳音派命理学经典著作，专以纳音取象再配以五行生克论命。详见华龄出版社《星命》一书。《四库存目子平汇刊》丛书，亦将收录是书古本之整理本，敬请读者关注。

则格杂，正官官露运又遇官则重，凡此之类，只可避位也。若作禄堂，不独无是理，抑且得禄避位，文法上下不相顾。古人作书，何至不通若是！

此即五星与子平中名词之混淆也。禄，官也，有时亦名贵，五行至临官之位，亦名禄堂。马，财也；德，印也；天厨寿星，食神也。当时为便利起见，假用五星中星辰之名词，后人不得其解，乃牵强附会，以神其说。又三奇禄马，亦指财官而言①。如丙年逢癸酉，为官星临贵，丙日逢癸酉，官坐财乡，壬日坐午，名为禄马同乡，亦即财官同宫。若此之类，自可借用。三奇禄马，名异而实同也。伤贵者，伤官而值天乙贵人，如壬用丁火为财。而值丁卯，甲用己土为财，而值己未皆是。然此亦不过解释伤贵两字，如为子平法而言，合于日元之需要，即为贵，不合于需要，即不为贵。伤贵云云，乃方字上之修辞，不可拘执也。得禄避位，为官之禄堂乎？抑日元之禄堂乎？若官重而遇官之禄堂，自应避位，若官重而遇日元之禄堂，又当进爵矣。总以合于需要为贵，神煞吉凶，无关祸福也。

又若女命，有云"贵众则舞裙歌扇"。贵众者，官众也，女以官为夫，正夫岂可叠出乎？一女众夫，舞裙歌扇，理固然也。若作贵人，乃是天星，并非夫主，何碍于众，而必为娼妓乎？

贵，即官也，贵众，即官众。如以天乙为言，从夏至至冬至，用阴贵，从冬至至夏至，用阳贵。又须适为用神，而宜生旺者，如甲以丑为贵，适以财为用。而又宜财生旺也。若财多身弱，则须以比劫分财为美，贵多适为病耳。至于贵众，舞裙歌扇，正以官为夫星也。官多须以损官化官为美，无损化之神，则有病无药，其为下贱可知。总之，女命以用神为夫星，不必定用官。官煞者克我者也。四柱中有官煞，先须安顿，非必为用，是则不论男女命皆然。若用神非值天乙，或天乙适临于忌神，阴阳并见，重叠杂出，皆不足为吉凶，无关轻重，置之不论可也。

然星辰命书，亦有谈及，不善看书者执之也。如"贵人头上带财官，门充驰马"，盖财官如人美貌，贵人如人衣服，貌之美

---

① 行注：参阅《起例》。

者，衣服美则愈现。其实财官成格，即非贵人头上，怕不门充驰马！又如论女命云，无煞带二德，受两国之封，盖言妇命无凶煞，格局清贵，又带二德，必受荣封。若专主二德，则何不竟云带二德受两国之封，而秘先曰无煞乎？若云命逢险格，柱有二德，逢凶有救，可免于危，则亦有之，然终无关于格局之贵贱也。

星辰之于用神，各有所宜。如官星宜天乙，印绶宜二德，财宜驿马，食伤宜文昌。词馆学堂用官而官临天乙，锦上添花；用印而印临天月二德，素食慈心。美者愈增其美，凶者得减其凶，非藉以成格也。若舍用神而论星辰，则行运吉凶，如何取法乎？无煞带二德，煞指忌神而言，亦非定指七煞也。阅者善会其意，庶不为古人所愚。总之，子平有子平之看法，勿混杂星辰，目眩而无所主也。

八字之格局用神看法，丁星辰无关，但有八字同一格局，而高低不同，则星辰之锦上添花，非尽无稽。举例于右：

**己未、癸酉、丁巳、丁未**

此袁项城①命造也。初视之，身强食神制煞而已，细辨之，以年为主，己未年命，未酉夹申，为贵；以日为主，丁贵在酉，以煞为用，煞贵在巳，身煞互换得贵。七煞者敌对之神，为受清廷知遇，而清廷亦受覆育之兆。地支己未酉夹禄夹贵，全盘禄贵拥护，宜为元首。至卯运，敌对之煞，临贵得势，而冲本身之贵，众叛亲离，至为显然也。

---

① 校注：袁世凯（1859~1916），中国近代史上著名的政治家、军事家，北洋军阀领袖。字慰亭（又作慰廷），号容庵、洗心亭主人，汉族，河南项城人，故人称"袁项城"。袁世凯早年发迹于朝鲜，归国后在天津小站训练新军。清末新政期间积极推动近代化改革。辛亥革命期间逼清帝溥仪退位，以和平的方式推翻清朝，成为中华民国临时大总统。1913年镇压二次革命，同年当选为首任中华民国大总统，1914年颁布《中华民国约法》，1915年12月宣布自称皇帝，改国号为中华帝国，建元洪宪，史称"洪宪帝制"。此举遭到各方反对，引发护国运动，袁世凯不得不在做了83天皇帝之后宣布取消帝制。1916年6月6日因尿毒症不治而亡，归葬于河南安阳。袁世凯的荣辱功过各有评说，有人说他是"独夫民贼"、"窃国大盗"，也有人认为他对中国的近代化做出贡献，是真正的改革家。总之，袁世凯是中国近代史上最具争议的人物之一。

**乙卯、丙戌、癸酉、丙辰**

此徐东海①命造也。初视之，财得食生而已，然癸贵在卯，丙贵在酉，辰卯酉戌，东西对峙，两合解冲，水火相争，而得乙卯贵人，调和其间，宜其终身善为和事老也。又袁为武人，用煞为权；徐为文臣，用食生财，是岂偶然哉？

**戊寅、己未、甲寅、乙亥**

年戊日甲，同以未为贵人；甲木身旺任财，月令己土真贵透出为用神；更喜四柱无金，寅未藏火，食伤生才，清纯之极。年月为祖基，其贵出于遗荫，未贵直接为用，本身受贵人之提携。此为合肥李国筠②命造，受项城总统之知遇，民国初年曾任广东巡按使者也③。

**戊戌、甲子、己巳、戊辰**

财生官旺，丙火调候为用。月令天乙，贵由祖荫。贵人为财以生官，其贵为间接，更以腊月财官，须火调候，用神在巳，而非子，贵为间接之用。此亦为合肥李某某君之造。运至丙寅、丁卯继承大宗，而本身之贵，则较上造稍次。更以己甲合官以护财，戊不能争，所以独得继统，拥产甚巨也。

**辛巳、辛丑、庚申、辛巳**

寒月土金，宜用火调候。而巳丑会合，巳申刑合，格局转换。气全金

---

① 校注：徐世昌（1855～1939），字卜五，号菊人，又号弢斋、东海、涛斋，直隶（今河北）天津人。其曾祖父、祖父在河南为官居，出生于河南省卫辉府（今卫辉市）府城曹营街寓所。前清举人，后中进士。自袁世凯小站练兵时就为袁世凯的谋士，并为盟友，一文一武，互为同道；1905年曾任军机大臣。徐世昌深谋远虑，颇得袁世凯的器重；但他又能与袁保持距离，进退有度，在袁称帝时以沉默远离之。1916年3月袁被迫取消帝制，恢复民国年号，起用他为国务卿。1918年10月，徐世昌被国会选为民国大总统。他"偃武修文"，下令对南方停战，次年召开"议和会议"。1922年6月通电辞职，退隐天津租界以书画自娱。辞掉总统职务后，多次拒绝日本人的劝诱，不供伪职。1939年6月5日，徐世昌病故，年85岁。6月8日，国民政府主席林森为徐世昌下褒奖令，以颂扬其爱国忠心。徐世昌国学功底深厚，不但著书立言，而且研习书法，工于山水松竹，被称为"文治总统"。徐氏编书、刻书30余种，如《清儒学案》、《退耕堂集》、《水竹村人集》等。

② 校注：李国筠（1881～？）字斐君。安徽合肥人。清末举人。曾任安徽谘议局副议长、资政院议员。民国成立，充安徽财政司司长．国税厅等备处长。1914年升广东巡按使，参与袁世凯帝制活动。1920年调任经济调查局总裁。

③ 行注：袁项城造为己未，命尤奇。

水，反宜顺其旺气，以行土金水运为美。此为合肥李国杰[①]命造。辛金杂出而庚金独得贵，所以昆仲甚众，而彼独得袭爵，贵由遗荫，故年月合贵。幼行土金水运，受慈禧太后爱护，视同子侄，现行乙未运，两贵相冲，加以甲戌流年，三刑会合，刑伤两贵，而受牢狱之灾。此造如时透一水，晚运即不致颠沛。可见星辰不尽无稽也。又李氏之贵，始于文忠公，[②]文忠造**癸未、甲寅、乙亥、己卯**，曲直仁寿格，至李国杰金局而贵绝，袭爵至此而终，亦一奇也。此为贞元之运，八字研究不尽，附志于此。

## 论外格用舍

八字用神既专主月令，何以又有外格乎？外格者，盖因月令无用，权而用之，故曰外格也。

此篇议论，似未明显。盖本书以月令为经，用神为纬，用神者，全局之枢纽也。月令之神，不能为全局枢纽，则不得不向别位干支取用。用虽别取，而其重心仍在月令。如木生冬令，水旺木浮，取财损印，取火调候，正以月令水旺而寒之故也。木生秋令，金坚木缺，取火制金，取水化金，正以月令金神太旺之故也。若此之类，不名不外。外格者，正格之外，气势偏胜，不能以常理取用，在正轨之外，故名为外格也。

---

[①] 校注：李国杰，（1881～1939），字伟侯，号元直。安徽合肥人，是李鸿章的长孙，李经述的长子，承袭了李鸿章一等侯爵的爵位，清末曾任散轶大臣、农工商部左丞、驻比利时国公使，1906年任广州副都统，次年调镶黄旗蒙古副都统，当时住在北京府学胡同五号。1910年他出使比利时，把房子卖给了盛宣怀，归来时已是民国。袁世凯原本对他另眼看待，民国初让他继续留任比利时，1914年回国后还让他当了参政院参政。民国成立后，任参政院参政、安福国会参议院议员，1924后退职回上海。1930年任轮船招商局董事长，因负债累累，主持出卖招商局码头给美商公司。1933年4月在上海地方法院以盗卖国家土地罪判处八年徒刑（监外执行），剥夺公权十年。1939年2月19日在上海被军统枪杀身亡。

[②] 校注：李鸿章（1823年2月15日～1901年11月7日），晚清名臣，洋务运动的主要领导人之一，安徽合肥人，世人多尊称李中堂，亦称李合肥，本名章铜，字渐甫或子黻，号少荃（泉），晚年自号仪叟，别号省心，谥文忠。作为淮军、北洋水师的创始人和统帅、洋务运动的领袖、晚清重臣，官至直隶总督兼北洋通商大臣，授文华殿大学士，曾经代表清政府签订了《越南条约》《马关条约》《中法简明条约》等。日本首相伊藤博文视其为"大清帝国中唯一有能耐可和世界列强一争长短之人"，慈禧太后视其为"再造玄黄之人"，著有《李文忠公全集》。与曾国藩、张之洞、左宗棠并称为"中兴四大名臣"，与俾斯麦、格兰特并称为"十九世纪世界三大伟人"。

如春木冬水、土生四季之类，日与月同，难以作用，类象、属象、冲财、会禄、刑合、遥迎、井栏、朝阳诸格，皆可用也。若月令自有用神，岂可另寻外格？又或春木冬水，干头已有财官七煞，而弃之以就外格，亦太谬矣。是故干头有财，何用冲财？干头有官，何用合禄？《书》云"提纲有用提纲重"，又曰"有官莫寻格局"，不易之论也。

春木冬水，乃阳刃建禄也。要知刃禄虽不能为用，而用之关系仍在月令。如煞刃格，以官煞制刃，是用在官煞也；建禄身旺，以泄秀为美，是用在食伤也。土生四季，用木疏土，或用金泄秀，用在木金，此类皆非外格也。必四柱气象偏于一方，如春木而支连寅卯辰，或亥卯未，四柱无可扶抑。日与月同，则从强从旺；日不与月同，而日元临绝，则从官煞、从财、从食伤。或日干化合，则为化气，如类象属象之类，方为外格也。外格虽非常轨，而自有一种意义，合于五行正理，方有可取。若倒冲、刑合、遥迎、朝阳等格，理不可通，亦不足信也①。至于月令有用神、四柱有扶抑，岂有舍之别取之理？"提纲有用提纲重"者，言用神以月令为重也；"有官莫寻格局"者，言四柱有扶抑，不必别寻格局②。是诚取用神不易之法也。

然所谓月令无用者，原是月令本无用神，而今人不知，往往以财被劫，官被伤之类。用神已破，皆以为月令无取，而弃之以就外格，则谬之又谬矣。

财被劫，官被伤者，当观其有无救应之神，无救应则为破格③。本来八字佳者少不佳者多，故富贵之人少而贫贱之人多，成功之人少而失败之人多。无如以命就评者，每怀挟未来之希望而来，问凶不问吉，不过口头之词，若闻财劫官伤之说，有不掩耳欲走者乎？于是术士之流，迎合来者之心理，往往屏用神而不谈，专以星辰、格局、纳音为敷衍。此谬之所由来，亦谈命理者所当知也。

---

① 行注：井栏即食伤格。
② 行注：不可拘执官字。
③ 行注：参观成败救应节。

## 论宫分用神配六亲

人有六亲，配之八字，亦存于命。

六亲之名，由来甚古，义简而赅。汉代京焦①说卦，以克我为官鬼，我克为妻财，生我为父母，我生为子孙，同气为兄弟，并本身为六亲②。命理之配六亲，实脱胎于此，名目虽殊，其理则一也。

其由宫分配之者，则年月日时，自上而下，祖父妻子，亦自上而下。以地相配，适得其宜，不易之位也。

宫分者，地支之宫分也。年支为祖基，月支为父母，日支为妻宫，时支为子孙宫，自上而下，以支辰之地位相配也。凡喜用聚于年月支者，祖基必丰，父母之荫庇必厚，幼年享用现成；喜用聚于日支者，妻宫必得力；聚于时支者，子孙必得力，晚运尤佳。年为出身之区，时为归宿之地，出身美则祖基荫庇可知，结局佳则子孙得力可知，亦自然之理也。

---

① 校注：京焦，即京房、焦赣二人。京房（前77～前37年），西汉学者，本姓李，字君明，东郡顿丘（今河南清丰西南）人。本姓李。汉元帝时为郎、魏郡太守。治易学，师从梁人焦延寿，详于灾异，开创了京氏易学，有京氏易传存世。由于他开创了今文《易》学"京氏学"，自成一派。《易》作为中国学术源头之一，研求者代不绝迹，京房是其中颇有影响的一位。京房的《易》学得之于焦延寿。焦延寿讲《易》，喜推灾异，以自然灾害解释卦象，推衍人事。《汉书·京房传》概括焦延寿的学术道："其说长于灾变，分六十卦更值日用事，以风雨寒温为候，各有占验。"汉代《易》学流变为术数，焦延寿是始作俑者。京房从焦延寿学《易》，深得焦氏《易》学"真谛"。他把焦延寿以灾异讲《易》的做法推向极端，到处宣讲，以之干政，使《易》学此一流派在当时声名显赫，对后世影响极大，以致人们把这一流派称之为今文《易》学"京氏学"。焦延寿大概看出了京房以《易》干政的危险性，曾不无忧虑地说："得我道以亡身者，京生也。"（《汉书·京房传》）最后结局果然不出焦氏所料。焦延寿，汉代的大学者，西汉梁（今河南省商丘市）人，字赣。家贫贱，因好学而得到梁敬王的资助。学成之后，为郡吏察举，补小黄令（小黄，为西汉陈留郡之属县，今河南兰考附近）。任职期间，常先知奸邪，而使为盗者不敢轻举妄动。后因"爱养吏民，化行县中"，被举荐，升迁外地为官。三老官属上书挽留，得到批准，并使官职增高。最后死于小黄。于《周易》自称学于孟喜，其学生京房也认为"延寿易即孟氏学"。而孟喜正传弟子"翟牧、白生不肯，皆曰非也"。其实，"焦延寿独得隐士之说，托之孟氏，不相与同"。"其说长于灾变，分六十四卦，更直日事，以风雨寒温为候，各有占验。"（以上所引，见《汉书·京房传》）这些思想后来被其弟子汉代著名易学大师京房继承和发挥。焦氏的易学著作有《焦氏易林》、《易林变占》。《隋书·经籍志》载有焦氏撰《易林》十六卷，梁又本三十二卷。《易林变占》十六卷。《旧唐书·经籍志》载有焦氏《易林》十六卷，《新唐书·艺文志》、《宋史·艺文志》亦有著录。今存焦氏著作有《易林》。

② 行注：详见《命理寻源》。

其由用神配之者，则正印为母，身所自出，取其生我也。若偏财受我克制，何反为父？偏财者，母之正夫也，正印为母，则偏才为父矣。正财为妻，受我克制，夫为妻纲，妻则从夫。若官煞则克制乎我，何以反为子女也？官煞者，财所生也，财为妻妾，则官煞为子女矣。至于比肩为兄弟，又理之显然者。

偏财为母之正夫者，譬如甲以癸为正印，戊为偏财，戊癸合也；丙以乙为正印，庚为偏财，乙庚合也。余可类推。五阴干从阳干取，如六乙日生，亦以癸为母，以戊为父也。甲乙日干如有戊无癸，则以壬水为父母。总之言父母则庇我者皆其类，言妻财则奉我者皆其类，言官鬼则制我者皆其类，言子孙则后我者皆其类，言兄弟则同气者皆其类。非可刻舟求剑，以为论定。至如我克之偏财，何以为父？克我之官煞，何以为子女？乃出于自然之理，凡人受父母之禁约少，受子女之拘束多也。《滴天髓征义》以印为父母，以食伤为子女，颇合于京焦之易，理论相通，无须拘执。又有以偏印为继母，比肩为兄，劫财为弟者，亦每有验。总之以用神配六亲，更须察其宫分地位，以及喜忌，则大致不谬。命运吉凶，以切于本身之利害为限，如于本身利害无大关系，则不甚显著。譬如前清时代，父母丁忧为仕宦升沉一大关节，命运之中，每显而著，今者礼制废除，父母存亡，无关进退，则命运中亦不甚显著矣。妻宫为一生幸福所系，得力与否，最为明显，学者神而明之，自能了解也。

其间有无得力，或吉或凶，则以四柱所存或年月或日时财官伤刃，系是何物，然后以六亲配之用神。局中作何喜忌，参而配之，可以了然矣。

以印为母，以财为妻，局中如无财印，则将如何？用食而逢印夺食，用印而逢财破印，又将如何？是则当参合活看，未可拘执也。大抵从印之喜忌看父母，非必以印为母也；从财之喜忌看妻宫，非必以财为妻也。日主喜印而逢财破，则败祖业；日主忌印而逢财破，则兴家立业矣。身旺喜财而逢比劫分夺，则克妻，反之身弱财重，则以无比劫分夺为克妻矣。伤刃参配喜忌，见下论妻子节。六亲配合，以《滴天髓征义》卷五《六亲》节所论为最详，宜参阅之。

## 论妻子

大凡命中吉凶，于人愈近，其验益灵。富贵贫贱，本身之事，无论矣，至于六亲，妻以配身，子为后嗣，亦是切身之事。故看命者，妻财子禄，四事并论，自此之外，惟父母所自出，亦自有验。所以提纲得力，或年干有用，皆主父母双全得力。至于祖宗兄弟，不甚验矣。

命运吉凶，属于本身之利害，富贵贫贱，进退顺逆，皆为本身之事，故可于八字中推之。妻财子禄，以本身利害相关，荣辱与共，故亦可推。若将来欧风东渐，父子分立，夫妻异产，利害不相连属，吉凶即无可征验。如子贵而父贱，妻富而夫贫，各不相谋，即无可推算。同时得利害关系相连属者，依然可见。命之理如是，非今昔有不同也。年为祖，仅能见其祖基厚薄，出身美恶；兄弟互助而有益，或连累而相害，皆为可见。若分道扬镳，各自为谋，即无可见。此所以近验而远无验也。

以妻论之，坐下财官，妻当贤贵；然亦有坐财官而妻不利，逢伤刃而妻反吉者，何也？此盖月令用神，配成喜忌。如妻宫坐财，吉也，而印格逢之，反为不美。妻坐官，吉也，而伤官逢之，岂能顺意？妻坐伤官，凶也，而财格逢之，可以生财，煞格逢之，可以制煞，反主妻能内助。妻坐阳刃，凶也，而或财官煞伤等格，四柱已成格局，而日主无气，全凭日刃帮身，则妻必能相关。其理不可执一。

印格者，身弱以印为用神也。不论是否月令印绶，若日支临财，对我为不利，则反为不美矣。伤官为用，忌见官星，妻宫坐官，则与我背道而驰，岂能顺意乎？然冬令金水伤官，妻宫见官，又为吉兆。[①] 所谓以喜忌为配，不可执一也。妻宫坐伤官，而财格煞格，逢之反美；妻宫坐阳刃，而身弱逢之反美，其理相同。总之妻宫为喜神，则为美，妻宫为忌神，则为凶；财为喜神则为美，财为忌神则为凶。以此互参，不离左右矣。

---

① 行注：参观《配气候得失》节。

既看妻宫，又看妻星。妻星者，干头之财也。妻透而成局，若官格透财、印多逢财、食伤透财为用之类，即坐下无用，亦主内助。妻透而破格，若印轻财露、食神伤官、透煞逢财之类，即坐下有用，亦防刑克。又有妻透成格，或妻宫有用而坐下刑冲，未免得美妻而难偕老。又若妻星两透，偏正杂出，何一夫而多妻？亦防刑克之道也。

妻透成局者，谓财透露干头为喜神用神也。若官格透财，以财生官为用；印重透财，以财损印为用；食伤透财，以食伤生财为用。若此之类，皆藉财以成局，即使日支无喜神用神，亦主内助得力，盖财为妻星也。若财透破格，如身弱用印，而逢财破，食神制煞，而见财化食生煞之类，即日支之神有用，亦防刑克，盖财为忌神也。又或坐下财星透干成局，则妻宫妻星皆美矣。而逢刑冲，冲者克也，财为喜用，则冲克者，必为忌神如壬午日支坐财，而逢子冲，戊子日支坐财，而逢午冲，为美难偕老之征。又财星偏正杂出，势必财旺身轻，而财为忌神，若无比劫分夺，亦主克妻。是须以喜忌配合，非可执一也。

至于子息，其看宫分与星所透喜忌，理与论妻略同。但看子息，长生沐浴之歌，亦当熟读，如"长生四子中旬半，沐浴一双保吉祥，冠带临官三子位，旺中五子自成行，衰中二子病中一，死中至老没儿郎，除非养取他之子，入墓之时命夭亡，受气为绝一个子，胎中头产养姑娘，养中三子只留一，男子宫中子细详"是也。

官煞者，子星也；时支者，子息之宫分也。配合喜忌，与论妻略同，但有须注意者。看官须兼看财，看煞须兼看食，此就身强论也。若身弱须看有无印绶，所以《滴天髓征义》以食伤为子，又云身旺财为子，身衰印作儿。虽说法不同，其理则一也。以财为妻，财旺暗生官煞，即使四柱不明见子星，亦必多子，如食伤生财格等是也。官煞旺而无制化，身轻而财旺破印，亦必无子，故论妻子，均须参配活看，执一而论，必无是处。①

---

① 行注：详《滴天髓征义》六亲节。

《长生沐浴歌》者，官煞之长生沐浴也。如时支为官煞之长生，则应有四子；中旬半者，司令之权已退也。如寅为丙戊长生，而中旬之后，甲木司令，丙戊退气，故减其半①。沐浴之位二子，与中旬后之寅同，冠带临官之位三子，旺位五子，以五子为止，衰位二子，病位一子。死与墓位均无子，绝位一子，胎位女，养位三子留一。此歌诀谨可供参考，万不可拘执。看子息者仅可看其有无多少。决不能空其数目，如歌诀以五子为最多数，而子女多者一二十人不等，将从何定之耶？从喜用之生旺衰败断其多少，以喜用之成败救应决其有无，如是而已。幸勿为古人所欺也。

然长生论法，用阳而不用阴。如甲乙日只用庚金长生，巳酉丑顺数之局，而不用辛金逆数之子申辰。虽书有官为女，煞为男之说，然终不可以甲用庚男而用阳局，乙用辛男而阴局。盖木为日主，不问甲乙，总以庚为男辛为女，其理自然，拘于官煞，其能验乎？

十干即五行也，仅有五行长生而无十干长生。所谓阳长生与阴长生者，乃后人不知原理，妄加揣测而推定者也。所谓官为女煞为男者，乃阳干为男，阴干为女。以甲为例，则辛官为女，庚煞为男。若以乙为例，即庚官为男辛煞为女矣，不可误会。②

所以八字到手，要看子息，先看时支。如甲乙生日，其时果系庚金何宫？或生旺，或死绝，其多寡已有定数，然后以时干子星配之。如财格而时干透食，官格而时干透财之类，皆谓时干有用，即使时逢死绝，亦主子贵，但不甚繁耳。若又逢生旺，则麟儿绕膝，岂可量乎？若时干不好，子透破局，即逢生旺，难为子息。若又死绝，无所望矣。此论妻子之大略也。

时干有用，看时干所透之神，为喜为用，即有用，不必定是官煞也。以官煞之生旺死绝，假定子息之数目，再参以时干喜用，亦是活法，特未可拘

---

① 行注：参阅《人元司令图》。
② 行注：参阅《十干阴阳生克》节。

执耳。附多子大王王晓籁①君之造,生于前清光绪十二年十二月二四日申时:

**丙戌、辛丑、壬午、戊申**

戊土七煞,透于时干,土居中央,寄生于寅申,是申亦土之生地也。以长生歌诀论,当有四子。丙辛相合,壬水通源,身旺敌煞,而壬日坐午,禄马同乡,取财生煞为用神。时干有用,可为多子之征;财为喜神,亦内助得力之征。然倍之亦仅得八。今王君子女多至三十余人,更从何处看之乎?

## 论行运

论运与看命无二法也。看命以四柱干支,配月令之喜忌,而取运则又以运之干,配八字之喜忌。故运中每运行一字,即必以

---

① 校注:王晓籁(1887~1967)名孝贲,别号得天,后改号晓来,浙江嵊县普义乡(今嵊州甘霖镇)白泥墩村人。出身富户。参加县童试,名列前茅。1907年(清光绪三十三年)在乡参加光复会。秋瑾案发,避沪经商,任其岳父楼映斋所设浙江岗山通惠公纱厂、合义和丝厂驻沪帐房经理,开始商事活动。1910年(宣统二年)与友人王琳彦等创办闸北商团,开办闸北商场和闸北工程局,以后,又独资及合伙开设大来、天来、泰来和春来等缲丝厂数家,并先后担任上海商业银行、中央信托公司董事。辛亥革命光复上海时,闸北商团参加攻占北火车站。此后,与陈其美、蒋介石等人常有往来。二次革命时,上海组织讨袁军,曾助饷支援。1914年起,任嵊县私立剡山小学名誉校董,资助办学。与兄王邈达、弟王孝本在县城创办芷湘医院。1924年(民国13年)当选上海总商会会董。1926年(民国15年)当选闸北商会会长和上海租界纳税华人会主席。同年7月,代表上海商界赴粤参观新政,与蒋介石、张群等人会晤,并参加了北伐军誓师大会,被军阀孙传芳以"宣传赤化",下令通缉。1927年(民国16年)春,策动闸北保卫团响应上海工人第三次武装起义,起义胜利后,被推为商界代表,任上海临时市政委员会主席委员。四一二政变后,任上海市商会理事长、江苏兼上海财政委员会常务委员、财政部特税处副处长和全国卷烟特税局局长。1930年(民国19年)起当选上海市商会第一、二、四届主席委员。又任全国商会联合会理事长、国营招商局理事。在上海广收门生,成为"海上闻人"。从1931年(民国20年)九一八事变到全面抗战爆发,先后出任上海各界抗日会常委、胶济铁路理事长、上海市临时参议会参议长、上海鱼市场总经理和锡沪公路的汽车公司总经理等职。1936年,兼任中国航空协会总会理事长,积极筹划捐献飞机。抗日战争时期,任中央赈济委员会常委,第二至四届国民参政员兼国民党红十字总会救护总队特别党部政治部主任。因坚决主张抗日几遭汪奸傅筱庵暗杀。1945年(民国34年),任中南贸易协会理事长,在重庆筹组开来兴业公司及中国人寿保险公司,任总经理。抗战胜利后,出任全国商会联合会理事长、中一信托公司、通易信托公司、江海银行、东南汽车公司等企业的董事长,中国银行、中央信托公司理事,同年10月补选为上海市商会理事长。1946年(民国35年)3月起为上海市商会监事。1946年11月,当选为国大代表。曾揭露当时政局是"天虽亮而云未开"。全国解放前夕,拒绝去台湾而避难香港。1950年初返回上海,受到毛泽东主席、周恩来总理的接见和宴请,被指派为中国人民银行总行代表,列席各部召开有关会议。1954年,当选为上海市人民代表。1958年起,任上海市政协委员。

此一字，配命中干支而统观之，为喜为忌，吉凶判然矣。

富贵定于命，穷通系乎运，命如植物之种子，而运则开落之时节也。虽有佳命而不逢时，则英雄无用武地，反之，八字平常而运能补其缺，亦可乘时崛起。此所以有"命好不如运好"之说也。看命取用之法，不外乎扶抑、去病、通关、调候、助旺诸法①。取运配合，不过助我喜用，补其不足，成败变化，大致相同，原文甚明不赘。特运以方为重，如寅卯辰东方，巳午未南方，申酉戌西方，亥子丑北方是也。如庚申、辛酉，甲寅、乙卯，干支相同，无论矣。甲午、乙未，丙寅、丁卯，木火同气，庚子、辛丑、壬申、癸酉，金水同气，为喜为忌，大致相同。如丙子、丙申，火不通根，庚寅、辛卯，金不通根，则干之力微，而方之力重。干为喜则为福不足，为忌则为祸亦不足。故看运须十年并论，不能以一字之喜忌，断章取义也。

何为喜？命中所喜之神，我得而助之者是也。如官用印以制伤，而运助印；财生官而身轻，而运助身；印带财以为忌，而运劫财；食带煞以成格，身轻而运逢印，煞重而运助食；伤官佩印，而运行官煞；阳刃用官，而运助财乡；月劫用财，而运行伤食。如此之类，皆美运也。

命中喜神或用神，行运助之，即为吉运。官格见伤，忌也，用印制伤，可以去病。行运助印者，如以木为印，而行东方甲乙是也。如印露伤藏，官煞运亦美。伤露印藏，忌见官煞，而财运破印，则大忌矣。

财官格，身弱喜行助身之运。印乡劫地是也。身旺则喜行财官旺乡矣。

身弱用印，带财为忌，运行劫财，则去其病。身强印旺，喜财损印，则以财乡为美，而忌劫财矣。

食神带煞，身弱则克泄交加，运逢印绶，制伤化煞滋身，三得其美，若身强煞旺，以食制煞为用，则喜行食伤运矣。

伤官佩印者，月令伤官，日元持印，印露通根，运行官煞，生起印绶为美，若印藏伤露，则官煞忌见矣。

更有伤官太旺，运喜财乡，泄伤之气，四柱虽佩印而不为用，则不能以

---

① 行注：详《论用神》节。

官煞为美也。

阳刃用官煞，而原局刃旺，则喜行财乡，生起官煞，若刃轻而官煞重，则宜助其刃。月劫用财，则惟有食伤为美，若行财运，要四柱原有食伤方可，即通关之意也。此其大概，更于《八格取运》篇详之。

何谓忌？命中所忌，我逆而施之者是也。如正官无印，而运行伤；财不透食，而运行煞；印绶用官，而运合官；食神带煞，而运行财；七煞食制，而运逢枭；伤官佩印，而运行财；阳刃用煞，而运逢食；建禄用官，而运逢伤。如此之类，皆败运也。

命中用神或喜神，宜其生旺者，而行运抑之，即逆运也。如正官为用，以财生官为喜，而运行食伤，若原局有印，尚可回克食伤以护官星，无印则用神被伤矣。

财不透食者，柱有食神而不透干也。运行七煞，若透食伤，尚可回克以护财，不透则食生财而不制煞，煞泄财之气以攻身。

印绶用官者，月令印绶而透官星，以官生印也。运合官者，如甲生子月，透辛为用，而运行丙火；丙生卯月，透癸为用，而运行戊土。合去官星，为破格也。

食神带煞，谓月令食神而干带煞也。运行财地，则财化食以生煞。七煞食制者，月令七煞，取食制煞为用也。运行枭地，则枭夺食以护煞，同为破格矣。

月令伤官，身强用财，身弱佩印。用财而行劫财之乡，佩印而行财破印之地，是为破用。

阳刃用煞，建禄用官，同以日元太旺，取官煞裁制禄刃为用，运逢食伤，去其官煞，则禄刃太旺而伤身。

总之取运与看命无二法，日元为主，合我之需要为用神，助我之需要为喜神，行运助我喜用为吉运，逆我喜用为劣运。

其有似喜而实忌者，何也？如官逢印运，而本命有合，印逢官运，而本命用煞之类是也。

凡取运必兼顾四柱之神，方能定其喜忌，所谓"运行一字，必以此一字配命中干支而统观之"是也。官逢印运而本命有合者，如甲木日元，辛酉月，戊辰年，行癸水印运，则戊癸合，反伤官星也。用官星者以才印为辅，如用才生官者，亦忌印运，泄官之气，不必定有合也。用印逢官，本为吉运，然原命为煞重身轻，用印化煞之局，则以印劫扶身为美，再行官煞，均非所宜，非指官煞混杂论也。

有似忌而实喜者，何也？如官逢伤运，而命透印，财行煞运，而命透食之类是也。

用官星以伤官为忌，若原局透印，则可以制伤互官，不畏伤食之运，用财星者以七煞为忌。若原局透食神，则可以生财制煞，不畏官煞之地。虽非佳运，而有解神，所谓逢凶化吉是也。

又有行干而不行支者，何也？如丙生子月亥年，逢丙丁则帮身，逢巳午则相冲是也。

丙生子月亥年，壬癸水秉令乘旺，行丙丁运则为比劫帮身，行巳午运则为衰神冲旺，反增水势，是行干而不行支也。

又有行支而不行干者，何也？如甲生酉月，辛金透而官犹弱，逢申酉则官植根，逢庚辛则混煞重官之类是也。

此须分别官星之旺弱。若官星弱，运至西方申酉，为官星得地，逢庚辛为混煞重官，嫌其夹杂。若官星旺，则申酉庚辛同忌矣。又须辨其透与不透，若官星弱，藏支而不透干，运逢辛为官星透清，非重官也。

又有干同一类而不两行者，何也？如丁生亥月，而年透壬官，逢丙则帮身，逢丁则合官之类是也。

合煞为喜，合官为忌。如丙生亥月，透壬为煞，逢丙帮身，逢丁合煞，虽同为吉运而不同，盖丙仅助身，而丁合煞为权也。丁生亥月，透壬为官，逢丙帮身，逢丁合官为忌也。丁生亥月，透壬又透戊，为官星遇伤，逢壬为伤官见官，逢癸则化伤为劫，不但帮身，且解官星之厄。若此之类，不胜备举，为喜为忌，须体察原局干支日主喜忌而定之。

又有支同一类而不两行者，何也？如戊生卯月，丑年，逢申则自坐长生，逢酉则会丑以伤官之类是也。

支之变化，较之天干尤为复杂。如上例戊生卯月，生于子年，逢申则会水生官，逢酉则伤克官星；丁生酉月逢午为禄堂劫财，逢巳则会成财局；丁生酉月辰年，辰酉本可合金，而又生财，运逢子，子辰会起水局，反泄财之气。若此之类，亦不胜备举也。

又有同是相冲而分缓急者，何也？冲年月则急，冲日时则缓也。

此说未可拘定。冲提纲月令为重，余支为轻；冲喜用所在地为重，非喜用所有地为轻。又有就支神性质分别者，盖寅申巳亥四生之地为重，气尚微弱，逢冲则坏也。子午卯酉气专而旺，或成或败，随局而定，而辰戌丑未为兄弟朋冲，无关紧要。《滴天髓》所谓"生方怕动库宜开，败地逢冲仔细推"是也。

又有同是相冲而分轻重者，何也？运本美而逢冲则轻，运既忌而又冲则重也。

冲克须看喜忌，运喜而冲忌则轻，运忌而冲喜则重。更须推看流年，或运虽为喜而流年并冲，亦不为吉。

又有逢冲而不冲，何也？如甲用酉官，行卯则冲，而本命巳酉相会，则冲无力；年支亥未，则卯逢年会而不冲月官之类是也。

逢冲不冲者，因有会合解冲也。甲用酉官，原局有巳丑，则官星会局，卯冲无力；原局有亥或未，运至卯则三合会局而不冲。[1]

又有一冲而得两冲者，何也？如乙用申官，两申并而不冲一寅，运又逢寅，则运与本命，合成二寅，以冲二申之类是也。

两申不冲一寅之说，未可尽信。冲者，克也，寅即甲，庚即申，甲遇两庚，岂不克乎？特两申一寅，气不专注，譬如两庚一乙，妨合不专，运再逢乙，则两庚各合一乙而情专。冲亦如是，运再逢寅，以一冲而引起两冲也[2]。

此皆取之要法，其备细则于《各格取运》章详之。

---

[1] 行注：参阅《刑冲会合解法》。
[2] 行注：参阅《刑冲会合解法》。

## 论行运成格变格

命之格局，成于八字，然配之以运，亦有成格变格之权。其成格变格，较之喜忌祸福尤重。

八字格局，有成而不成者。逢运配合，突然变换，其喜忌祸福，有非常理所能推测者，与行运助用害用有别。惟此类命运，为不常见耳。如吾乡姚文敷君①造，即其一例。

月令阳刃，而丙临申位，旺而不旺，虽以食神为用，究嫌气势不足。至寅运，格局突然变换，列式如下。

**辛未、甲午、丙寅、戊戌**

寅午戌三合，身旺泄秀，为阳刃用食，气势回殊，格局顿清。因原局午戌半会而隔申，逢寅冲而会齐火局，否则，不能去申而代之也。

姚君在此运中，一跃而为两淮盐运使。特此类命造，须原局本美，成而未全，逢运成之也。既可以变格为贵，亦可以变格为贱，其为福为祸，自较常理为尤重。若原局不佳，则暴兴暴落，殊不足取耳。

何为成格？本命用神，成而未全，从而就之者是也。如丁生辰月，透壬为官，而运逢申子以会之；乙生辰月，或申或子会印成局，而运逢壬癸以透之。如此之类，皆成格也。

丁生辰月，壬水墓库，虽用官星，其根未固，运逢申子，则官星根固而力显。乙生辰月，虽会水局，印星夹杂，运逢壬癸，则印透清。此为补其不足，格局因此而完成也。

何为变格？如丁生辰月，透壬为官，而运逢戊，透出辰中伤官；壬生戌月，丁己并透，而支又会寅会午，作财旺生官矣，而

---

① 校注：姚文敷，生平未详，曾任上海江海关总督。《造化元钥》曰："姚文敷命：炎上变格，天干甲丙戊，寅宫之用全彰，申对冲寅，午戌拱寅，地支暗聚寅午戌火局，运行东方，云梯直上，位至两桂运使。月日夹乙未，甲戊得贵，日时夹丁酉，丙火得贵，一旬三位，夹拱联珠，所惜中宫壬水，有破格之嫌，位仅至运使，然申午为煞刃，贵兼兵柄，格之复杂，洵奇观也，运至卯寅，而贵臻极品，至戊己而富有钜万，至子运一败涂地而殁。"

运逢戌土，透出戌中七煞；壬生亥月，透己为用，作建禄用官矣，而运逢卯未，会亥成木，又化建禄为伤。如此之类，皆变格也。

原局支中所藏，逢运为透清，力量甚重。故丁生辰月，透壬用官，而运而戌，与原局官见伤官无二。壬生戌月，丁己并透而用官，运见戊土，与原局官煞混杂无二。是为行运坏用，尚非变换格局也。若壬生亥月，透己为建禄用官，而运逢寅卯，为建禄化伤，格局变换。首节所引姚君造，为因冲而变换，是则因会合而变换也。特仅此运中五年耳，若行未运，亥未虽会，虚而不实，而己土官星得地，格局变而不变也。

然亦有逢成格而不喜者，何也？如壬生午月，运透己官，而本命有甲之类是也。

壬生午月，运逢己土，官星透清，原局透甲，则官星被回克而无用。若原局丁甲并透，以财逢食生为用，则己土合甲，反伤喜神为忌矣。

又有逢变格而不忌者，何也？如丁生辰月，透壬用官，逢戊而命有甲；壬生亥月，透己用官，运逢卯未，而命有庚辛之类是也。

丁生辰月，壬甲并透，月印护官，不畏伤官之运；壬生亥月，官透而支有申酉之印，则运逢寅卯，有申酉回冲，不能会局变格。庚辛，即申酉也，运逢未，则会局本虚。见上变格。

成格变格，关系甚大，取运者其细详之。

逢运配合，与局中原有相同，其关系岂不巨哉！

## 论喜忌支干有别

命中喜忌，虽支干俱有，而干主天，动而有为，支主地，静以待用，且干主一而支藏多，为福为祸，安得不殊？

两干不并行，两支亦不并行，前于行运节曾言之。运以方为重，即地支之方也，如寅卯辰东主，巳午未南方，申酉戌西方，亥子丑北方之类。行运十年并论，庚寅庚午，金不通根，木火之气为重；丙子丙申，火不通根，金水之气为重。若庚辰辛丑，金得土生，丙寅丁卯，火得木生，即干之力这巨。此统论干支力也，若分别干之与支，原局喜在去病，则干之力为专；喜在得地，则支之力为美。至于干支喜忌不同者，下详之。

譬如甲用酉官，逢庚辛则官煞杂，而申酉不作此例。申亦辛之旺地，辛坐申酉，如府官又掌道印也。逢二辛则官犯重，而二酉不作此例。辛坐二酉，如一府而摄二郡也，透丁则伤官，而逢午不作此例。丁动而午静，且丁巳并藏，安知其为财也？

官煞，兄弟也，对内各分门户，对外则合力同心。申酉金之根地，官之家，亦煞之家也，故甲用辛官，庚辛并透为混杂，申酉并见，不以杂论。二辛并见为重官，二酉并见，不为重也。官煞并见，非定作混杂论[①]，而混杂亦非定以为忌。大致用印化煞，不忌混官，用财生官，则忌混煞矣。用食制煞。而原局官煞并见，则官多从煞，亦不作混论也。

八字之中如此，行运亦同。甲用酉官而透辛，行运见庚为混，见申不见混；见辛为重，见酉不为重也。甲用酉官而透己土，见丁为伤官，见午则己土财星得禄，不以伤论也。又干支喜忌，更须视原局配合。譬如甲用酉官，官藏财露，见甲乙则争财，见寅卯则帮身。甲用己财，财露则忌干见比劫，而支不忌。若原局官星透，或食伤透，则干有制化之神，亦不忌矣。甲用癸印，见戊己为财破印，而见四库不作此论。余可类推。

然亦有支而能作祸福者，何也？如甲用酉官，逢午酉未能伤，而又遇寅遇戌，不隔二位，二者合而火动，亦能伤矣。即此反观，如甲生申月，午不制煞，会寅会戌，二者清局而火动，亦能制煞矣。然必会而有动，是正与干有别也。即此一端，余者可知。

支因冲而动，因会而动，动则能作祸福。如甲用酉官而辛透，虽别支有午，不能伤官星也，运遇寅戌会局，则火动伤官。甲用申煞而庚透，别支逢午，不能制煞也，运遇寅戌会局，火动而制煞。然此指干支相隔而言，若辛金不透，午酉紧贴，官星未必不伤，特支神各守范围，不动则力不显，不比干之动而力强也。兹取数造以为行运干支不同之例：

---

① 行注：详见《滴天髓征义》。

**丁亥、乙巳、丁酉、甲辰**

清光绪十三年闰四月初十日辰时，为招商局督办赵铁桥①之造。财格佩印，巳酉合而化财，甲乙透干，财不碍印也。行运辛金从酉中透清，辛为柔金，不伤甲木；丑巳酉，三合金局，贵为招商督办。此所谓因会而动，能作祸福也。至庚，合乙伤甲，而印均破，被刺遇害。

**戊午、乙卯、壬子、庚子**

生于清咸丰八年二月初六日子时，为康有为②造。水木伤官，而水旺木浮，戊土制水，所以生木，故取煞制刃为用神。午运冲子，以一冲而引起两冲。喜神冲忌，声名扬溢，己未均土地；然己有助煞制刃之功，未运会卯化木，喜化为忌，伤官动而制煞。戊戌政变，年四十一，正入未运，犹幸戊戌流年为美，得死里逃生也。

**丁未、甲辰、己酉、戊辰**

此舍侄某造，甲己化土格也。戊土元神透出，年上丁火助化，格局极真，以丁火偏印为用神。初运寅卯，化神还原，壬癸伤用，皆非美运。然壬癸有戊土回克，卯运有酉金回冲，原局有救应，逢凶化吉。至寅运，甲

---

① 校注：赵铁桥先生简介见前文注释。1918年，任靖国军总司令部财务处处长。1919年任四川浚川源官银行总经理。1925年，熊克武被蒋介石诱捕，赵曾多方说情，使熊得释。国民政府定都南京，任赵为建设委员，继任上海招商总办。1930年3月，方振武、余立奎、石友三三路大军密谋讨蒋起义，蒋介石接赵铁桥密报提前动手扑灭三路人马，三路大军讨蒋未举事就被扼杀1930年7月24日上午7时50分，已经升任招商局总办，正在竭力为蒋筹划中原大战军需的赵铁桥在招商局大门口被王亚樵派遣的杀手持勃郎宁手枪连续命中，送医院后不治身亡。

② 校注：康有为（1858年3月19日～1927年3月31日），又名祖诒，字广厦，号长素，又号长素、明夷、更甡、西樵山人、游存叟、天游化人，晚年别署天游化人，广东南海人，人称"康南海"，清光绪年间进士，官授工部主事。出身于士宦家庭，乃广东望族，世代为儒，以理学传家。近代著名政治家、思想家、社会改革家、书法家和学者，他信奉孔子的儒家学说，并致力于将儒家学说改造为可以适应现代社会的国教，曾担任孔教会会长。主要著作有《康子篇》、《新学伪经考》。1882年，康有为到北京参加顺天乡试，没有考取。南归时途经上海，购买了大量西方书籍，吸取了西方传来的进化论和政治观点，初步形成了维新变法的思想体系。1888年，康有为再一次到北京参加顺天乡试，借机第一次上书光绪帝，请求变法，受阻未上达。1891年后，他在广州设立万木草堂，收徒讲学，弟子有梁启超、陈千秋等人。1895年，他到北京参加会试，得知《马关条约》签订，联合1300多名举人，上万言书，即"公车上书"，又未上达。当年5月底，他第三次上书，得到了光绪帝的赞许。7月，他和梁启超创办《中外纪闻》，不久又在北京组织强学会。1917年，康有为和效忠前清的北洋军阀张勋发动复辟，拥立溥仪登基。1927年3月8日，康有为在上海做毕70大寿，于21日抵青岛。30日晚，一位广东同乡请他吃饭，未终席而腹痛，翌日身死异乡。

木得禄，化神还原，四柱无救，一败涂地。可见行运救应之一斑。

## 论支中喜忌逢运透清

支中喜忌，固与干有别矣，而运逢透清，则静而待用者，正得其用，而喜忌之验，于此乃见。何谓透清？如甲用酉官，逢辰未即为财，而运透戊，逢午未即为伤，而运透丁之类是也。

原局支中所藏之神不一，为喜为忌，静而待用，逢运引出，其用方显。如上列康有为造，原局午中丁己俱藏，运逢己字，则己土引出得用，官煞制刃之力显矣。

若命与运二支会局，亦作清论。如甲用酉官，本命有午，而运逢寅戌之类。然在年则重，在日次之，至于时生于午，而运逢寅戌会局，则缓而不急矣。虽格之成败高低，八字已有定论，与命中原有者不同，而此五年中，亦能为其祸福。若月令之物，而运中透清，则与命中原有者，不甚相悬，即前篇所谓行运成格变格是也。

命与运二支会局者，如上康造，未为火土运，会卯而成木局，化伤破格。此为取运之法，随处有之。如：

**丁丑、丁未、丁酉、丁未**

此为敝戚姚君造。火旺遇金而有食神生之，富格也。火旺金衰，至巳运，巳酉丑三合会齐，最为活动得意，余均困守。卯运会未，忌神透清发动，不禄。运中透清或会合，与原有者不甚相远，特仅此五年耳，过此则依然如故。至于在年或在日时，未可拘执。总之，喜忌清则吉凶之验显，若为闲杂之神，则关系亦轻耳。

故凡一八字到手，必须逐干逐支，上下统看。支为干之生地，干为支之发用。如命中有一甲字，则统观四支，有寅亥卯未等字否，有一字，皆甲木之根也。有一亥字，则统观四支，有壬甲二字否。有壬，则亥为壬禄，以壬水用；有甲，则亥为甲长生，以甲木用；有壬甲俱全，则一以禄为根，一以长生为根，二者并用。取运亦用此术，将本命八字，逐干逐支配之而已。

"支为干之生地，干为支之发用"二语，实为看命之要旨，并透兼用之说，似未尽合。地支之中，虽所藏多神，然亦有次序可循。如寅中藏甲丙戊三神，甲，当旺之气也；丙，方生之气也；戊，寄生之气也，次序先甲次丙次戊，显然可见。又如辰中藏戊乙癸三神，戊，土之本气也；乙木，春之余气也；癸，水之墓也。先戊次乙次癸，次序亦显然可见。如：

**甲寅、丙寅、庚寅、戊寅**

寅中甲丙戊并透，然地支全寅，甲木当旺，当以从财为用。若地支寅午会局，则以丙火为用矣。

**戊辰、甲寅、壬戌、丙午**

此浙东施再邨①命造。寅中甲丙戊齐透，而支逢寅午戌三合会局，以丙火从财为用。

所谓并用，乃一为用，一为相耳，未可误会。亦有虽透而不用者，如彭玉麟造，戊生丑月，辛癸并透，而用丙火；伍朝枢②造，壬生午月，丁己并透，而用酉印③。可知取用之法，必须体察全局，配合日元之需要，未可呆执也。

## 论时说拘泥格局

八字用神专凭月令，月无用神，始寻格局。月令，本也；外

---

① 校注：施再邨其人，不见史书记载，以徐乐吾先生在《补注滴天髓》中的解说"运行南方，拥资数百万，名重金融界。至庚申运，一落千丈，财耗禄绝"看，其人在清末民初，是浙东地区的富商。在二十几岁开始发迹，到五十岁间，财富拥有数百万，但到五十几岁资财破败，人也逝世了。

② 校注：伍朝枢简介见前文注释。伍朝枢，字梯云，广东新会县会城镇人。出生于天津，他是伍廷芳之子。清光绪二十四年（1898年），伍廷芳出使美国，他也随父赴美，先后就读于美京科士学校、美京西区高等学校、大西洋城高等学校。光绪三十二年（1906年），归国居于京都，攻读国学。不久，赴英国入伦敦大学专习法律。三年考试以第一名卒业，获法学士学位。后又转入林肯法国研究院深造。毕业后，应伦敦大律师考试，又获第一名，取得大律师资格，一时名震英京。

③ 行注：详见《成中有败》篇及《配气候得失》篇。

格，末也。今人不知轻重，拘泥格局，执假失真。

凡看命造，须将八个字逐干逐支配合，打成一片，而抉其枢纽所在，不能放过一字。月令为当旺之气，旺衰进退，胥由此而定①。即月令无用而取外格，亦必有一篇议论，合于五行正理，方有可取，否则，支离附会，未可尽信。今人一知半解，又不细心研究，见一二字之相同，即谓合于某格，是不特胸无主宰，并相沿之格局，亦未曾看明白，至为可嗤。因其不明原理，故拘泥执着而不知其非也。

故戊生甲寅之月，时上庚申，不以为明煞有制，而以为专食之格，逢甲减福。

《喜忌篇》云："庚申时逢戊日，名食神专旺之方，岁月犯甲丙卯寅，此乃遇而不遇。"夫时上食神专禄亦多矣，何以必取戊日庚申时？则以庚申暗合乙卯，为戊土之官星也。暗合取用，是否可信姑置不论，《三命通会》明言："月令若值财官，当以财官论"。财官即用神，月令有用，从月令取也。又云"戊午、戊寅，难作此格"，可见不仅月令，四柱有扶抑，即当别取也。

丙生子月，时逢巳禄，不以为正官之格，归禄帮身，而以为日禄归时，逢官破局。

《喜忌篇》云："日禄归时没官星，号曰青云得路。"夫时逢日禄帮身为用，如：

**癸酉、癸亥、戊子、丁巳**

盐业总商王绶珊君②命造。

---

① 行注：详《用神》节。
② 校注：王绶珊（1873～1938）浙江绍兴人。名体仁，字绶珊。清末秀才。迁居杭州，辛亥以后居上海。王氏以经营盐业起家，嗜典籍，筑九峰旧庐于杭州，部分珍籍储上海。据杜国盛撰《九峰旧庐藏书记》载，王氏藏宋本100余种，各省府、县志达2000余种。又据朱士嘉撰文，王氏藏地方志中属海内孤本者达29种，尤其著名的是宋绍定刻本《吴郡志》。其他不见于各大图书馆及藏家目录者约400种。朱遂翔（杭州抱经堂主人）为之著录所藏浙江一省之地方志目录，达236种。王氏故后，所藏大部分售与当时的南京地质研究所。室名"九峰旧庐"、"东南藏书楼"。

壬辰、壬子、丙申、癸巳

《小日报》主人黄光益君①命造。

此两造皆日禄归时也。王君月令正财太旺，归禄帮身，运至比劫而致富，所谓"四柱没官星，青云得路"也。黄君官煞太旺，恃巳禄为日元之根，尚须通关用印，运至印地最美。比劫帮身敌煞，虽为美运，已落二乘，归禄以见官为破格者，正以身煞相敌，故以不见为美也。如：

己巳、丙寅、乙未、己卯

为先叔某命造。伤官生财为用，虽受遗荫，富而不贵，且无子嗣。②

庚寅、戊子、丁丑、丙午

此则月令官星被伤，子丑合住官星，为族弟某之造。

可见日禄归时，不过帮身，不可以没官星，便作贵论。若月令官星清，身旺用财生官，何尝非贵格乎？③

辛日透丙，时遇戊子，不以为辛日得官逢印，而以为朝阳之格，因丙无成。

《喜忌篇》云："六辛日时逢戊子，嫌午位运喜酉方。"以戊丙同禄于巳，戊为辛印，牵动丙来辛之官星也。如：

---

① 校注：黄光益生平无记载。据上海地方志，其曾接办《小日报》。《小日报》于民国15年（1926年）4月1日创刊。最初创办人是韩天受，出版40天左右就停办。同年8月，由韩的兄弟韩啸虎复刊，请沈吉诚编辑。韩啸虎自己每天写一篇《烟村杂记》，包天笑写长篇小说《春城飞絮录》。著名报人林白水被军阀杀害后，该报搜集到林生前给上海朋友写的书信，连载刊出。该报出版一年有余，因沈吉诚应明星影片公司之邀从事电影事业，改由冯梦云继续主持编务。后韩啸虎另营他业，把《小日报》出让给查士端接办。查、冯之间合作颇为融洽，特请周瘦鹃、张春帆、张丹斧担任主撰。查接办后数年，又有放弃《小日报》之意，一度曾由范烟桥、包天笑、江红蕉、尤半狂、姚赓夔等与查共七人合办，称为"竹林七贤"，由范烟桥主编，此后，又归南通大生纱厂驻沪办事处的黄光益接办，由尤半狂编辑，他撰写的《稷门余腥录》，写东北军阀残害百姓的真人真事，轰动一时。

② 校注：此造寅中丙透，正是伤官格，伤官坐长生于月令，又得巳禄而旺，两己坐巳，地支木火相生，天干伤格生财有力。身坐未库、又有寅卯禄旺强身，因此身强旺。伤官生财有力、身强旺，格局就可成。伤官生财，就主富。用神在年月有力，必得祖上荫福而富。但行一路西北水金行运，与伤官生财的格局背道而行，可知虽有祖业，难于完成，且到辛酉、庚申运必破败。

③ 校注：他本作：壬辰、壬子、丙申、癸巳，以其解说"此则月令官星被伤，子丑合住官星，为族弟某之造。可见日禄归时，不过帮身，不可以没官星，便作贵论。若月令官星清，身旺用财生官，何尝非贵格乎"看，此造中必有丑字。因此，他本误，当以此本为准。

戊申、乙卯、辛亥、戊子

此沪上名人朱葆三①命造，相传为朝阳格也。其说支离，姑置勿论，即以朝阳格言，《三命通会》明言生甲寅乙卯月，只以财论，是以财为用也。又云生四季月以印论，丙午丙寅丙戌月以财官论，是仍以月令为重，四柱扶抑为用也。

财逢时煞，不以为生煞攻身，而以为时上偏官。

财逢时煞者，月令财而时逢煞也。《喜忌篇》云："若乃时逢七煞，见之未必为凶，月制干强，其煞反为权印。"原文甚明，干强者，身强也。七煞本为克身之物，然日元强，七煞有制，反为权印。不仅时上如是，凡用煞皆然也。若以时上偏官，不问日元强弱，不问制化之有无，即以为合于一位贵格，则大谬矣。

癸生巳月，时遇甲寅，不以为暗官受破，而以为刑合成格。

《喜忌篇》云："六癸日时逢寅位，岁月怕戊己二方"，即指刑合格而言。格局之中，刑合、遥巳、遥丑等格，最不可信，较之暗冲之说，尤为支离。巳遇申为刑合，巳见寅则刑而不合也。总之不明其原理，虽书有此格，亦不知其用法。譬如医家诊病，不知病理，而抄服旧方，宁有对症之理？虽知旧有此格，存而不论可也。

癸生冬月，酉日亥时，透戊坐戌，不以为月劫建禄，用官通根，而以为拱戌之格，填实不利。辛日坐丑，寅年，亥月，卯时，不以为正财之格，而以为填实拱贵。

拱禄夹贵，四柱不明见禄贵，而地支整齐，亦足以增旺助用。如袁项

---

① 校注：朱葆三，近代银行保险业资本家。名佩珍，以字行。1848年3月11日（清道光二十八年二月初七）生于浙江定海。十四岁到沪在五金店当学徒，十七岁任总帐房和营业主任，三年后升经理。1878年他自设慎裕五金店，同年，开设新裕商行，经营进出口贸易。后在上海日商平和洋行当买办，并纳捐二品衔候补道。1895~1911年，创办华安水火保险公司，又投资于英商鸿源纱厂、大生轮船公司、浙江银行、立大面粉厂、广州自来水公司及上海《新闻报》等企业，历任中国通商银行总董、宁波旅沪同乡会会长、上海商务总会协理等职。辛亥革命后，任沪军都督府财政部长。又先后投资于上海华安合群人寿保险公司、上海中华商业储蓄银行、龙华造纸厂、舟山电灯公司、河北柳江煤矿及南洋兄弟烟草公司等数十家企业，成为全国闻名的大资本家。其间又历任上海总商会协理及总商会会长、全国商会联合会副会长、上海慈善救济协会会长等职。晚年曾创办上海时疫医院，从事慈善事业。1926年9月2日病故于上海。

城命造是也①。究之八字本佳，喜用清纯，绵上添花，益增其美，若八字平常，虽有拱夹，何所用之？禄贵不可以为用，况虚而不实之拱夹乎？填实亦未见破格，如袁项城造，初运壬申，非填实贵人乎？庚午运非填实丁禄乎？足见当以用神喜忌为主，不可执枝叶而弃根本也。至于夹官拱库，究以何意义而取，殊不可解。

乙逢寅月，时遇丙子，不以为木火通明，而以为格成鼠贵。

《喜忌篇》云："阴木独遇子时，为六乙鼠贵之地。"以六乙起例为丙子时，丙之禄在巳，巳合申，为乙木官星；子又会申，为三合贵会也。又《神峰》云："子中癸水合戊为乙财"，戊禄在巳，巳合申，为乙官星，其说更为支离。总之此种格局，不可尽信，存而不论可也。

如此谬论，百无一是，此皆由不知命理，妄为评断也。

## 论时说以讹传讹

八字本有定理，理之不明，遂生异端，妄言妄听，牢不可破。如论干支，则不知阴阳之理，而以俗书体象歌诀为确论；论格局，则不知专寻月令，而以拘泥外格为活变；论生克，则不察喜忌，而以伤旺扶弱为定法；论行运，则不问同中有异，而以干支相类为一例。

八字定理者，五行生克制化之正理也。不虚心研究，而先入为主，一知半解，自作聪明，皆所以致讹。俗书体象，如破面悬针格，以甲辛二字为悬针，巳酉二字相合乃配字，为破面也。命理非测字，其荒谬可见一斑。拘泥外格，如不重用神，而以星辰纳音取格局之类，不察喜忌及不问同中有异者，所见未到，而自以为是也。

究其缘由，一则书中用字轻重，不知其意，而谬生偏见；一则以俗书无知妄作，误会其说，而深入迷途；一则论命取运，偶然凑合，而遂以己见为不易，一则以古人命式，亦有误收，即收

---

① 行注：见《星辰无关格局》篇。

之不误，又以己意入外格，尤为害人不浅。

古人命书，喜用韵语，限于字数平仄，词不达意，易起误会，而俗书无知妄作，亦间有之。如五星以年为主，用星辰纳音起格局，而子平以日为主，亦用星辰纳音以自眩博览，自欺欺人，此一类也。古人命式，误收甚多，如《神峰通考》，即常见之；亦有并非误收，特借以说明一节，而后人误会为格局者亦有之。古来命书之中，如《三命》、《通考》、《子平》、《渊海》，收罗虽广，杂而不精，编次亦少条理，仅能供参考之用。《穷通宝鉴》精矣，而只谈经验，不说原理；《神峰通考》，不免偏执。欲求一完善之书，殊不易得也。

如壬申、癸丑、己丑、甲戌，本杂气财旺生官也，而以为乙亥时，作时上偏官论，岂知旺财生煞，将救死之不暇，于何取贵？此类甚多，皆误收格局也。如己未、壬申、戊子、庚申，本食神生财也，而弃却月令，以为戊日庚申合禄之格，岂知本身自有财食，岂不甚美？又何劳以庚合乙，求局外之官乎，此类甚多，皆硬入外格也。

常见妄人自作聪明，八字入手而不能解，即谓时辰错误，擅为改易，不知一时之差，喜用运途，截然不同，反使他人无从索解。今阅此节，始知类妄人，自古有之矣。如壬申一造，甲戌藏火调候，至为明显。若易为乙亥时，旺财生煞，而煞无制，水寒土冻，木不发荣，以为合于时上一位贵格，岂不可噱？己未一造，食神生财，亦极明显，明见之食财，有何不美，而必用暗合之官星，合禄谓合官也？此种见解，皆自作聪明所为，非可理喻者。

人苟中无定见，察理不精，睹此谬论，岂能无惑？何况近日贵格不可解者，亦往往有之乎？岂知行术之人，必以贵命为指归，或将风闻为实据，或探其生日，而即以己意加之生时，谬造贵格，其人之八字，时多未确，即彼本身，亦不自知。若看命者不究其本，而徒以彼既富贵，迁就其说以相从，无惑乎终身无解日矣！

贵格不可解者常有之，我人研究学理，知之为知之，不知为不知，正不妨留待研究，不必强作解人也。

## 论正官

官以克身，虽与七煞有别，终受彼制，何以切忌刑冲破害，尊之若是乎？岂知人生天地间，必无矫焉自尊之理，虽贵极天子，亦有天祖临之。正官者分所当尊，如在国有君，在家有亲，刑冲破害，以下犯上，呜呼可乎？

官之与煞，同为克身制我之物，而有阴阳配合之不同，故其用大同而小异。如身强官轻，宜用财生官，身弱官重，宜用印化官，此官煞所同也。日主与官煞旺弱相等，名为两停，在煞宜用食伤制之，而官不宜制，仍须用财生之，有食伤者更须以印护之。盖官与日主，为阴阳配合有情，日主原不畏其克，若见食伤，既伤官星，又泄日元，为不可耳。至于刑冲破害，成格皆忌，不仅官星为然也。

以刑冲破害为忌，则以生之护之为喜矣。存其喜而去其忌则贵，而贵之中又有高低者，何也？以财印并透者论之，两不相碍，其贵也大。如薛相公命，**甲申、壬申、乙巳，戊寅**，壬印，戊财，以乙隔之，水与土不相碍，故为大贵。若**壬戌、丁未、戊甲、乙卯**，杂气正官，透干会支，最为贵格，而壬财丁印，二者相合，仍以孤官无辅论，所以不上七品。

存喜去忌，即《神峰》病药之说，诚不易之论也。贵之高低，全在八字配合之清浊纯杂。如薛造官印相生，财旺而不破印，官星秉令，真神得用，宜其贵也。然亦有小病，寅申巳三刑，不免刑伤贵气，运至乙亥四冲，未必无风浪。其八字之清纯，更运行西北官印之地，宜为大贵之征。杂气正官一造，未为木库，官星不秉令，丁壬一合，财印两失，卯申一合，官星被伤。气势不流通，其为孤官无辅，固显而易见者也①。

若财印不以两用，则单用印不若单用财，以印能护官，亦能泄官，而财生官也。若化官为印而透财，则又为甚秀，大贵之格

---

① 行注：卯申乙庚之合。

也。如金状元命，乙卯、丁亥、丁未、庚戌，此并用财印，无伤官而不杂煞，所谓去其忌而存其喜者也。

　　印为生我，受人之庇；财为我克，管辖他人。用印者必身弱，用财者必身旺。身旺任事，自较受庇于人为显赫，若身弱，则转不如受庇之为安逸矣。金造亥卯未三合，官化为印，木盛火塞，用财损印，乃《滴天髓》君赖臣生之理也。似非并用财印，亦非官用财生，列入正官，似非其类。

　　然而遇伤在于佩印，混煞贵乎取清。如宣参国命，己卯、辛未、壬寅、辛亥，未中己官透干用清，支会木局，两辛解之，是遇伤而佩印也。李参政命，**庚寅、乙酉、甲子、戊辰**，甲用酉官，庚金混杂，乙以合之，合煞留官，是杂煞而取清也。

　　遇伤佩印，混煞取清，自是不易之论。但如宣造，支全木局，官化为伤，伤旺泄气，用印制伤为用；己官之气，尽泄于金，岂能以其为官星而另眼相看？即全局关键，亦在印而不在官也，李造酉为庚金旺地，乙庚之合，缓其相克之势，所谓"甲以乙妹妻庚，凶为吉兆"是也。甲木通根，子辰相合，财化为印，以印化煞，用亦在印，特官有财之生、印之化，气势流转，格局因合而清，此即所谓取清也。

　　至于官格透伤用印者，又忌见财，以财能去印，未能生官，而适以护伤故也。然亦有逢财而反大贵者，如范太傅命，**丁丑、壬寅、己巳、丙寅**，支具己丑，会金伤官，丙丁解之，透壬岂非破格？却不知丙丁并透，用一而足，以丁合壬而财去，以丙制伤而官清，无情而愈有情。此正造化之妙，变幻无穷，焉得不贵？

　　此节所论甚妙。范造丁壬之合，逢寅月寅时，才印化为官星，格局因合而转清；丙火自寅透出，得禄得生，初春木旺土虚，真神得用。官清印正，而又同宫并旺，大贵奚疑？己丑之合非真，三合会局，以四正子午卯酉为重心，无酉而隔寅，寅又为金之绝地，岂能伤害官星乎？盖己为火土之禄地，非复金之生地也。

　　至若地支刑冲，会合可解，已见前篇，不必再述，而以后诸格，亦不谈及矣。

# 子平真诠卷四

## 论正官取运

取运之道，一八字则有一八字之论，其理甚精，其法甚活，只可大略言之。变化在人，不可泥也。

同一官用财生，而取运不同，斯何以故？盖八字用神、喜神、忌神之外尚有闲神，用神喜忌有定，而闲神无定也。如官用财生，正官，用神也；财，喜神也；伤官，忌神也。而闲神之夹杂，则不一律；地支之位置先后配合，则无一定。故一八字有一八字之论也。于下例证时详之。

如正官取运，即以正官所统之格分而配之。正官而用财印，身稍轻则取助身，官稍轻则取助官。若官露而不可逢合，不可杂煞，不可重官。与地支刑冲，不问所就何局，皆不利也。

取运喜忌，各个不一，故仅能于《论八格》篇中所引各造，配其运之喜忌，以供阅者之参考而已。正官而用财印者，虽云兼用，必有所主。身稍轻则取助身，即以印为主也；官稍轻则取助官，即以官为主也。然财印并透者，最喜官煞运，盖财生官煞，官煞生印，一气相通，此官煞乃生印而不克身也。至于官星透露干头，合官、杂煞、重官、地支刑冲，同为官格所忌。如官藏支，则地支之会合刑冲亦忌。

**甲申、壬申、乙巳、戊寅**

此为《论正官》篇薛相公命，月令正官，兼用财印，喜其财印之间，中隔乙木，两不相碍，故可兼用也。然秋木凋零，官逢生逢禄，财亦逢生逢禄，财官太旺，所谓身稍轻，宜取助身者也。酉运七煞，泄财生印最美，甲运逢身亦吉。若甲申年易以己酉年，行甲运合劫破印，即不美矣。所谓因闲神之配合而喜忌不同也。戌运财旺；然喜其不伤印，故无碍也。

乙亥之后，运行北方印地，但亥运逢四冲，未必无风浪，所谓因地支配合而异其喜忌也。戌运财星破印，寅运两寅冲官，皆不为美，殆至此终矣。

**壬戌、丁未、戊申、乙卯**

此为《论正官》篇中杂气正官造，虽财印并透，而丁壬一合，财印两失其用①，故以孤官无辅论。加以卯申相合②，戌未相刑，官星之根被损，此为八字根本之弱点。论运则日元当旺，官星稍轻，宜取助官。庚戌之前无佳运，亥壬、子癸二十年财地，生助官星，为一生最得意时也。

正官用财，运喜印绶身旺之地，切忌食伤。若身旺而财轻官弱，即仍取财官运可也。

正官用财，须分身旺身弱，二者截然不同。身弱喜印绶身旺之地，忌行食伤；身旺则喜行财官旺地。参阅上两造自明。

正官佩印，运喜财乡，伤食反吉。若官重身轻而佩印，则身旺为宜，不必财运也。

正官佩印，亦分身旺身轻两节。身旺印重，运喜财星损印，行伤食之运，泄身之秀而生财，自为美运；若官重身轻而佩印，而用印滋身，财运破印为忌，食伤之运亦不美，宜行比劫禄印之地也。

**乙卯、丁亥、丁未、庚戌**

化官为印而透财，《正官》章金状元命也。亥卯未三合，官化为印，乙木透出，身旺印重。用财损印，时逢庚戌，财星有根。初行申酉西方财地，甲不通根，乙从庚化，自为美运。癸未之后，运转南方，日元太旺，壬癸官煞泄财生印，亦不为美。此所谓身旺佩印，喜食伤财乡也。

正官带伤食而用印制，运喜官旺印旺之乡，财运切忌。若印绶叠出，财运亦无害矣。

正官带伤食而用印，须分印重印轻两节。若伤官重印轻，喜行印地；官旺所以生印，亦为为喜，若财运破印，则大忌矣。反之，若印绶重叠以生身，用食伤泄日元之气，则财运反吉，食伤喜行财地，更取其损印也③。

---

① 行注：参阅《十干配合性情》节。
② 行注：乙庚暗合。
③ 行注：同上《化官为印》节。

**己卯、辛未、壬寅、辛亥**

此《正官》篇宣参国命。亥卯未三合木局，官化为伤，日元又坐寅木，寅亥又合而化木，伤官重重。日元泄气太甚，以辛印制伤滋身为用。己土官星虽透，取其生印而已。乃伤官重而印轻也。己巳戊辰二十年，官煞旺地，滋生辛印，自是美运；交入丁字之后，财星破印，不能行矣。

正官而带煞，伤食反为不碍。其命中用劫合煞，则财运可行，伤食可行，身旺，印绶亦可行，只不过复露七煞。若命用伤官合煞，则伤食与财俱可行，而不宜逢印矣。

此节文义，宜会其意，未可执着。本来行运喜忌，须看四柱配合，无一定也。用官本忌伤官，而带煞则不忌，取其可以制煞也。合煞有二，阳干合煞用劫，阴干合煞用伤。用劫合煞，最忌再行煞运。盖财食伤印，均有可行之道，身旺本不宜印，而用劫合煞者，煞未合去，即使身旺，究为官煞两见。故用印化煞，亦有可行之道。独有再见七煞混局，则不论四柱配合如何，决无相宜之理，用伤合煞者亦同。伤食与财，在配合适宜之条件下，均有可行之道。独有枭印克去伤官，破合煞之局，则决不可也。

**庚寅、乙酉、甲子、戊辰**

为《论正官》篇李参政命。乙庚合煞留官，丙戌丁食伤运，亥子丑印运，戊己财运，均可行得，特庚运重见七煞混局，决不相相宜也。

**丁丑、壬寅、己巳、丙寅**

官格用印，本忌见财，此造丁壬相合，财化为官，忌神变为喜神，格局亦因合而清，宜为大贵之格。己丑中之金，藏而不露，气又休囚，本可不论，唯值庚辛运，将金引出为不宜，喜得原局有丙火回克，印可护官也。用印不宜见财，子亥运亦不利，喜其在支，不伤丙火而生官星，则为吉矣。己戊戌丁帮身助印，皆为吉运，至酉三合会齐，伤克官星，为不利也。丙运最吉。此《正官》篇范太傅命也。

此皆大略言之，其八字各有议论。运中每遇一字，各有研究，随时取用，不可言形。凡格皆然，不独正官也。

运之喜忌，随八字配合，无一定之法。如上两造，两庚合乙为煞混局，而范造丁运，两丁合壬为无碍，盖煞克身、偏印帮身为不同也。若遇壬运,两壬合丁,即不可行,盖财破丙印为忌神也。随局变换,即此可悟。

## 论财

财为我克,使用之物也,以能生官,所以为美。为财帛,为妻妾,为才能,为驿马,皆财类也。

财为我克,必须身强,方能克制。若身弱,虽有财不能任,则财反为祸矣。财为人生不可少物,然必须有才能势力,方能保守运用,可以获福,否则小人怀璧,徒获罪戾耳。格局之中,单用财者甚少,如身强露官,用财生官;身强煞弱,用财滋煞;身强印旺,用财损印。身强喜泄露食伤者,用食伤生财;财旺身弱,用比劫分财为美。皆非单用财也。

财喜根深,不宜太露,然透一位以清用,格所最喜,不为之露。即非月令用神,若寅透乙、卯透甲之类,一位亦不为过,太多则露矣。然而财旺生官,露亦不忌,盖露不忌,盖露以防劫,生官则劫退,譬如府库钱粮,有官守护,即使露白,谁敢劫之?如葛参政命,**壬申、壬子、戊午、乙卯**,岂非财露?唯其生官,所以不忌也。

根深,谓藏于支中也。若天干之财,地支无根,是为浮财,不足为用。用之为财不可劫,若单以财为用,不可见比劫。葛造子申会局,壬水通根得气,时透乙卯官星,身旺坐印,以才生官为用,有官护财,自不忌比劫。子平之术,以提纲为重,月垣财星秉令,故归入财类,实非以财为用也,特财为喜神耳。用食伤生财者,亦不忌比劫,盖有食伤化劫也。

财格之贵局不一,有财旺生官者,身强而不透伤官,不混七煞,贵格也。

财旺生官者,用神在官,故以不透伤官、不混七煞为美。如以财为用,当喜伤官之生起财星矣。如**己巳、癸酉、丙寅、庚寅**,财旺生官,用神在财,虽透己土伤官,而巳酉拱合,己土之气泄于金,伤官生财,财生官,更喜官临财地,不忌己土之伤,为名利两全也。

有财用食生者，身强而不露官，略带一位比劫，益觉有情，如壬寅、壬寅、庚辰、辛巳，杨侍郎之命是也。透官身弱，则格坏矣。

食神生财者，用在食神，故不以露官星为贵。比劫生起食伤，益觉有情。若用财岂宜比劫哉？杨造庚金坐印，泄秀于壬；春木初萌，赖水培养，秀气流通；寅巳藏火，气象和煦，木得滋养。若丙火透则当用官，不能以食神生财为用矣。

有财格佩印者，盖孤财不贵，佩印帮身，即印取贵。如乙未、甲申、丙申、庚寅，曾参政之命是也，然财印宜相并，如乙未、己卯、庚寅、辛巳，乙与己两不相能，即有好处，小富而已。

财印并用，最不易取，不比正官格之财印并用，并用神在官也，盖需要佩印，必是身弱，而四柱又别无可取，财印相战，不得已而用之。然财印双清，隔离不相碍，往往富贵，非谓佩印即为贵征，盖无印则财多身弱，再露官煞，则弃命相从耳。身弱得印，用神即在于印，以行官煞运为最佳，既可泄财之气，又可生印，亦和解之法也。曾造甲乙通根于寅，财印双清，期为佳耳。近见一造，癸巳、壬戌、乙巳、戊寅、亦财印双清，中隔乙木，两不相碍。壬癸虽不通根而进气，伤官暗藏而旺，土燥木枯，非用印不可。为人绝顶聪明，早年享荫兹，出仕为全省公路局长；逝于戌运亥年亥月申日申时，财破印，又值四冲也。又一造，癸酉、癸亥、戊子、丁巳，财印双清，两不相碍，时逢归禄。行比劫运发财数百万，为江浙之巨商，盖以劫护印分为财用也。

有用食而兼用印者，食与印两不相碍，或有暗官而去食护官，皆贵格也。如吴榜眼命，庚戌、戊子、戊子、丙辰，庚与丙隔两戊而不相克，是食与印不相碍也。如平江伯命，壬辰、乙巳、癸巳、辛酉，虽食印相克，而欲存巳中戊官，是去食护官也。反是则减福矣。

此节殊足以淆乱阅者耳目，以吴造论，子月正财秉令，辰中乙木余气，财旺自生官，所谓暗官也。年上庚金闲神，财已旺不须食生，食亦不能伤暗官，得时上丙火去之，乃附带之作用耳。仲冬水寒土冻，焉能生木？得丙火照暖，水得活动，木有生机，是以调候为急，而用丙火，即无食神，亦当用印，岂以不相碍而用印哉？平江伯造，癸水日元，年有壬申，时逢辛酉，虽四月水临绝地，而印旺身强，乙木无根，枭印夺食，自当以巳中之财破印为生官为用。乙木生才，并不碍官，何用枭印去食护官乎？

有财用伤官者，财不甚旺而比强，略露一位伤官以化之，如**甲子、辛未、辛酉、壬辰**，甲透未库，逢辛为劫，壬以化劫生财，汪学士命是也，财旺无劫而透伤，反为不利。盖伤官本非美物，财轻透劫，不得已而用之。旺而露伤，何苦用彼？徒使财遇伤而死生官之具，安望富贵乎？

此节议论亦有未当。比劫旺而财轻，自当以食伤生财为美，盖财官印食，不过五行生克之代名词，克官者名为伤官耳。用伤官者，不乏富贵之造，岂以名词之恶而憎之？汪造比劫诚旺，生于六月，土燥金脆，需要水以润之，亦调候之意；更泄金之秀，化劫生财，当以伤官为用也。财旺无劫而透伤，则须佩印；若无劫又无印，则财多身弱，安望富贵？所谓死生官之具云者，不免故作迂曲之词耳。

有财带七煞者，或合煞存财，或制煞生财，皆贵格也，如毛状元命，**乙酉、庚辰、甲午、戊辰**，合煞存财也；李御史命，**庚辰、戊子、戊寅、甲寅**，制煞生财也。

毛状元造，乙庚合而煞仍留，辰酉合而财化煞，所谓合煞存财，义殊未当。甲木生三月，木余气，火进气，而金休囚时也。丁火扬威，制煞为用，而行运己卯，戊寅，丁丑，丙子，制煞帮身，所以贵也，岂合煞存财之意乎？李御史造，身煞两旺，食神制煞为用，更喜土金水木相生相制，一气流通，制煞生财，确为贵征，特非财为用耳。

有财用煞印者，党煞为忌，印以化之，格成富局，若冬土逢之亦贵格。如赵侍郎命，**乙丑、丁亥、己亥、乙亥**，化煞而即以解冻，又不露财以杂其印，所以贵也。若财用煞印而印独，财煞并透，非特不贵，亦不富也。

赵侍郎造，财藏而不破印，丁火化煞解冻，诚当富贵之造也。特其枢纽在印，用神为印而非财，若财透则党煞破印，岂能望富贵乎。

至于壬生午月，癸生巳月，单透财而亦贵，又月令有暗官也。如**丙寅、癸巳、癸未、壬戌**，林尚书命是也。又壬生巳月，单透财而亦贵，以其透丙藏戊，弃煞就财，美者存在憎者弃也。如**丙辰、癸巳、壬戌、壬寅**，王太仆命是也。

林、王两造，诚单用财者矣。巳月透丙火，真神得用，宜其贵也。但壬癸根轻，运喜帮身，中年之后，运程西北①，体用合宜。早年甲午乙未俱不美，两人所同。若谓因暗官而贵，则运宜财官；谓弃煞而贵，则煞固未当弃。理论似欠圆满也。

至于劫刃太重，弃财就煞，如一尚书命，**丙辰、丙申、丙午、壬辰**，此变之又变者也。

此造日元坐刃，煞露刃藏，身强敌煞，虽秋水通源，而身更旺，若非劫刃重叠帮扶，固不能用煞也；加以中年运程西北，化煞为权，才从煞化，当归入偏官格中。今于财格中论之，诚变之变者矣。

## 论财取运

财格取运，即以财格所就之局，分而配之。其财旺生官者，运喜身旺印绶，不利七煞伤官；若生官而后透印，伤官之地，不甚有害。至于生官而带食破局，则运喜印绶，而逢煞反吉矣。

财旺生官者，与正官格相同，一为月令正官，一为月令财耳。财官旺而身轻，运喜身旺印绶；财官轻而身旺，则宜财官运。七煞混局，食伤碍官，同为所忌也。

**壬申、壬子、戊午、乙卯**

论财篇葛参政造，用在乙大官星，月令财旺生官也。甲运七煞混，不利；寅运则会午成火局，解子午冲，亦帮身美运也；乙卯十年，官星清，虽旺无碍；丙辰、丁巳、戊午、己未皆美运，唯忌金水之地耳。

---

① 行注：丙申、丁酉、戊戌、己亥、庚子、辛丑。

若局中透印，行食伤而无碍，盖有印回克护官也①。若局中带食伤，则为官星有病，行印运克制食伤，为去病之药，最为佳运。煞运反吉者，以有食伤回克，不为害耳，非可认为吉运也。

财用食生，财食重而身轻，则喜助身；财食轻而身重，则仍行财食。煞运不忌，官印反晦矣。

财用食生者，即食神生财格也。特财在月令，故名财用食生。亦分身轻身重两节，身轻宜助身，身重宜财食。

**壬寅、壬寅、庚辰、辛巳**

此论财篇杨侍郎命，食神生财格也。日元财食相均，行食伤财运为美，如癸卯、甲辰、乙巳是也。丙火煞运不忌，以有食伤回克，又得暖局。春初水木得火而发荣也。何以官印反晦？盖丁火官星，合壬用神。戊土印绶，克制壬水，则用神被伤，故反以为晦也。

财格佩印，运喜官乡，身弱逢之，最喜印旺。

财格佩印，其最要之条件，即为财印两不相碍。如《论财篇》曾参政命。

**乙未、甲申、丙申、庚寅**

寅中丙火长生，甲木得禄，而庚金禄于申，甲庚并透而隔丙火，此为财印不相碍，然究嫌身轻印弱。庚金秉令而旺，故运帮身为美，所以最喜印旺也。然何以又喜官煞耶？盖财生官而官生印，亦通关之意也。

财印并透，以不碍为条件。如下造为财印相碍。

**乙未、己卯、庚寅、辛巳**

乙巳财印并透而相并，则财破印，日元庚金又弱，当以劫为用。运以劫财扶身为美，印运亦佳。官煞可行，食伤财运则不相宜。虽四柱格局清，而有相当之成就，不过小富而已，不能贵也②。

财用食印，财轻则喜财食，身轻则喜比印，官运亦碍，煞反不忌也。

财用食印者，月令财星而干透食印也。然亦须看四柱之配合，如《论

---

① 行注：参见上范太傅造，《官格用印》节。
② 行注：见《论财》篇。

财篇》吴榜眼命：

**庚戌、戊子、戊子、丙辰**

月令财旺，年庚时丙，食印遥隔而不相碍，其枢纽在时上丙火。财藏支而印透。财印不相碍为贵，年上庚金，无足轻重也。戊土身轻，运喜比印，何以官运碍而煞不忌？官运为乙木，乙庚化合为食神，增财之势，煞为甲运，生助丙火也。然庚寅辛卯，金不通根，木助火势，宜为美运；壬辰丙火受伤，子辰合同，恐贵而不寿也。

**壬辰、乙巳、癸巳、辛酉**

《论财篇》平江伯命。虽食印并透，而食无根，癸水日元，虽休囚而印旺，盖巳酉、辰酉皆合金也。巳中丙戊得禄，官得财生，天乙相助，虽印克食，并不损其贵气，所谓财轻喜行财运也。食神生财亦美，而官运尤佳。申酉庚辛印助身旺，不免反晦矣。此为暗财官格，印去食，乃附带之作用耳。

财带伤官，财运则亨，煞运不利，运行官印，未见其美矣。

财带伤官，有佩印，有化劫，身重以伤官生财为用，身弱以帮身为吉。须看四住配合，非可一例也。如：

**甲子、辛未、辛酉、壬辰**

《论财篇》汪学士命，用伤化劫为用者也。盖辰酉合金，生于六月，土燥金脆。子未虽相害，而润土生金，未为不美，兼以生财，故此造之用伤官，实兼调候通关之意也。财运最美，食伤亦佳，比劫亦可行。丁火七煞，合去壬伤，为最不宜。官星丙火合辛，印运制伤，皆为破用，非所宜也。

财带七煞。不论合煞制煞，运喜食伤身旺之方。

财带七煞，如煞不合去，或不制去，则应以煞为重，不当再论财也。如《论财篇》毛状元命，所谓合煞存财也。

**乙酉、庚辰、甲午、戊辰**

天干乙从庚化，地支辰合酉来，财生煞旺，当以午中丁火制煞为用，财当煞攻身，岂可为用乎？喜得生于辰月，又得辰时，甲木余气犹存，然究嫌身弱。运行寅卯身旺之地，丙丁制煞之方，宜其贵也。乙亥甲三运，亦帮身助旺，唯子运冲午，恐有出死入生之惧，虽子辰相会，恐未易解。身弱宜印，而制煞之格不宜印地者，恐其制伤夺食也。

又论财篇李御史命，所谓制煞存财也。

**庚辰、戊子、戊寅、甲寅**

戊寅日坐长生，干得此助，身旺以食神制煞为用，财泄食神而生煞，非可为用也。子辰相会，土金水木，一气流通，确为贵征。行运食伤身旺之地固美，印地亦吉，但行支而不行干，见丙火，不免克去庚金，为伤用也。

财用煞印，印旺最宜，逢财必忌。伤食之方，亦任意矣。

月令财星而透煞印，以印化煞为用；财生煞旺，只论煞不论财也。以印为用，故逢印旺最宜，见财破印必忌。而食神伤官之宜忌，则须看四柱之配合矣。

**乙丑、丁亥、己亥、乙亥**

《论财》篇赵侍郎造。喜财藏支而不透，天干煞印相生，以印化煞为用。甲乙运官煞生印甚美，申酉运虽食伤生财当煞，而原局煞有印化，虽非吉运，亦无碍也。癸未运吉，壬运合丁，化煞破用，所谓逢财必忌也。

**丙寅、癸巳、癸未、壬戌**

《论财》篇林尚书造。寅午戌为火局，午易为巳，虽不成局，而有会合之意，未又暗合午火，地支财旺而透丙，固当以财为用也。但财旺身轻，运宜劫印扶身之地。早年甲午乙未，必然困苦；丙申之后，气转西北，火不通根，印绶得地，其贵宜矣。

**丙辰、癸巳、壬戌、壬寅**

《论财》篇王太仆造。与林造相似，虽辰为水库，究嫌根轻身弱。运至申酉而发迹，两人所同也。

**丙辰、丙申、丙午、壬辰**

丙坐午刃，申辰拱合，而透壬，固弃财而用煞矣。然其佳处，全在午刃，身强方能敌煞也。壬水生申，为秋水通源，用神进气，运行己亥、庚子、辛丑、壬寅金水之地，所以贵也。为《论财》篇一尚书命。此造宜归之偏官格或煞刃格中，因月令申金为财，故列于《论财》篇。

## 论印绶

印绶喜其生身，正偏同为美格，故财与印不分偏正，同为一格而论之。印绶之格局亦不一，有印而透官者，正官不独取其生印，而即可以为用，与用煞者不同。故身旺印强，不愁太过，只要官星清纯，如**丙寅、戊戌、辛酉、戊子**，张参政之命是也。

官与印，或财与官，或财与食，皆互相为用，单用一神者甚少见，特行运喜忌有不同耳。有印透官者，身强用官，喜财生官破印，身弱用印，忌财破印，此就行运之喜忌而言，若专论八字，身旺印强，不愁官星太过，盖喜其旺也。只要官星清纯，即是好八字矣。所引征之张参政造，似非其伦，丙寅、戊戌、辛酉，火旺土燥金脆，所喜者时逢戊子，润土生金，且以泄金之秀，故运行东北金水土地而发。非但不用官星，且不用印，所重在食神，乃儿能救母也。以月令印绶，故归入论印类耳。

然亦有带伤食而贵者，则如朱尚书命，**丙戌、戊戌、辛未、壬辰**，壬为戊制，不伤官也。又如临淮侯命，**乙亥、己卯、丁酉、壬寅**，己为乙制，己不碍官也。

朱尚书造，壬为戊制，诚哉不伤官星，但四柱五重土，支又藏火而干透丙，若再行火土运，宁有幸乎？此造妙在天干火土金水顺序而生，故土不埋金，辰土收其燥气，壬水泄金之秀，辰未中皆藏乙木财星，暗损印绶，病重而得药。运程庚子、辛丑、壬寅、癸卯、甲辰金水木地，体用得宜，所以贵也。临淮侯造，寅亥卯印旺，秉令而透乙木，用神全在酉金，损印而生官，己土被制，不碍官星，为去病取清，非以枭印夺食为用也。

有印而用伤食者，身强印旺，恐其太过，泄身以为秀气。如**戊戌、乙卯、丙午、己亥**，李状元命也，若印浅身轻，而用层层伤食，则寒贫之局矣。

身强印旺。用己土泄其秀气，与前节张参政一造相似[①]，而己土透出，

---
① 行注：丙寅、戊戌、辛酉、戊子。

官星不见，用神较为明显也。若印浅身轻而伤食重，则当以印为用，运行印比之地，亦可补救，特非贵显之局耳。

有用偏官者，偏官本非美物，藉其生印，不得已而用之。故必身重印轻，或身轻印重，有所不足，始为有情。如茅状元命，己巳、癸酉、癸未、庚申，此身轻印重也。马参政命，壬寅、戊申、壬辰、壬寅，此身重印轻也。若身印并重而用七煞，非孤则贫矣。

茅状元造，己土七煞，气泄于金，印绶太旺，而四柱无财以破印，即《滴天髓》母慈灭子之反局也。只能顺母之性，反以金水为吉，与上节临淮侯造适相反，盖一有财一无财也。马参政造，壬水虽通源，而两寅泄气，以煞生印为用神，重在于印，不可见财，见财则破格矣。若身印并重而见七煞，则又非财不可。用财破印生煞，与用煞生印，截然不同。盖财为官煞之根，官煞又为印之根，互相救应，互相克制也。

有用煞而兼带伤食者，则用煞而有制，生身而有泄，不论身旺印重，皆为贵格。如乙丑、辛巳、己巳、庚午，孙布政命是也。

用煞兼带伤食者，乃以食伤泄秀为用，非以制煞为用也。克与泄不并用。身强煞旺，制煞为权之造，喜制者不宜再行财煞；制煞太过之造，喜财煞，不宜再行食伤，此一定之理也。如孙布政造，克泄并见，乃以印通关为用也。此偏枯之造，又当别论，详下论运节。

有印多而用财者，印重身强，透财以抑太过，权而用之，只要根深，无防财破。如辛酉、丙申、壬申、辛亥，汪侍郎命是也。若印轻财重，又无劫财以救，则为贪财破印，贫贱之局也。

身强印旺，用财损印，根深谓印之根深，财破谓抑其太过也。印为生我之母，然木赖水生，水旺木浮；火赖木生，木盛火塞；土赖火生，火旺土焦；金赖土生，土重金埋；水赖金生，金多水涩。去其太过，则得中和之道，即《滴天髓》君赖臣生是也，然汪侍郎造，丙辛一合，则有微病，幸运程东南木火之地，使其合而不化，方能收损印之效也。若印轻财重而身弱，则财病神，必当用比劫以去其财，否则，为贪财坏印。如浙西某富翁子，庚申、戊寅、丙申、乙未，乙庚遥合，化印为财，会禄于申，两申冲寅，丙火身弱，赖印滋助，而印被财破，又无比劫以去财，是为贪财坏印也。

即或印重财轻而兼露伤食，财与食相生，轻而不轻，即可就富，亦不贵矣。然亦有带食而贵者，何也？如庚寅、乙酉、癸亥、丙辰，此牛监簿命，乙合庚而不生癸，所以为贵，若合财存食，又可类推矣。如己未、甲戌、辛未、癸巳，此合财存食之贵也。

大抵富贵两字，辨别甚难。古之人有贵而不富者，有富而不贵者，若今人则富者无不贵，贵者无不富矣。何从而别之？辨别富贵，当以《滴天髓》"何知其人富，财气通门户；何知其人贵，官星有理会"数语，最为精审。财与食相生，轻而不轻者，即财气通门户之谓也。然牛监簿命，仍当以食神生财取用，以乙庚合不生癸为贵征，似未尽然，盖印未曾合去也。丙火通根于寅，身旺财印皆有根，宜乎富与贵兼。己未一造，制印存食，而已与未又拱官贵，皆为贵征，而用神则在食神也。

又有印而兼透官煞者，或合煞，或有制，皆为贵格。如辛亥、庚子、甲辰、乙亥，此合煞留官也；壬子、癸亥、丙子、己亥、此官煞有制也。

合煞留官，或制官存煞，格局以清。然此两造，殊未见佳妙。辛亥一造，煞印并旺而无食伤；壬子一造，湿木无焰，己土之力，亦嫌薄弱。谓为贵格，殊有未解。

至于化印为劫；弃之以就财官，如赵知府命，丙午、庚寅、丙午、癸巳，则变之又变者矣。

寅午化印为劫，庚癸财官可用，所惜者财官无根耳。若癸巳易以癸酉或癸亥，运行财官之乡，前程更远大矣。

更有印透七煞，而劫财以存煞印，亦有贵格，如庚戌、戊子、甲戌、乙亥是也。然此格毕竟难看，宜细详之。

此造戊戌之土，包围子印，取乙木克制戊土，以存煞印，而戌中更藏丁火食神，非子印所能夺。乙木更有生火之美，吉神暗藏，有病而有救应，此其所以为贵欤？

## 论印绶取运

印格取运，即以印格所成之局，分而配之。其印绶用官者，官露印重，财运反吉，伤食之方，亦为最利。

月令印绶，除身弱克泄重，用印滋助日元外，大都不能以印为用。如官露印重者，克化为生，官印皆不能用，须别取用神也。本篇张参政造：

**丙寅、戊戌、辛酉、戊子**

官露印重，官之气尽泄于印，身旺印强，其佳处全在时上子水，泄金之秀，是当以金水伤官取用也。且其金水伤官，并不喜见官星，盖生于九月，未届金寒水冷之时，而原局已有丙火暖局，不必再行火运矣。既以金水伤官为用，自以财及食伤运为最利，比劫运亦可行。此造从亥至辰五十五年，一路金水木运，诚不易得也。

若用官而并带伤食，运喜官旺印绶之乡，伤食为害，逢煞不忌矣。

月令印绶，干透官印，兼透伤食，当以印绶制伤护官为用。如本篇朱尚书造，与上张参政造相似，而取用大不相同。故八字移步换形，非可执一也。朱尚书造：

**丙戌、戊戌、辛未、壬辰**

此造与上张造不同之点，张造子水在支，酉金相生，戊不能克，此造伤官透干，为印所制，故不能以泄秀为用也。官伤并透，以印制伤，兼以护官。用神虽在印，而有土重埋金之惧，故以寅卯甲财运，制印泄伤生官为美。若印轻则忌财运破印矣。

**乙亥、己卯、丁酉、壬寅**

此本篇临淮侯命也，亦是用印制食护官，与上制伤相同。所异者食伤运为忌。朱造行食伤运，有印回克，此造则乙印在年，救护有所不及也。丑运虽会酉化金，而无防碍，盖官星不旺，且与印相隔，财虽旺而不破印，并解酉之冲为美也。子亥官乡，甲乙印地，均为美运。

印绶而用伤食，财运反吉，伤食亦利，若行官运，反见其灾，煞运则反能为福矣。

印绶用伤食者，月令印绶，而干头伤官，食神并透也。身强印旺，以食伤为用耳。如本篇李状元造：

**戊戌、乙卯、丙午、己亥**

丙火坐刃，乙卯印星专旺，戊己食伤并透，是以食伤为用也，故食伤财运均吉。官运反见其灾者，以癸能合戊化劫也。煞运反能为福者，火木印绶，火旺木焦，与木火伤官喜印相似，喜壬水滋润也。用食伤者，不忌比劫，而此造则忌比劫，盖火太旺，则土焦木焚耳。此八字取运所以各个不同也。

印用七煞，运喜伤食，身旺之方，亦为美地，一见财乡，其凶立至。

以印化煞，与上张参政造以印化官，微有不同，盖张造原局有食神，直以食神为用耳。若局不见食伤，如本篇毛状元命：

**己巳、癸酉、癸未、庚申**

原局印重，己土七煞透出，乃以印化煞为用也。身弱见煞，最惧克泄交加。然如此造，庚印透干，见水有金回克，不泄日元而有制煞之效，故为最喜。日元非旺，帮身之运，自属相宜。若见财则党煞破印，全局尽破矣。官煞运有印引化，反不为忌，而独忌财也。若原局有财，又当别论。参观论印篇。

上造为身弱印旺见煞也。如身强印弱见煞，如本篇马参政命。

**壬寅、戊申、壬辰、壬寅**

壬水通源，申辰拱合，水土相战，以申金通关为用，其枢纽全在于印。日元本旺，行伤食运泄其秀气，自为所喜。如原局有食伤，运行比劫身旺之方，亦无所碍，独财破印，不但生煞为忌，而断其枢纽，伤克用神为最忌。反之如子运，申子辰会齐水局，化印为劫，以印不破，反无关系也。

若用煞而兼带伤食，运喜身旺印绶之方，伤食亦美，逢官遇财，皆不吉也。

用煞兼带伤食，与上用官不同。用官者以印制食伤而护官也；用煞者煞气泄于印，与第一节官露印重及印用食伤相似。如孙布政造：

**乙丑、辛巳、己巳、庚午**

乙木无根，己丑相会，庚辛并见，七煞孤单无助，不能为用；克泄并见，藉印通关，是以印为用也，故以身旺印绶为喜。庚金泄秀，食伤自为美运；逢甲为官，合己混煞为嫌，故非吉运。原局火土亢燥，遇水则逆其性，故亦不吉。此乃偏枯之造，不可以为例，所喜者乙丑、己巳、庚午同出一旬耳。

印绶遇财，运喜劫地，官印亦亨，财乡则忌。

月令印绶而遇财，其中宜忌大有分别。如印轻财重，则为贪财坏印，最喜劫印之地。如上《论印篇》注中所引某富翁子造是也。财轻印多，用财损印，则喜财乡，如国府主席林森造是也[①]。如本篇汪侍郎造：

**辛酉、丙申、壬申、辛亥**

财轻印重，必须行财地，及食伤生财之地，方为美耳。初运乙未甲午，木火相连，癸巳水不通根，丙火得禄，均为美运。壬辰十年，即不死必有大起倒，过此之后，辛卯庚寅，东方木地，金不通根，又可重起矣。运喜劫地忌财者，如下列某富翁子命造：

**庚申、戊寅、丙申、乙未**

用印而财食并透，财旺印轻，乙庚一合，贪财坏印。运仅己卯印十年为美，一至庚辰辛巳，恐不易度也。身弱用印而喜官运者，以财印相战，喜官煞通其气也。见论财篇财佩印节。

印格而官煞竞透，运喜食神伤官，印旺身旺，行之亦利。若再透官煞，行财运，立见其灾矣。

印格而官煞竞出者，以印化官煞也。然须察其地位次序，是否能化，如能化，则与用煞兼带伤食相同。以印通关作用，如本篇所列两造：

**辛亥、庚子、甲辰、乙亥**

虽云乙庚合煞留官，然无关系，完全以印为用也。官煞之气，已泄于印，食伤运泄日元之秀，气势流通不滞，自为美运，非取其制官煞也。身

---

[①] 行注：见《刑冲会合解法篇》。

印旺地均利，印如透干，再见官煞运，亦无大碍，唯断不能行财运耳。如此造戊戌十年，必有风波也。

**壬子、癸亥、丙子、己亥**

丙火无根，湿木无焰，己土微弱，岂能制冲奔之水？所谓土能制水，水多土荡也①。但丙火阳刚之性，有印为根，即不能从，仍当以印为用。所喜者丙寅丁卯二十年木火运耳。戊己制煞之运，反入二乘，若再见官煞财运，立见其灾矣。

印用食伤，印轻者亦不利见财也。

印轻不利见财，则印重不忌见财可知。如本篇牛监簿命：

**庚寅、乙酉、癸亥、丙辰**

乙庚合而不化②，身强印旺，当以食神生财为用。盖以财为用者，除财损印外，必当以食伤为引也。如此造以食为引，故亥子丑身旺之地可行，庚辛印、寅卯食伤均吉。戊己官煞，未见其美矣。③

**己未、甲戌、辛未、癸巳**

引本篇所谓合财存食为贵者，然细按之，殊未尽然。盖印太旺，土重埋金，甲己一合，制印以存食，使癸水用神不伤，所以为贵也。癸酉壬申二十年，金水相生，最为美利，辛未庚亦尚可行。午运之后，官印旺地，土重埋金，用神伤尽，难以继矣。

**庚戌、戊子、甲戌、乙亥**

此造财旺，煞印均弱，取乙木制戊土，以存煞印，盖财为病，劫为药也。仍以印化煞取用，唯忌财地，余均可行，所谓印轻不宜见财也，更喜

---

① 行注：见《论五行生克》节。
② 行注：参观《十干配合性情》节。
③ 校注：牛监簿命造，酉当令庚透就是印格八字。癸亥日柱有庚酉印生，身就旺。年寅月乙时有丙，财星就可用。寅亥生、丙火财星得寅长生，用神有力，乙木食神合庚牵制水源恰到佳处。因此，印格、用财的格局就成。至于用财喜食神生的八字，是富是贵，沈先师论理"乙庚合"，的确就比较牵强。八字命理在一些细节性方面，并非是一加一等于二的定律。在这个方面，徐先师就言之有理。同样的八字，时代不同，有人富与贵兼得、有人只贵不富、也有人富而不贵。但成格局者，三者必会占其一，这则是定律。论行运，喜木火，运支见水不忌，最忌土金。戊子、己丑两运，运干透官杀，特别是己丑运，必泄财生印。人生黄金年华，遇上这两运，就不算太好，升官必会有些曲折或比较缓慢。虽然庚寅、辛卯是好运，却因为戊子、己丑运的原因，命主的官职就不算大。

丁火藏库，气势不寒，有病有药，中和之造也。

丙午、庚寅、丙午、癸巳

此本篇赵知府造。寅午一合，印化为劫，不以印论，用庚金之财，生癸水之官，不易之法。唯财官太轻，喜行金水旺地。壬辰癸十五年最美，丙午日元坐刃，壬运七煞助官制刃，不以为忌也。巳运之后，一路木火之地，恐难行矣。

## 论食神

食神本属泄气，以其能生正财，所以喜之。故食神生财，美格也。财要有根，不必偏正叠出，如身强食旺而财透，大贵之格。若丁未、癸卯、癸亥、癸丑，梁丞相之命是也；己未、壬申、戊子、庚申，谢阁老之命是也。

食神者，财之根也，日元旺盛者，气势要有安顿。菁英喜其流露，若旺而无泄，及身而止，必非美造。梁丞相造，癸水日元旺，亥卯未食神合局，透起丁火。谢阁老造，庚金食神秉令，子申财星合局。两造皆清纯之极，宜为大贵之征，福寿兼全之造也。

藏食露伤，主人性刚。如丁亥、癸卯、癸卯、甲寅，沈路分命是也。偏正叠出，富贵不巨，如甲午、丁卯、癸丑、丙辰，龚知县命是也。

五行干支，以阴阳配事为顺，财官印是也。我生则以同类为顺，食神是也。顺则有情，逆则力猛。至于人性情之刚柔，须视四柱之配合，不必在藏露上分别①。如沈路分造，癸水虽通根，而地支寅亥两卯，伤官太旺，发泄似嫌逾量；龚知县造，癸水虽通根辰丑，究嫌不旺，发福亦不能巨。大抵食伤为用，主人性质聪明，盖菁华发越，秀气流露，自然有此征验。又四柱全阳，主人性质刚正急燥，全阴主人性质深沉迟缓，亦自然之势，屡试屡验。

---

① 行注：详见《滴天髓》论性情节。

夏木用财，火炎土燥，贵多就武。如己未、己巳、甲寅、丙寅，黄都督之命是也。

夏木用财，火炎土燥，必须带印，虽未必为用，而取以调候，为不可缺少之物。黄都督造，幸甲寅坐禄通根，参天之势已成，然究嫌偏枯，非中和之道，故贵而就武也。

若不用财而就煞印，最为威权显赫。如辛卯、辛卯、癸酉、己未，常国公命是也。若无印绶而单露偏官，只要无财，亦为贵格，如戊戌、壬戌、丙子、戊戌，胡会元命是也。

不用财为不用食之误。常国公造，乙木虽为月令，而两卯为两辛所制，食被枭夺，不能用矣。以印化煞为用，煞主威权，格局清纯，故主显赫。胡会元造，殊未见佳。日元虽通根于戌，不得为旺，戊土重重，制煞太过。最要之物为印，去戊土之太过，泄壬水而生丙火。四柱缺此紧要之神，岂得为贵？财虽能泄土之气，而日元不旺，嫌财党煞，故决不能见财也。幸所行之运，中年后之运，为丙寅丁卯，木火印比连接，补八字之不足，否则，何能发达？谓为格美，不如谓运美也。

若金水食神而用煞，贵而且秀，如丁亥、壬子、辛巳、丁酉，舒尚书命是也。至于食神忌印，夏火太炎而木焦，透印不碍，如丙午、癸巳、甲子、丙寅，钱参政命是也。食神忌官，金水不忌，即金水伤官可见官之谓。

取用神之法，以扶抑为正轨，所谓弱者扶之，强者抑之是也。除扶抑之外，调和气候，亦为重要取用之一法①。盖夏木火炎木焦，冬金水冷金寒，必须有以调和之，即以调和之神为用也。如舒尚书造，金水伤官，喜见官煞；钱参政造，木火伤官，喜见印绶。皆以调候取用也。

至若单用食神，作食神有气，有财运则富，无财运则贫。

单用食神，亦须看日元与用神之旺弱，及四柱之清杂。如某闻人命造，戊戌、辛酉、戊戌、辛酉，两神成象，旺而且清，行财运富贵何碍？

更有印来夺食，透财以解，亦有富贵，须就其全局之势而断

---

① 行注：见《论用神》篇。

之。至于食神而官煞竞出，亦可成局，但不甚贵耳。

此以病药取用也。日元旺，喜食伤之泄，印来夺食，是印为病也；财破印以解，以财为药也。富贵与否，须看财星能否解救。如己亥、丙寅、甲寅、壬申一造，甲木坐禄，丙水食神透出为喜，壬印夺食为病，惜己土财星无根，破印无力，病重药轻。运行西北，助起病神，破耗刑伤，为不免也。但有印食而两不相碍者，比劫相护，财不破印者，是须视全局之配合。如己丑、丙寅、甲子、戊辰，透食而财印不相碍，即为富贵之造。至于食神而官煞竞出，只须不碍全局，同为富贵之造。如辛卯、庚寅、甲辰、丙寅，东方一气，食神吐秀。庚辛官煞竞出为病，喜其无根，不碍格局。行土金之运，不免破耗，若行木火之运，则名利并全矣。

更有食神合煞存财，最为贵格。

食神合煞存财，食神当是伤官之误。盖食伤一例，食神合官，伤官合煞也。如乙见丙为伤官，见辛为七煞，丙辛合则煞不克身，所以为贵。亦有并透而不相碍者，此则在地位配置之合宜耳。如己亥、甲戌、癸亥、丙辰，合煞存财也。又如余寿平中丞命造，丙辰、庚子、辛卯、乙未，月令食神而用官星，食生财，财生官，地位配置合宜，为贵格也。

至若食神透煞。本忌见财，而财先煞后，食以间之，而财不能党煞，亦可就贵。如刘提督命，癸酉、辛酉、己卯、乙亥是也。其余变化，不能尽述，类而推之可也。

食伤透煞，何以忌见财星乎？煞本忌其克身，故须用食神以制之。若见财则食神生财，财生煞，不但不制，反转而生煞矣，故以为忌，然如刘提台造，日元羸弱，金木相战，虽财不党煞，亦未见佳妙。殆中年运程丁巳丙十五年，化煞制食为美，故贵为提台耳。初运庚申，幼年必艰苦也。

## 论食神取运

食神取运，即以食神所成之局，分而配之。食神生财，财重食轻，则行财食，财食重则喜帮身。官煞之方，俱为不美。

食神生财之局。因身轻身重而不同。身重喜行财食，身轻则喜帮身。

若食神透干，比劫运俱不忌，官煞运均忌。身重者如本篇梁丞相命：

**丁未、癸卯、癸亥、癸丑**

此造妙在亥卯未三合，透出丁火，身强食旺而财透。木火运固美，金水运亦吉，戊戌十年，必有挫折也。此造若原局透一壬字合丁，不能照此看法，喜金水木而不宜火土矣①。

**己未、壬申、戊子、庚申**

土寄四隅，申亦土之长生也②。年逢己未，日元弱而不弱；时上庚申，食神专禄，壬水生于申，子申合局，不身强财食并旺。庚金透露，己巳戊辰帮身运甚美，印运亦吉。此俗所谓专禄格也③。

《喜忌篇》："庚申时逢戊日，名食神专旺之方。岁月犯甲丙卯寅，此乃遇而不遇"，正合此格。此为本篇谢阁老造，亦是身重食旺也。④

至于身轻食旺者，如本篇沈路分造：

**丁亥、癸卯、癸卯、甲寅**

癸水虽通根于亥，而亥卯合局，日时寅卯而透甲，食伤旺而生财，为身轻泄气太重。支行印绶之乡为最美，比劫帮身亦佳，但宜支而不宜干，见壬则合去丁财，见癸亦不免争财之嫌。亥子丑北方劫地，则甚美也。又本篇龚知县造如下：

**甲午、丁卯、癸丑、丙辰**

同一身轻，而上造为食重财轻，此造为食轻财重，而身弱则一也。故皆以帮身运为喜。帮身之中，食重喜印，财重喜劫。此造得意，必在壬申癸酉运中。又两造比较，沈造格局清，此造格局较杂，贵贱高低之分，全在清浊纯杂之间。以其格局夹杂，虽在佳运，不过百里之尊而已。

食用煞印，运喜印旺，切忌财乡。身旺，食伤亦为福运，行官行煞，亦为吉也。

---

① 行注：参观《十干配合性情》节。
② 行注：见《阴阳生死》节。
③ 行注：见《时说拘泥格局》节。
④ 校注：《喜忌篇》曰：庚申时逢戊日，名食神专旺之方。岁月犯甲丙卯寅，此乃遇而不遇——此论专旺食神格。戊以庚为食神，其中有庚金建禄。戊土用水为财，申中有水长生，乃财旺也。戊用乙为官星，庚能合卯中乙木为戊土官贵气。若四柱透出甲丙卯寅四字，则坏了申中庚金贵气，此乃遇而不遇。假如己未、壬申、戊子、庚申，此谢丞相之命。

食用煞印者，弃月令贸神而用煞印也。看法同偏官用印①，用印化煞，故最忌财破印党煞，官煞运有印化反吉。右身旺印旺，食伤泄秀亦佳，身弱则不宜伤也。如本篇常国公命：

**辛卯、辛卯、癸酉、己未**

弃食用煞印也。印旺而身不强，故财最忌，食伤运亦不宜也。印劫最为美运，官煞有印化亦无碍，如己丑、戊子、丁亥，皆佳运也。丙戌运，戌合卯刑未，此十年皆财运，恐难为继。

食伤带煞，喜行印绶，身旺，食伤亦为美运，财则最忌。若食太重而煞轻，印运最利，逢财反吉矣。

食神带煞，谓原局无印绶也。此段须分三节看：

（一）身弱，煞克身，食神泄气，倚轻倚重，均不为美，唯有印运最利，比劫亦利。

（二）身旺煞强，则食伤制煞，极为贵格。运喜食伤，唯忌财运。

（三）食伤制煞太过，即煞轻食重也，法须扶煞，故财运反吉。然不及印运之美，盖印可以去食之太过，化煞滋身，一得三用也。如本篇胡会元造：

**戊戌、壬戌、丙子、戊戌**

此食神制煞太过也。甲乙印运为美，癸亥子丑官煞运反吉，丙寅丁卯劫印帮身，最为美运，戊辰最忌。盖丙为太阳之火，水猖显节，不畏水也；土众成慈，遇土反晦也。见《论干支》节。

**癸酉、辛酉、己卯、乙亥**

此本篇刘提督造也。虽癸与乙之间，隔以己辛，财不党煞，但身弱克泄两忌。幸所行之运己未、戊午、丁巳、丙辰，印绶比劫相连，故能贵为提督。否则，格局虽清，无益于事，若非运助，安能望贵乎？

食神太旺而带印，运最利财，食伤亦吉，印则最忌，官煞皆不吉也。

食神太旺而带印，有种种不同，夏木见火，火旺木焚，运喜印绶，用

---

① 行注：参观《偏官用印》节。

水润木也。若食神旺，带印而利财者，本篇未有其例。兹另举敝友李君一造如右：

**戊戌、己未、丙子、庚寅**

丙火通根戌未而时寅，带印也。戊戌己未，土居其四，食伤太旺，运最利财，盖庚申辛酉，泄土之气也。官煞不利，火土枯燥，加入滴水，不足以润燥，而反激其焰也。泄气已重，食伤未必为福，印绶未必为祸，唯非佳运则可知也。八字各个配合不同，为喜为忌，羌无一定，特举其一例耳。

若食神带印，透财以解，运喜财旺，食伤亦吉，印与官煞皆忌也。

食神带印，透财以解，与上节带印有不同。盖上节食神太旺，而印又不能损食为用，不得已用财泄食伤之气也。此则日元旺，喜食伤之泄，而带印夺食伤用，故云透财以解。上节重在食神太旺，此则食神不旺。另举例如下：

**己亥、丙寅、甲寅、壬申**

甲木生寅月而透丙，本有木火通明之象。时上枭印夺食，透己土财以解之，惜病重药轻。运喜财旺，食伤亦吉，印与官煞均忌。此造惜运行西北官煞印绶之乡，否则，前程未可限量也。

以上为照常例扶抑论用取运也，至若以气候之关系而调候取用，则又当别论。如本篇舒尚书造：

**丁亥、壬子、辛巳、丁酉**

金水食神用煞，与金水伤官用官相同，皆调候之意也。用神为官星，运亦喜财官。如此造己酉戊申印劫之地，无荣辱可言，而丁未丙午最美，乙巳甲三运亦佳。盖原局金寒水冷，非可以常理取也。又如本篇钱参政造：

**丙午、癸巳、甲子、丙寅**

木火伤官用印，亦调候之意。印轻则专用印劫，如此造癸印得禄，气象中和，故丙申丁酉皆为美运。若戊戌财运，破印恐不能免也。

金水用官与木火用印，同为调候，然有不同者。金水非见官不可，而木火无印，若身强亦可就贵。如本篇黄都督造：

己未、己巳、甲寅、丙寅

甲木坐寅，时又逢寅，日元甚旺，旺而泄秀，亦可用也，唯火多则木有自焚之患。此造妙在食轻财重，火泄其气，唯究嫌偏枯，贵多就武。行运仍宜印劫之地，乙丑、甲子、癸亥、壬戌三十五年，最为美利，虽命造本佳，亦运助之也。

# 子平真诠卷五

## 论偏官

煞以攻身，似非美物，而大贵之格，多存七煞。盖控制得宜，煞为我用，如大英雄大豪杰，似难驾驭，而处之有方，则惊天动地之功，忽焉而就。此王侯将相所以多存七煞也。

官煞同类，而其用有不同。官为阳之于阴、阴之于阳，异类相引；煞为阳之于阳、阴之于阴，同类相拒。故官煞虽同为克身之物，而有有情无情之分。官不可伤而煞宜制，亦以此也。在官多身弱，官等于煞；煞轻身强，煞同于官。此则不可不知也。

七煞之格局亦不一：煞用食制者，上也，煞旺食强而身健，极为贵格。如乙亥、乙酉、乙卯、丁丑，极等之贵也。

煞旺食强，阳干阴干不同。阴干不畏煞旺，只须食制；阳干必须身健，否则，克泄交加，非用印不可也。上造亥卯会，酉丑会，确合制煞格局；尤难得者，四柱清纯，无一闲杂之神，宜为极等之贵也。①

煞用食制，不要露财透印，以财能转食生煞，而印能去食护煞也。然而财先食后，财生煞而食以制之，或印先食后，食太旺而印制之，格成大贵。如脱脱丞相命，**壬辰、甲辰、丙戌、戊戌**，辰中暗煞，壬以透之，戌坐四支，食太重而透甲印，以损太过，岂非贵格？若煞强食浅而印露，则破局矣。

煞用食制，不宜财印并透，所论甚精，所引脱丞相命，食神泄气太重，以甲印损其太过，兼以生助日元，所以行丙午丁未而大贵。壬水之气

---

① 行注：参阅《论用神高低篇》陆商闾造。

泄于甲，不能再用，而天干壬甲丙戊，一顺相生，尤为贵征也。至于财先食后，如现代程参谋总长潜①之命造，**壬午、癸卯、己巳、辛未**，确合此格，年月财生煞旺，时上食以制之，而己土得禄于午，通根于未，身旺食煞俱清，洵大贵之征也。如辛在年月，则为食神生财，财生煞之局；午中丁印如透出，则为食浅印露，枭神夺食护煞，均破格矣。

有七煞用印者，印能护煞，本非所宜，而煞印有情，便为贵格。如何参政命，**丙寅、戊戌、壬戌、辛丑**，戊与辛同通月令，是煞印有情也。

官煞俱以财印辅，但财印不并用。何造妙在财在年干，财生煞，煞生印，印以生身。财不破印，地位配置合宜，便为贵格。若辛丑戊戌易位，便为财破印，煞攻身，贫贱之局矣。

亦有煞重身轻，用食则身不能当，不若转而就印，虽不通根月令，亦为无情而有情。格亦许贵，但不大耳。

食神制煞，以身强为条件，身弱则克泄交加，身不能当，惟有转而就印。如常国公造，**辛卯、辛卯、癸酉、己未**②，即煞重身轻，弃食就印，用印化煞也。格局清纯，同一取贵。

有煞而用财者，财以党煞，本非所喜，而或食被印制，不能伏煞，而财以去印存食，便为贵格。如周丞相命，**戊戌、甲子、丁未、庚戌**，戊被甲制，不能伏煞，时透庚财，即以清食者，生不足之煞。生煞即以制煞，两得其用，尤为大贵。

财印同为煞之辅，身强煞弱，用财滋煞，非不能用也。如**己酉、丙寅、庚申、庚辰**，庚金极旺，丙火根轻，必须用财滋煞，行东南木火之运，仕路显赫，即抑强扶弱之理也。至如周丞相造，用财去印存食，乃病

---

① 校注：程潜（1882～1968），字颂云，1882年生于湖南醴陵官庄。清末秀才。同盟会会员。日本陆军士官学校第六期毕业。国民党陆军一级上将。曾任湘军都督府参谋长、非常大总统府陆军总长，广东大本营军政部长。1949年8月，在长沙宣布起义，同年9月出席中国人民政治协商会议第一届全体会议。中华人民共和国成立后，任中央人民政府委员，全国人民代表大会常务委员会副委员长、国防委员会副主席，湖南省省长、中国国民党革命委员会副主席。1968年4月5日在北京病逝。

② 行注：见前《食神》节。

药取用法也。戌未中均藏丁火，日元不弱，八字四土一水，制煞太过，其病一也；子水孤军，见甲更嫌泄气，其病二也。甲木无根，弃印就财，泄土之气，滋生弱煞，诚为两得其用。《书》云，"有病方为贵"，有解救之药，即贵之征也。

又有身重煞轻，煞又化印，用神不清，而借财以清格，亦为贵格。如**甲申、乙亥、丙戌、庚寅**，刘运使命是也。

刘造寅亥虽合，而得申遥冲解其合，乙合庚金，引而近之，通申宫之气，寅戌拱合丙火，日元甚旺，亦是财滋煞为用，借财以清格局。然非身重不可也。

更有杂气七煞，干头不透财以清用，亦可取贵。

凡以七煞为用者，除财生、印化、食制三者之外，无单用之法，杂气七煞，岂能例外？如乐吾自造，丙戌、壬辰、丙申、丙申，杂气七煞，干不透财，即不能以财滋煞，亦不可以食制煞；乙木余气藏辰，又落空亡，化煞无力，但以配合需要，仍当取印为用，即通关是也①。印如有力，亦可取贵。干头不透财清用，固不限于杂气。如上脱丞相造，用印制食存煞而取贵，非定须透财也。

有煞而杂官者，或去官，或去煞，取清则贵。如岳统制命，**癸卯、丁巳、庚寅、庚辰**，去官留煞也。夫官为贵气，去官何如去煞？岂知月令偏官，煞为用而官非用，各从其重。若官格杂煞而去官留煞，不能如是之清矣。如沈郎中命，**丙子、甲午、辛亥、辛卯**，子冲午而克煞，是去煞留官也。

官煞虽同类，而各有分野。譬如弟兄，对外为一家，对内则兄为兄，弟为弟，各分门户，不混杂也。故以通根言，巳午未寅戌可同为丙丁之根；而言其用，则各从其重，以其得时秉令也。八字以取清为贵，不论去官或去煞。岳沈两造，同为煞格杂官而显有低昂，盖月令七煞，则煞为真神。岳统制造，癸水去丁而用巳中丙火，为去官用煞，真神得用；沈郎中造，子冲午火，去其当令之真神，而留年上丙火，此为去真用假。《滴天

---

① 行注：见《命鉴》。

髓》云："真神得用平生贵，用假终为碌碌人"是也。但此系专就去留取清而言，若就全局论之，岳造虽寅巳辰全，财生煞旺，而辰为湿土，巳为长生，身强制浅，运行制煞之乡，化煞为权。沈造虽亦财旺生官，而辛金无根，若非子水冲去午火，则煞旺攻身，所恃者运行西方申酉戌戊巳等运，帮身而化官煞。是两造显判低昂，不仅去官去煞之别也。

有煞无食制而用印当者，如戊辰、甲寅、戊寅、戊午，赵员外命是也。

此造煞旺秉令，真神得用，寅午拱会，化煞生身，用神极明显，亦清纯可贵也。

至书有制煞不可太过之说，虽亦有理，然运行财印，亦能发福，不可执一也，乃若弃命从煞，则于外格详之。

制煞太过者，以太过为病也。去其病神，自可发福。但用财用印，亦有分别。身旺者宜财不宜印，身弱者宜印不宜财。如**壬辰、丙午、丙午、壬辰**，身强，两煞四制，见金运而大发，是宜财不宜印也。又甲寅、戊辰、壬辰、壬寅，制煞太过而身弱，逢金运而大发，是宜印不宜财也。又如《论食神》节胡会元造，**戊戌、壬戌、丙子、戊戌**，亦是制过七煞而身不旺，宜印运不宜见财者①。财印不并立，喜印者必不喜财，喜财者必不喜印也。

## 论偏官取运

偏官取运，即以偏官所成之局分而配之。煞用食制，煞重食轻则助食，煞轻食重则助煞，煞食均而日主根轻则助身。忌正官之混杂，畏印绶之夺食。

煞用食制，即食神制煞格也。不论煞轻食重，或煞重食轻，均以身强为第一要义。煞克身，食泄气，以敌制敌，非身强不能用也。身主强健，煞旺食强，极为贵格。若身主弱，则非用印以制食化煞不可。如四柱无

---

① 行注：参观上《食神》节。

印，决非美造，至于身主强，而煞重食轻，喜行食伤制煞运，忌官混杂，畏印夺食，忌财生煞。若煞轻食重，官印财运非特不忌，且为所喜矣。如本篇所列一贵造：

**乙亥、乙酉、乙卯、丁丑**

为身强煞旺，用食制煞之格也。运行南方，食神得地，金水不通根为美。但壬运合丁去食，巳运会酉丑煞强，必有不足，庚辰合乙酉助煞，均非美运也。

煞用印绶，不利财乡，伤官为美，印绶身旺，俱为福地。

煞用印绶，其关键在于印，最忌财破印为伤用神也。伤官为美句恐有误。既用印化，不宜再泄，特有印回克，不以伤官为忌也。印绶身旺俱为福地者，最喜印绶，而比劫亦佳也。如本篇脱丞相命：

**壬辰、甲辰、丙戌、戊戌**

杂气透煞，四柱土多，制煞太过，喜得三月甲木，制食卫煞，兼以化煞，为食重透印也。行官煞运，有甲木引化，反为美运，最忌财旺破印也。乙巳、丙午、丁未为印绶身旺之地，均吉，丁壬合煞无害，戊申之后无佳运矣。

**丙寅、戊戌、壬戌、辛丑**

本篇何参政命造，日主弱而煞重，以时上辛印化煞为用，妙在丙财生煞而不破印，两不相碍，为煞印有情也。以庚子辛丑为最美，壬寅、癸卯、甲辰亦吉。盖不伤印，总无妨碍也。煞用伤官，行运与食同①。

七煞用财，其以财而去印存食者，不利劫财，伤食皆吉，喜财怕印，透煞亦顺。

七煞用财，用之方式不同。如身强食重而煞轻，用财泄食伤以滋煞，亦可用财，《滴天髓》所谓"财滋弱煞"是也。有身强用食制煞，而透印夺食者，用财去印，是以病药取用也，详见本篇评注。如周丞相造，兼此两种用法：

① 行注：食伤同类。

**戊戌、甲子、丁未、庚戌**

一水四土，制煞太过，本可用甲木制土，无如冬木力薄，不足疏土，且财印并见，无劫相卫，亦不能用印。丁火通根戌未，得土卫护而身强，反以印为病。用庚去病，泄伤生煞为用。运行戊辰己巳食伤之地，有财泄其气，不畏食重。原局煞轻，用神在财，透官煞亦顺，惟忌劫财之乡耳。

其以财而助煞不及者，财已足，则喜食印与帮身；财未足，则喜财旺而露煞。

以财助煞不及，即财滋弱煞也。财已足，喜食印与帮身，即用印化煞，见上例何参政造，财未足，喜财旺露煞，如上周丞相造。即其一例。更有印重煞轻而用财者，如本篇刘运使造：

**甲申、乙亥、丙戌、庚寅**

寅戌拱午而透丙，即是火局，寅亥又合木，煞化为印，甲乙并透，印重身强，取财损印为用，不以煞论也。戊己运食伤生财，自是美运；寅卯印太旺不利；最佳者为庚辰辛十五年，已运刑冲合并见，不免多事。壬运露煞不忌，而以劫财之乡为最忌也。

煞带正官，不论去官留煞，去煞留官，身轻则喜助身，食轻则喜助食。莫去取清之物，无伤制煞之神。

官煞混杂者，以取清为贵，"莫去取清之物，无伤制煞之神"两语，实为取运扼要之言。如本篇岳统制命：

**癸卯、丁巳、庚寅、庚辰**

巳中丙火为煞，丁火为官，丁以巳为根，非混杂也[①]。特丁从巳透，官作煞论，以癸水制煞为用也。最忌见戊己土，所谓"无伤制煞之神"也。乙印甲寅运，虽不甚吉，而无妨碍，因不伤用也。癸丑壬子辛亥，用神得地，顺利可知矣。

**丙子、甲午、辛亥、辛卯**

本篇沈郎中命，以子午冲为去煞留官，似非的论，午亦可为丙火之根，非混也。官作煞论，与上造同，特辛金不通根，身弱印轻，非行帮身

---

① 行注：详《得时不旺失时不弱》节。

之地不可。制煞虽佳，尚未全美，幸所行之运，申酉为比劫之地，戌戌巳为印地，足以帮身化煞，补其不足耳。

按此两造，均不能以官煞混杂论，详见《订正滴天髓征义》官煞相混节。

煞无食制而用刃当煞，煞轻刃重则喜助煞，刃轻煞重，则宜制伏，无食可夺，印运何伤？七煞既纯，杂官不利。

煞无食制，全恃身强，方能敌煞，身强必是用刃也。然刃轻煞重，仍宜制煞之运，原局无食印运亦佳。煞轻刃重，官运无伤，煞重刃轻，官运有害。如本篇赵员外造：

**戊辰、甲寅、戊寅、戊午**

身强煞旺，而所行之运，皆是印劫帮身之地，故为美也。煞虽纯而日元更旺，故乙卯官乡尚无碍，而庚辛制煞为不吉也。

## 论伤官

伤官虽非吉神，实为秀气，故文人学士，多于伤官格内得之。而夏木见水，冬金见火，则又为秀之尤秀者也。其中格局比他格多，变化尤多，在查其气候，量其强弱，审其喜忌，观其纯杂，微之又微，不可执也。

伤官食神，因为泄其秀气，身旺者用官煞之克，不如用食伤之泄。而以食伤为用者，人必聪明颖异，文人学士多属此类，亦自然之势也。夏木见火，谓木火伤官，生于夏令，喜见水润；冬金见水，谓金水伤官，生于冬令，喜见火温，尤为秀气。至于查其气候，量其强弱，审其喜忌，观其纯杂，为看命之要法，不仅伤官为然也。

故有伤官用财者，盖伤不利于官，所以为凶，伤官生财，则以伤官为生官之具，转凶为吉，故最利。只要身强而有根，便为贵格，如**壬午、己酉、戊午、庚申**，史春芳命也。

生官之具者，财也。总之用官者，不宜见伤，用伤者不宜见官，未可并用。亦有伤官见官透财以解者，如某侍郎造，**壬戌、己酉、戊戌、乙**

卯，土金伤官，时逢乙卯，为伤官见官。年透壬水，则伤官生财，财生官，官星不但无伤，伤官反为生官之具，凶转为吉。又某知府造，庚午、己卯、壬申、己酉，水木伤官，已官两透，为伤官见官，喜得年支午，午藏丁火己土，财官同宫，伤官生财，转以生官，凶变为吉也。至如史春芳造①，乃伤官生财也，不宜见官。身强喜泄，身弱则忌泄，故以身强为第一要点。财有根，再得伤官以生之，更觉清纯可贵耳。

至于化伤为财，大为秀气，如罗状元命，**甲子、乙亥、辛未、戊子**，干头之甲，通根于亥，然又会未成局，化水为木，化之生财，尤为有情，所以伤官生财，冬金不贵，以冻水不能生木。若乃连水化木，不待于生，安得不为殿元乎？

三合生旺墓会局，以子午卯酉四正为中心，无四正者，会不成局。但寅戌会而透丁，申辰会而透癸。己丑会而透辛，亥未会而透乙，亦可成局。盖丁即午，癸即子，辛即酉，乙即卯也。说见《珞琭子三命消息赋》释昙莹注。罗状元造，亥未会局而透乙，伤化为财，格局转清，而木仍有子水生之。盖食伤为财之根，用财者固喜食伤生之，用食伤者亦喜财以流动其气势也。冬金不贵，以其金寒水冷，萧索无生意，喜其未中藏有丁火，会亥化木，虽在寒冬而生趣勃勃，岂有不贵乎？

至于财伤有情，与化伤为财者，其秀气不相上下，如秦龙图命，**己卯、丁丑、丙寅、庚寅**，已与庚同根月令是也。

格局之高下，全在于清浊。亦有清中转浊、浊中转清者，如以格局论，何格无贵，何格无贱？要未可一例论也。秦造已与庚同根，月令而透出，为其转清之处，亦即秀气之点也。

有伤官佩印者，印能制伤，所以为贵，反要伤官旺，身稍弱，始为秀气。如字罗平章命，**壬申、丙午、甲午、壬申**，伤官旺，印根深，身又弱，又是夏木逢润，其秀百倍，所以一品之贵。然印旺极深，不必多见，偏正叠出，反为不秀，故伤轻身重而印绶多见，贫穷之格也。

---

① 行注：壬午、己酉、戊午、庚申。

凡需要佩印乾，必是身弱也。伤旺身弱，泄气太过，则用印制伤而滋身，两得其用。如李罗平章造，木衰火旺，得壬水制火以生木，倍得其力。至于木火伤官，生于夏令，即身旺亦须略见水以润之，是为调和气候之例外。不仅木火需要调候，火土亦然。如某县令造，**癸酉、己未、丙午、癸巳**，火炎土燥，必须得水以润之，是为伤官用官，制劫以护财，亦即调候之意也。至于偏正叠出，略嫌不清，因需要而用之，亦无妨碍，但过多则为病耳。身重则不需要印绶生助，伤轻忌印克制。若四柱有印而无财，为有病无药。宜为贫穷之格也。

有伤官兼用财印者，财印相克，本不并用，只要干头两清而不相碍；又必生财者，财太旺而带印，佩印者印太重而带财，调停中和，遂为贵格。如丁酉、己酉、戊子、壬子，财太重而带印，而丁与壬隔以戊己，两不碍，且金水多而觉寒，得火融和，都统制命也。又如壬戌、己酉、戊午、丁巳，印太重而带财，亦隔戊己，而丁与壬不相碍，一丞相命也。反是则财印不并用而不秀矣。

伤官兼用财印，实非兼用也，此与财格用印，印格用财相同。丁酉一造，虽为土金伤官，而实财多身弱，用印以培补日元，用神在印，故运行丙午丁未印地而大发。壬戌一造，火旺土焦，用财以损印，用神在财，故运行辛亥壬子癸丑财地而大发。表面虽为土金伤官格局，而其实月令伤官，不过为财之根耳。但财印既并透干头，则以不相碍为最要条件，否则，印旺可以用财，财旺只能用劫，不能用印。盖财印相战。格局不清，即行佳运，亦无善况。此地位次序以不能不注意也①。

有伤官用煞印者，伤多身弱，赖煞生印以邦身而制伤，如己未、丙子、庚子、丙子，蔡贵妃命也。煞因伤而有制，两得其宜，只要无财，便为贵格，如**壬寅、丁未、丙寅、壬辰**，夏阁老命是也。

伤官用煞印者，用神在印也，故云只要无财，便为贵格。如蔡贵妃造，庚金无根，三子泄气，制伤扶身，全在于印。印赖煞生，而冬令金水

---

① 行注：参观《论财论印》节。

伤官，兼赖丙火调候暖局为贵①。夏阁老造，丙火虽不弱，而火土伤官，生于夏令，赖水润泽，故运行北方水地而愈贵。用神虽在印，而春佳处则在于调候，若有印而无煞，乃贫贱之局也。

有伤官用官者，他格不用，金水独宜，然要财印为辅，不可伤官并透。如戊申、甲子、庚午、丁丑，藏癸露丁，戊甲为辅，官又得禄，所以为丞相之格。若孤官无辅，或官伤并透，则发福不大矣。

伤官用官，非金水所独有，惟冬金夏木为最贵耳②。以官为用者，身旺以财为辅，身弱以印为辅，然亦须地位配置合宜。如此造日元庚金禄于申而得印生，官星丁火禄于午而得财生，申子会解冲，子丑合化印，土金水木火循环相生，虽身旺以财生官为用，而行印地亦得生化，此不可多得者也。究因身旺，运行东南木火旺地为贵。

若冬金用官，而又化伤为财，则尤为极秀极贵。如丙申、己亥、辛未、己亥，郑丞相命是也。

化伤为财，当作财论，而此造亥未拱合而无卯，未能化财，月令壬水秉令，仍作金水伤官论。辛金坐未，又透两己，丙火官星，气泄于印，以亥未中暗财损印生官为用。运至寅卯甲乙，财星透清，继行南方，官星得地，宜为极秀极贵之命矣。

然亦有非金水而见官，何也？化伤为财，伤非其伤，作财旺生官而不作伤官见官，如甲子、壬申、己亥、辛未，章丞相命也。

伤官用官，不仅金水。见上论用财节。化伤为财作财论，此造子申会局，化伤为财，以生甲木，亦以日元己土，通根于未，身旺能任财官，故为贵也。

至于伤官而官煞并透，只要干头取清，金水得之亦贵，不然则空结构而已。

金水伤官之喜见官星，取以调和气候，非必以官星为用。既非为用，

---

① 行注：此造录自《神峰通考》。
② 行注：参观《伤官用财》节。

则官煞并透亦复何碍？取清之法，或制或合，使格局不杂耳。用官者必以财印为辅，见上用官节。

## 论伤官取运

伤官取运，即以伤官所成之局，分而配之。伤官用财，财旺身轻，则利印比；身强财浅，则喜财运，伤官亦宜。

八格之中，伤官格变化最多，取运亦多变化①。伤官与食神一也。伤官生财，格之正也，以身轻身重，异其趋向。如本篇史春芳造：

**壬午、己酉、戊午、庚申**

庚申时逢戊日，亦专禄格也②，而日元坐印，己土透干，亦可作刃论，较谢造尤强。壬水之财，虽生于申，而隔离太远。运喜食伤财地，辛亥、壬子、癸丑三十年，花团锦簇，洵不易遇，正符身强财浅，运喜财地，伤官亦宜之说也。

**甲子、乙亥、辛未、戊子**

此本篇罗状元命。金水伤官，本喜见官，而此则生于小阳春时节，未中藏火，不虞寒冷，亥未拱合，透出乙木，则伤官化为财矣。年时两子，仍是食神生财之局，惟日元太弱，运喜印比帮身。庚辰辛十五年，最为美境；戊寅、己卯二十年，虽印盖头，究嫌财旺身弱。再者金水之局，本喜火暖，今原局虽不见官星，而运行东南阳暖之地，和煦之气，可以补助其不足。言运者必须参合研究之地。

**己卯、丁丑、丙寅、庚寅**

此亦伤官生财格，身旺财轻，与上造适相反。丑为金库，巳庚并透，为财伤有情也。酉申辛三运为最美；壬癸运为伤官见官，虽身旺不甚为忌，究非美运。财为最喜，而食伤则有分别，戊戌未为燥土，不及己丑辰湿土，以湿土能泄火之气而生金也。

伤官佩印，运行官煞为宜，印运亦吉，伤食不碍，财地

---

① 行注：参观《配气候得失》节。
② 行注：见《食格》谢阁老造。

则凶。

伤官佩印者，一由于日元弱，伤官泄气太重，以制伤扶身而用印；二由于夏木见火，身虽不弱，而火旺木枯，必须得水润泽。是因调和气候而用印也。

**壬申、丙午、甲午、壬申**

如本篇李罗平命造，兼制伤扶身与调和气候二者之用，加倍得力。申酉庚辛反美者，以其生印也。戊己财运为凶，幸为西方之土，临于申酉，原局偏印又旺，尚无大碍，而戌运必不美也。食伤火运，有壬水回克无碍。

伤官而兼用财印，其财多而带印者，运喜助印，印多而带财者，运喜助财。

伤官而兼用财印，即财格用印，印格用财也。虽月令伤官，而伤官之气，已泄于财，故其枢纽在财而不在伤也。财印不并用，然干头两清，亦可取用①。又或财印一在干一在支，两不相碍，亦作清论，如本篇所引两造：

**丁酉、己酉、戊子、壬子**

—都统制命，财多身弱，喜其财印不相碍②，为财旺用印扶身，兼以调候。运行丁未丙午印地固美，乙巳甲官煞之地亦佳，盖官煞生印，并通财印之气也。

**壬戌、己酉、戊午、丁巳**

—丞相命，为印多用财③。喜得丁壬不合，用财损印，用神在财，运行辛亥壬子癸丑财地最美，甲寅乙印官煞之地不佳，盖官煞泄财生印也。

伤官而用煞印，印运最利，伤食亦亨，杂官非吉，逢财即危。

伤官兼透煞印，亦有身强身弱之别，身弱用印扶身，如夏贵妃造：

---

① 行注：参观《财格用印》节。
② 行注：参阅《论伤官》节。
③ 行注：参观《论印》节。

**己未、丙子、庚子、丙子**

庚金气泄而弱，用印制伤扶身。十一月金水，气肃而寒，用火调候，即金水伤官喜见官之意，兼以生印也。年上印绶得用，而幼运乙亥破印。出身虽美，幼年必极孤苦；甲合己土，财化为印，戌运印地，此十年为最美也。癸壬食伤运，有印回克无碍；申酉帮身运，自可行也。杂官有印化，尚无妨碍，逢财破印则身必危也。

**壬寅、丁未、丙寅、壬辰**

此本篇夏言夏阁老①造②，虽煞印并见，而身强印旺，未为木库，丁壬又合而化木③，夏月火土，非用水润土，调和气候不可。更喜辰为水库，又属湿土，可以泄丙火之燥，为壬水之根，故可用也。运行酉庚、辛亥、壬子、癸丑金水财煞之乡，自然富贵，劫印食伤，均不宜也。

伤官带煞，喜印忌财，然伤重煞轻，运喜印而财亦吉。惟七煞根重，则运喜伤食，印绶身旺亦吉，而逢财为凶矣。

伤官带煞而原局无印，普通皆喜印化煞制伤扶身，为最佳之运，如乐吾自造④是也。若伤旺煞轻，则为制煞太过，有印卫煞，印运固美，财运亦吉。举例以明之：

**辛卯、戊戌、丙辰、己亥**

戊戌辰己四土，伤官重，而时逢亥水独煞，以煞为用，申运泄土生水为美。至乙未运，亥卯未暗合木局，制土而卫煞，科甲连登；至甲午运，甲己合土化伤。流年己巳冲去亥水，不禄。

七煞根重者，如近代浙江省长张载扬造：

---

① 校注：夏言（1482年7月14日～1548年11月1日），字公谨，汉族，贵溪（今江西贵溪）人。明代政治家、文学家，明正德进士。初授行人，后任兵科给事中，以正直敢言自负。明世宗继位后，夏言疏陈武宗朝弊政，受世宗赏识。裁汰亲军及京师卫队冗员三千二百人，出按皇族庄田，将其全部夺还民产。他豪迈强直，纵横辩博，因议礼而受宠升至礼部尚书兼武英殿大学士入参机务，不久又擢为首辅。后逐渐失宠，又为严嵩等所构陷。嘉靖二十七年（1548年）议收复河套事，再遭严嵩诬陷，最终被弃市而死。穆宗隆庆初年追谥文愍。其诗文宏整，又以词曲擅名，有《桂洲集》十八卷及《南宫奏稿》传世。

② 行注：参观《命鉴》。

③ 行注：参观《十干配合性情》节。

④ 行注：见《论偏官杂气七煞》节。

**癸酉、乙丑、庚寅、丙子**

此造虽非月令伤官，而十二月余气，时子年癸，亦作杂气伤官论也。丙火七煞，通根于寅，为根重，癸亥至己未伤印比劫均美，而以辛酉庚申身旺之地为尤佳。特不可再行财乡煞地耳。

伤官用官，运喜财印，不利食伤，若局中官露而财印两旺，则比劫伤官，未始非吉矣。

伤官用官，大都为调候而取用；用官本喜财乡，制伤护官，印运亦美，全在四柱配置得宜也。如：

**戊申、甲子、庚午、丁丑**

本篇一丞相造，以伤生财，以财生官，若伤与官星并透，则不足取矣。以官为用，运喜财乡，而行印运亦美。所以丙寅、丁卯、戊辰、己巳、庚午均为美运也。

**甲子、壬申、己亥、辛未**

虽月令伤官，而子申合局，伤化为财，作财旺生官论，不作伤官用官论。行运官印帮身为美。财已旺，不宜再见，伤官亦不相宜。此本篇章丞相造也。

# 论阳刃

阳刃者，劫我正财之神，乃正财之七煞也。禄前一位，惟五阳有之，故为阳刃。不曰劫而曰刃，劫之甚也。刃宜伏制，官煞皆宜，财印相随，尤为贵显。夫正官而财印相随美矣，七煞得之，夫乃甚乎？岂知他格以煞能伤身，故喜制伏，忌财印；阳刃用之，则赖以制刃，不怕伤身，故反喜财印，忌制伏也。

禄前一位为刃，刃者，旺逾其分也，满极将损，故非吉神。五阳者，甲丙戊庚壬也。何以五阳有刃、五阴无刃乎？五行分阴阳而有十干，甲乙，一木也；丙丁，一火也；长生禄旺，是一非二。阴阳家言，仅四长生，亦仅五刃而已。又刃者，就气候而言之也，甲木生卯月为刃，若非卯月而干透乙，或年日时支为卯，则应名之为劫而不名为刃。有名为日刃时刃者，实与劫一也，特其力较重耳。旺过其极，故宜制伏，不论官煞皆宜。在他格用官煞，喜财者不喜印，喜印者不喜财，惟阳刃格以刃强煞旺为美，身旺敌煞，不藉食伤之制伏，惟阳刃格耳。既以身旺敌煞矣，何以又喜印？盖煞刃相持。印者调和煞刃之间而通其气也。事实上煞刃两停者甚少，即使真煞刃两停，亦以印运为最宜，身愈旺更能用煞也。古来如岳武穆造，癸未、乙卯、甲子、己巳，刃旺煞轻，财印为佐，印运为美，至亥运三合会刃，而冲巳，流年辛酉合煞，煞刃相战，岁运冲激，惨遭奇祸。此阳刃格之最著者也[①]。

阳刃用官，透刃不虑；阳刃露煞，透刃无成。盖官能制刃，透而不为害；刃能合煞，则有何功？如丙生午月，透壬制刃，而又露丁，丁与壬合，则七煞有贪合忘克之意，如何制刃？故无功也。

月令阳刃，非皆以官煞为用，特日元旺逾其度者，非用官煞制刃，则不成贵格，言阳刃必带官煞者，以此也。月令阳刃非尽身旺，如**戊子、戊午、丙辰、戊戌**，月令阳刃，泄气太甚，反嫌身弱，须助其刃。子水官星不透，为戊土所制，不能为用，反须以印去食助刃为美，即其例也。煞刃并透，合煞无功，如**甲申、乙卯、甲寅、庚午**，为一内官命造，则以贪合忘克也。

然同是官煞制刃，而格亦有高低，如官煞露而根深，其贵也大；官煞藏而不露，或露而根浅，其贵也小。若己酉、丙子、壬寅、丙午，官透有力，旺财生之，丞相命也。又辛丑、甲午、丙申、壬辰，透煞根浅，财印助之，亦丞相命也。

己酉一造，巳禄于午，寅午会局，丙火两透，财旺生煞，子水之壬不免孤立。好在财不破印，运行西北，焉得不贵！辛丑一造，煞刃两停，故财印并美。然而以藏而不露为贵小，似未尽然。如逊清和坤命造，**庚午、乙酉、庚午、壬午**，官刃均藏而不露，好在乙从庚化，不助官星，官星得壬水损之。运行戊子己丑，化官助身，位极人臣；至寅运会午，财生官

---

① 行注：参观《命鉴》。

旺，而家破身亡。足见格之高低，在于清浊；露而根深，则格局清，所以为贵耳。

然亦有官煞制刃带伤食而贵者，何也？或是印护，或是煞太重而裁损之，官煞轻而取清之，如穆同知命，**甲午、癸酉、庚寅、戊寅**，癸水伤寅午之官，而戊以合之，所谓印护也，如贾平章命，**甲寅、庚午、戊申、甲寅**，煞两透而根太重，食以制之，所谓裁损也。如**丙戌、丁酉、庚申、壬午**，官煞竞出，而壬合丁官，煞纯而不杂。况阳刃之格，利于留煞，所谓取清也。

煞刃带伤食，官煞被制，格之病也，戊印合癸，去其病神，所以为贵。穆造惜乎寅午隔酉，不能会合，又无纯粹印运。若年时寅午互易其位，格局更胜。贾平章造，年月寅午会局，乃印而非刃庚金通根于申，身强煞旺而有制，戊生午月，火土炎燥，宜水以润之，所以调候也，似未可作煞刃格看。丙戌一造，丁壬合官留煞，格局取清，然官煞竞出。大要配置得宜，并非定要合制。如前清乾隆皇帝命造，**辛卯、丁酉、庚午、丙子**，即阳刃格，官煞竞出也。

其于丙生午月，内藏己土，可以克水，尤宜带财佩印，若戊生午月，干透丙丁，支会火局，则化刃为印，或官或煞，透则去刃存印其格愈清。倘或财煞并透露，则犯去印存煞之忌，不作生煞制煞之例，富贵两空矣。

丙生午月，带财佩印，如**丙寅、甲午、丙申、壬辰**一造，申辰拱合，壬水通根，刃旺煞强，财不破印，为美，所以掌兵刑生杀大权也。如寅申易位，年申日寅，刃旺而煞不强，即非贵格。又如**丙寅、甲午、丙午、癸巳**，佩印不带财，癸水官星无根，滴水熬干，不能为用，只能从其强势，失其中和，亦非美格也。至若戊生午月，火炎土燥，再加支会火局。干透丙丁，旺之极矣，如透官煞，木从火势，反助其旺，何能去刃存印？如**戊午、戊午、戊午、甲寅**，虽丙丁未透，然以寅午拱合，甲木反助炎势，须行金运泄土制煞方美。水运逆其旺势，反不为美，格虽请而偏矣。如煞旺印轻，以印化煞，为用者，如**甲寅、庚午、戊寅、甲寅**，甲木通根寅禄，煞旺去刃存印，以印化煞，为得其中和，福寿富贵，名利两全。此造妙在无财，庚金无根，可置不用，若透财，则破印生煞，格局全破矣。

更若阳刃用财，格所不喜，然财根深而用伤食，以转刃生财，虽不比建禄月劫，可以取贵，亦可就富。不然，则刃与财相搏，不成局矣。

月令阳刃，日元必旺，财根若深，两相对峙，必用伤官食神以通其气，所谓通关也。如甲申、丙子、壬寅、辛亥，喜寅亥相合，木火得其生地，子申会局，食神又得生扶，财气通门户，富格也。若刃旺财轻而无食伤，如戊子、戊午、戊戌、戊午，火炎土燥，虽需要水润泽，然以无食伤为水亡根。滴水难存。又如戊申、戊午、戊子、戊午，有一申字为子水之根，虽金水不透，非富贵之格，然有相当之结局矣。

## 论阳刃取运

阳刃用官，则运喜助官，然命中官星根深，则印绶比劫之方，反为美运，但不喜伤食合官耳。

阳刃格最简单，盖月令阳刃而日元旺，非用官煞克之，即用食伤泄之，阳刃逢财，非食伤通关不可，是其关键在食伤也[①]；刃旺官煞轻，非用印通关不可，既不能克之，不如和之也，然月令阳刃，非必身旺，如本篇一丞相造：

### 己酉、丙子、壬申、丙午

财旺生官也，虽月令阳刃而财更旺，喜得己酉官印相生，财官印刃，周流不滞。运行印绶比劫之方，皆为美运，官运亦吉，如癸酉壬申辛未三十年是也。甲木食神合官，乙木伤碍官星，均非吉地耳。

阳刃用煞，煞不甚旺，则运喜助煞；煞若太重，则运喜身旺印绶，伤食亦不为忌。

阳刃用煞，与用官之意义相同，所异者官煞之性质耳[②]。官宜生旺，

---

① 行注：逢印劫为专旺除外。
② 行注：参观《论官论煞》篇。

煞宜制伏，故于食伤运，有宜忌之不同也。

**辛丑、甲午、丙申、壬辰**

为本篇又一丞相造。煞透根深，虽月令阳刃，而身非旺，用印化煞，而喜阳刃制财以护印也。初运官煞，虽不相宜，然有印引化无碍；中运印地，庚辛金不通根，而滋煞助印，均为美运；己丑戊食伤制煞，有印回克，亦可行也；子运冲刃，则非吉矣。

月令阳刃而透官煞，官煞以制刃成格；若又透伤食，则克泄交集，须视四柱之配合如何，未可一定。如本篇穆同知造：

**甲午、癸酉、庚寅、戊寅**

月令阳刃，用午火官星制刃，而透癸水伤官破格，喜时上戊土合去癸水，官刃依然成格，与上节刃用官相同也。寅午会局，才生官旺，喜行印绶比劫之地，而忌伤食，子水冲午，决非佳运也。

**甲寅、庚午、戊申、甲寅**

此本篇贾平章造，丁巳同禄于午，然寅午会局，刃化为印。年时甲寅，七煞太旺，喜申冲寅，庚制甲，裁制其太过；更喜申中壬水润泽，使火不炎，土不燥。虽月令阳刃，而归入煞刃格，稍嫌牵强耳。运行壬申癸酉最美。

阳刃而官煞并出，不论去官去煞，运喜制伏，身旺亦利，财地官乡反为不吉也。

阳刃而官煞并透，去官去煞，与偏官格合官合煞相同，所谓"莫去取之清之物"是也。余同用官用煞节。

**丙戌、丁酉、庚申、壬午**

此丁壬合官留煞也，合官则煞清而纯。愈现其美；煞重，运宜制煞之乡，身旺亦美。但戊己印绶则不为吉，因其克制壬水，去春取清之物也。若壬水不透；而用官煞，则印绶为美运矣。此其不同之点也。

阳刃用财，必须有食伤通关，用食伤则喜行财地，其取运与建禄同，不赘。

## 论建禄月劫

建禄者，月建逢禄堂也，禄即是劫。或以禄堂透出，即可依以用者，非也。故建禄与月劫，可同一格，不必另分，皆以透干会支，别取财官煞食为用。

月令逢禄为建禄，日支坐禄为专禄，时支逢禄为归禄。月劫者月令逢劫也，阳干为刃，阴干为劫。建禄月劫，皆无取以为用之法，另取财官煞食用神，则与财官煞食看法无二。故以用神分类者，无另立之必要也。

禄格用官，干头透出为奇，又要财印相随，不可孤官无辅。有用官而印护者，如庚戌、戊子、癸酉、癸亥，金丞相命是也。有用官而财助者，如丁酉、丙午、丁巳、壬寅，李知府命是也。

财印相随，非并用财印①。用官而印护者，以印制伤也，如金丞相造，戊土官星，通根于戌，好在戊癸合而不化，以酉金护官为用也。用官而财助者，以财生官也，如李知府造，年支酉金，隔离太远，巳邀酉而近之，生助官星，丁壬亦喜其合而不化，则格局清也。

有官而兼带财印者，所谓身强值三奇，尤为贵气。三奇者，财官印也，只要以官隔之，使财印两不相伤，其格便大，如庚午、戊子、癸卯、丁巳，王少师命是也。

三奇之说，各家不同。以财官印为三奇，亦命家之一说也。然干透必须支藏，天覆地载，方为全美。如此造丁火通根于午，庚通根于巳，支藏干透，方为有根。财印隔离，各处其用，而不相碍，宜乎为贵格也。

禄劫用财，须带食伤，盖月令为劫而以财作用，二者相克，必以伤食化之，始可转劫生财，如甲子、丙子、癸丑、壬辰，张都统命是也。

月令禄劫而用财者，必有伤食为枢纽，与阳刃格相同。张都统造木不通支，喜得水木土互相卫护，可以培植甲木之根。运行戊寅、己卯、为最

---

① 行注：详论官篇。

美也。

至于化劫为财，与化劫为生，尤为秀气。如己未、己巳、丁未、辛丑，丑与巳会，即以劫财之火为金局之财，安得不为大贵？所谓化劫为财也。如高尚书命，**庚子、甲申、庚子、甲申**，即以劫财之金，化为生财之水，所谓化劫为生也。

己未一造，四柱之中五重土，木嫌泄气太重，巳丑拱合辛金，建禄化财，日元更弱，所以运行丙寅丁卯印劫之地为贵。高尚书造，月时两禄，年透比肩，日元不弱，子申化劫为生，运行水木火地均美。两造皆清纯之极，宜为贵格。

禄劫用煞，必须制伏，如娄参政命，**丁巳、壬子、癸卯、己未**，壬合丁财以去其党煞，卯未会局以制伏是也。

禄劫用煞，与普通用煞相同，身旺煞强，以食神制煞为用。丁壬一合，干头取清，尤妙者巳中丙火伏藏，财不党煞，而有调和气候之用。水暖木得滋长，土亦不冻，为吉神暗藏也。

至用煞而又带财，本为不美，然能去煞存财，又成贵格。戊辰、癸亥、壬午、丙午，合煞存财，袁内阁命是也。

合财合煞，同为格局取清之用。月劫用财，必藉伤食之化，已见前节。袁内阁造，午中财官同得禄，似为合煞留官，以财生官为用神，非专以财为用，亦非专以合煞取贵也。

其禄劫之格，无财官而用伤食，泄其太过，亦为秀气。唯春木秋金，用之则贵，盖木逢火则明，金生水则灵。如张状元命，**甲子、丙寅、甲子、丙寅**，木火通明也；又癸卯、庚申、庚子、庚辰，金水相涵也。

张造两干不杂，木火通明，为食神格。更喜佩印，调停中和，运宜财地。癸卯一造，庚日申子辰全，为金水伤官中之井栏叉格。年支卯木，泄水旺气，运喜东方财地，所谓庚日全逢润下，忌壬癸巳午之方是也。伤官格中，以金水相涵、木火通明、水木菁华，为最秀而贵。若火土、土金，不免偏燥，更须调停中和，方得完美也。

更有禄劫而官煞竟出，必取清方为贵格。如一平章命，**辛丑、**

庚寅、甲辰、乙亥，合煞留官也；如辛亥、庚寅、甲申、丙寅，制煞留官也。

官煞竞出，以取清为贵，合与制，皆取清之法也。然辛丑一造，乙庚相合，庚金未曾合去。辛亥一造，庚金通根于申，克而不净。官煞并见者，作为煞看，一以印化煞为用，一以食制煞为用也。如**甲辰、己巳、戊辰、乙卯**，合煞留官也；又丙辰、辛卯、乙亥、庚辰，亦合煞留官也。盖合制为求其去，合而不去，依然不清。且官煞混杂而四柱配置合宜，即无合制，亦可富贵。如**丙辰、丁酉、庚午、戊寅**，丙煞生与寅，丁官禄于午，并透通根，真混杂也，以印化官煞为用。一郡守造也。

倘或两官竞出，亦须制伏，所谓争正官不可无伤也。

官多便作煞论，煞轻便作官看。如一造，**庚寅、壬午、丁卯、壬寅**，两官竞出，露而无根，遇财官旺运而财发巨万。虽不贵而富，可见非定须制伏也。

若夫用官而孤官无辅，格局更小，难于取贵，若透伤食便为破格。然亦有官伤并透而贵者，何也？如己酉、乙亥、壬戌、庚子，庚合乙而去伤存官，王总兵命也。

王总兵造，乙庚相合，化伤为印，格局取清；己土卑湿，不足以止水，喜其通根于戌，火土厚重，足固提防。运行官印之地，为足贵也。

用财而不透伤食，便难于发端，然干头透一位而不杂，地支根多，亦可取富，但不贵耳。

禄劫用财与阳刃相同，必以食伤为枢纽，但格局清而运相助，亦有富贵者。如**丁丑、辛亥、癸亥、癸亥**，月劫用财，亥中湿木，不能引化，喜其运行南方①，亦可富贵。此前清某观察造，科甲出身者也。

用官煞重而无制伏，运行制伏，亦可发财，但不可官煞太重，致令身危也。

官煞重而无食伤制伏，必须有印方可，否则，身轻煞重，再行食伤之运，克泄交加，必危及身命。如一造，**戊寅、丙辰、己卯、丙寅**，支全东

---

① 行注：丁未、丙午、乙巳。

方，官煞旺也，喜得月时两丙帮身。早年比劫，困苦不堪；中年庚申辛酉，为食伤制伏之乡，发财数十万；晚年行财地，破印助煞，复一败涂地。此我乡一富翁之造也。

## 论建禄月劫取运

禄劫取运，即以禄劫所成之局，分而配之。禄劫用官，印护者喜财，怕官星之逢合，畏七煞这相乘。伤食不能为害，劫比未即为凶。

月令禄劫，不能为用，随四柱配合，用财官食伤，即与论财官食伤取运相同也。用官印护者，官星忌伤，而官印并透，以印制伤护官为用也。禄劫透印，日元必旺，故喜财生官，忌官星被合去，或七煞混杂，原局印透，故伤食不能为害；劫比虽非吉运，然原局透官，则劫比亦未必为凶也。如本篇金丞相命，为官用印护而喜财也。

**庚戌、戊子、癸酉、癸亥**

月令建禄，戊土官星，通根于戌，为官有根也。庚金为辅，然身旺无劳印生，惟行运至食伤之地，取以护官耳。庚寅辛卯壬辰运，均平平，癸巳之后，运转南方，财生官旺，其得意当在晚年也。

财生喜印，宜官星之植根，畏伤食之相侮，逢财愈见其功，杂煞岂能无碍？

财生喜印者，原局有财生官也。虽用在财官支须有印，则不畏官旺。印如透出，而财印不相碍，即为三奇格，见下王少师造。印护喜财，财生喜印，均宜原局俱备，所谓财印相随是也。然原局财生官旺，运至印地，亦为美运。官星植根者，如用壬为官，运见壬为重官，见癸为杂煞，亥子丑之地，则为植根也。畏食伤克制，喜财生之。

**丁酉、丙午、丁巳、壬寅**

此本篇李知府造，喜巳酉会，引财而近之，以生壬水官星，更喜时逢寅，为财印相随也。壬寅官印，辛丑庚子财官之地最美，己亥尚可无妨，戊戌则不能行，所谓伤食相侮也。

庚午、戊子、癸卯、丁巳

此本篇王少师造，为财官印三奇格也。喜其官印通根巳，财星得禄于午，支藏干透，天覆地载。若仅露干而不藏支，亦不足贵。更喜年印时财，两不相碍，戊癸相合，官星之情，专向日主，宜其贵为少师矣。运喜财官而印亦美，与财生喜印相同。

禄劫用财而带伤食，财食重则喜印绶，而不忌比肩；财食轻则宜助财，而不喜印比。逢煞无伤，遇官非福。

禄劫与阳刃相等，单用财为格所忌，非带伤食，不能用财也。亦分身轻身重，食伤重，泄气太过，则宜印绶，逢比劫，有食伤引化而不忌；财食轻，最喜食伤，财运亦喜，印制食伤，比劫分财，均非所宜。官煞有食伤回克无碍，但不为福耳，如本篇张都统造：

甲子、丙子、癸丑、丙辰

甲丙皆不通根，伤官太轻，宜行食伤运以助财。戊寅、己卯运，食伤之地最佳，庚辰非吉。此造惜无甲寅、乙卯、丙辰、丁巳等运以助之也。

己未、己巳、丁未、辛丑

此造财食皆通根，日元亦不弱，胜于张造多矣。更喜巳丑拱合而透辛，劫化为财，运喜印绶而不忌比劫。丁卯丙寅二十年劫印之地最美。乙甲克去巳土，子癸官煞，不为吉也。

庚子、甲申、庚子、甲申

此本篇高尚书命。子申会局，禄劫化为伤官，喜得生于七月，气候未寒，所以金水伤官不见官煞，不损其贵也。更以原局无火，气偏金水，运宜金水本地，再行官煞火运，反不相宜。土运有甲木回克，无碍，所谓顺其气势以取运也。

禄劫用煞以食制，食重煞轻，则运宜助煞；食轻煞重，则运喜助食。

禄劫用煞以食制，与食神制煞无殊，参观论偏官篇。

若用煞而带财，命中合煞存财，则伤食为宜，财运不忌，透官无虑，身旺亦亨。若命中合财存煞，而用食制，煞轻则助煞，食轻则助食而已。

禄劫用煞而带财，则以财党煞为忌，合煞合财，均以以清而贵。合煞存财，则以财论，必须食伤转生；合财存煞，则以煞论，须食神制伏。同用煞节。

**丁巳、壬子、癸卯、己未**

此造合财存煞，为本篇娄参政命。丁壬一合，财不党煞，卯未一合，时煞有制，皆为取清之处。酉申印地为美，丙丁财地非吉。

**戊辰、癸亥、壬午、丙午**

此为合煞存财，本篇袁内阁命也。戊癸合煞，可置不论，喜得亥中藏甲，以食神生财为用，宜行身旺食伤之乡。丙寅、丁卯，食伤财乡为美，戊辰官煞之地为不利。

禄劫而用伤食，财运最宜，煞亦不忌，行印非吉，透官不美。若命中伤食太重，则财运固利，而印亦不忌矣。

禄劫而用伤食，即食神伤官格也。财运最宜者，食伤喜行财地；七煞亦不忌者，金水伤官喜见火，木火伤官喜见水，调和气候也。官印亦未始不美，特须看四柱之配合耳。如本篇张状元命：

**甲子、丙寅、甲子、丙寅**

两神成象，甲木月令建禄，而丙火亦自寅中透出，此所以为木火通明也。然无子水印绶，则火燥木枯。子水者，取以调候，非以为用也。运转南方，宜其大魁天下；庚午煞不通根，丙火回克，不足为害；辛金合丙，不免晦滞；壬申煞印之地非吉矣。

**癸卯、庚申、庚子、庚辰**

此为本篇一状元命造，金水相涵也。庚日全逢润下，为井栏叉格。其实申子辰三合水局，乃食神生财格局也，但原局无火，气偏金水，行官煞火运必不见美，故《喜忌篇》云，忌丙丁巳午之方也。印劫食财皆吉，其大魁天下，必在辰运之后矣。

禄劫而官煞并出，不论合煞留官，存官制煞，运喜伤食，比肩亦宜，印绶未为良图，财官亦非福运。

合煞留官者，煞未合去，官煞杂而势重，故须制伏也。制煞存官者，官煞并而取食伤制之也。观下两造自明：

170

**辛丑、庚寅、甲辰、乙亥**

此本篇一平章之命，合煞留官也。特乙庚相合，煞未合去，官煞叠出，以煞论，喜其身旺敌煞耳。丁亥丙戌制煞之运，及身旺均为美运。日元已旺，无劳印生，官煞混杂，岂可再助？

**辛亥、庚寅、甲申、丙寅**

七煞通根，官助煞势，取食神制煞耳。谓为制煞留官，何如合官留煞？总之身强以制为用耳。丁亥丙戌运，身旺制煞之乡最美，印运虽佳，防其去食害用也。

**己酉、乙亥、壬戌、庚子**

此为本篇王总兵命。乙庚相合，喜其化而为印，去伤存官，名符其实，去病为贵，此之谓也。运至辛未庚午为美，盖运喜财官，而去官则为忌。午未财地，支不伤干，而有生官之益。庚辛之印，干不通根，而生助日元，故为美也。

## 论杂格

杂格者，月令无用，取外格而用之，其格甚多，故谓之杂。大约要干头无官无煞，方成格，如有官煞，则自有官煞为用，无劳外格矣。若透财尚可取格，然财根深，或财透两位，则亦以财为重，不取外格也。

用神以月令为重，月令有用神可取，最为亲切，《滴天髓》所谓"令上夺真最得真"也。月令中之财官食印，或不能用，则于年日时中择其可用者而用之，各格无如是，不限定财官七煞也。取用神以以扶抑为正轨，若四柱无可扶抑，则其气势必属于偏旺。如财官杀印食伤之类，乘权得势，局中之神，又助其旺势，谓二人同心；或日主得时秉令，四柱皆拱合之神，谓权在一人，只可顺其气势，引其性情以取用，若强制之，反激而成患。古来杂格，皆其类也。即以化气论，亦以顺化神之旺势为用。逆其气为忌，故统归之专旺一类。

试以诸格论之，有取五行一方秀气者，取甲乙全亥卯未、寅卯辰，又生春月之类，本是一派劫财，以五行各得其全体，所以成格，喜印露而体纯。如癸亥、乙卯、乙未、壬午，吴相公命是也。运亦喜印绶比劫之乡，财食亦吉，官煞则忌矣。

得一方秀气者，有曲直、炎上、稼穑、从革、润下五种格局，以一方专旺之气也。亦有方局不全者，只要气势专一，从其旺势，如癸卯、乙卯、甲寅、乙亥，又丙午、甲午、丙午、甲午，皆为贵格。运以食伤泄其秀气为最美，原局有食伤则财运亦美。气纯势强，可顺而不可逆。印比之运，从其旺神，固为适宜，但亦不可执一。如原局露食伤泄秀，则印运为忌；比劫透而无食伤，则财运亦忌。随局配置，各有喜忌。官煞逆其旺势，最犯格局之忌，若无印生化，则为祸非轻。

有从化取格者，要化出之物，得时乘令，四支局全。如丁壬化木，地支全亥卯未、寅卯辰，而又生于春月，方为大贵。否则，亥未之月亦是木地，次等之贵，如甲戌、丁卯、壬寅、甲辰，一品贵格命也。运喜所化之物，与所化之印绶，财伤亦可，不利官煞。

从化者，谓从之而化，与弃命相从之格不同。如甲己化土，乙庚化金，丙辛化水，丁壬化木，戊癸化火五格是也。更要逢辰，盖五行遁干，逢辰则化神透出。如甲己化土，而甲己遁干至辰为戊辰；丁壬化木，而丁壬遁干至辰为甲辰。故云逢龙则化，以此故也。化气必须得地支之气，而尤要者为月时，倘月时不得气，则决不能化。如丁壬化木，必须生于寅卯两月，甲己化土，必须生于辰戌丑未月，所谓化出之物得时乘令是也。而局与方之全与不全，不甚重要，惟全则气纯耳。再者丁壬化木生于未月，得化甚难，盖未为丁火余气也；反之戊癸化火，生于戌未月，反可从化，以戌未皆火土，可克制原来之气质而为化神也。所化之物者，如甲己化土，喜戊己辰戌丑未；丁壬化木，喜甲乙寅卯之类。所化之印绶财伤，如甲己化土，印绶为丙丁巳午，财为壬癸亥子，伤为庚辛申酉之类。丁壬化木，则印绶为壬癸亥子，财为戊己辰戌丑未，伤为丙丁巳午之类。并非日元化气，余外干支皆作化气论也。特化气亦有旺弱，旺者喜泄，弱者喜扶，审其喜忌以言用神，方为真确，未可漫以印绶为美。如甲戌一造，即以寅中丙火为用，泄其秀也。近见论化气者，以日元化合，而将其余干支，尽作化论，未免误会，特详述之。参观《十干配合性情篇》。

有倒冲成格者，以四柱无财官而对面以冲之，要支中字多，方冲得动。譬如以弱主邀强宾，主不众则宾不从。如戊午、戊午、戊午、戊午，是冲子财也；甲寅、庚午、丙午、甲午，是冲子官也。运忌填实，余俱可行。

戊午一造，相传为关圣之命，实则火土偏燥，一生惟金运为最美，泄其旺气也。木火土乡有旺极难继、满招损之象。水运逆其旺势，互起冲激，岂得平稳？甲寅一造，亦惟土运为美。大都从前看命，专重财官，而于此等格局无法解释，于是迂曲其词，以倒冲为说耳。

有朝阳成格者，戊去朝丙，辛日得官，以丙戊同禄于巳，即以引汲之意。要干头无木火，方成其格，盖有火则无待于朝，有木财触戊之怒，而不为我朝。如戊辰、辛酉、辛酉、戊子，张知县命是也。运喜土金水，木运平平，火则忌矣。

六辛日戊子时，四柱不见官煞，为六阴朝阳格，以子动巳、巳动丙火官星为用，其说迂曲。何以仅六辛朝阳，而乙丁己癸不朝耶？且六辛之中，辛巳辛未亦不朝也。戊辰一造，见《神峰通考》，为古张知县命。以八字而论，土金乘旺，用子泄其秀气，与从旺之理相同，喜土金水运，忌木火。参观一方秀气也。

有合禄成格者，命无官星，借干支以合之。戊日庚申，以庚合乙，因其主而得其偶。如己未、戊辰、戊辰、庚申，蜀王命是也。癸日庚申，以申合巳，因其主而得其朋，如己酉、癸未、癸未、庚申，赵丞相命是也。运亦忌填实，不利官煞，更不宜以火克金，使彼受制而不能合，余则吉矣。

禄者，官星也，庚合乙，以乙为戊土为官；申合巳，以巳中戊土为癸水之官。以六戊日，庚申时，四柱无官印为合格。按蜀王己未一造，土强身旺，庚申食神泄秀为用，官煞为犯其旺神，火更伤食神秀气。《书》云，"庚申时逢戊日，食神干旺之方，岁月犯甲丙卯寅，此乃遇而不遇"，于理正合。赵丞相己酉一造，癸水身弱，当以煞印相生为用，有明煞透干，何用暗合官星？此造与戚杨知府造相类，皆宜顺其气势取用。见论用神专旺节。

有弃命从财者，四柱皆财而身无气，舍而从之，格成大贵。若透印则身赖印生而不从，有官煞则亦无从财兼从煞之理，其格不成。如庚申、乙酉、丙申、乙丑，王十万命是也。运喜伤食财乡，不宜身旺。有弃命从煞者，四柱皆煞，而日主无根，舍而从之，格成大贵。若有伤食，则煞受制而不从，有印则印以化煞而不从。如乙酉、乙酉、乙酉、甲申，李侍郎命是也。运喜财官，不宜身旺，食伤则尤忌矣。

从财从煞，其理一也。气势偏旺，日主无根，不得不从其旺势也。从财格而有印，须看印是否通根，如印无根，不碍相从。王十万造，内火无根，乙木亦无根，即其例也。四柱财多而见煞，则以从煞论。从财格行运最忌比劫，倘四柱原有食伤，则能化比劫而生财，否则，不免破格也，见官煞为泄财之气而不美。从煞格喜行财生煞之运，印则泄煞之气为不美，比劫非宜，而食伤制煞为最忌。总之，从格最忌逆其旺势也。

有井栏成格者，庚金生三七月，方用此格。以申子辰冲寅午戌，财官印绶，合而冲之，若透丙丁，有巳午，以现有财官，而无待于冲，乃非井栏之格矣。如戊子、庚申、庚申、庚辰，郭统制命也。运喜财，不利填实，余亦吉也。

井栏叉格，取庚子、庚申、庚辰三日，要申子辰全。《喜忌篇》云。"庚日全逢润下，忌壬癸巳午之方；时遇子申，其福减半"，其实即金水伤官也。年上戊土无根，故以伤官为用，特气势纯粹耳。最喜行东方财地，次者北方亦美。最忌官印，官煞克身，印绶制食，皆逆其旺势，所谓巳午之方也。时遇子，遁干为丙子，露官星，遇申为归禄，故云其福减半。

有刑合成格者，癸日甲寅时，寅刑巳而得财官，格与合禄相似，但合禄则喜以合之，而刑合则硬以致之也。命有庚申，则木被冲克而不能刑；有戊已字，则现透官煞而无待于刑，非此格矣。如乙未、癸卯、癸卯、甲寅，十二节度使命是也。运忌填实，不利金乡，余则吉矣。

刑合格取癸亥、癸卯、癸酉三日见甲寅时。《喜忌篇》云"六癸日时逢寅位，岁怕戊己二方"，盖四柱须无官煞也。此格与飞天禄马、合禄、井栏叉皆从伤官格中分出，因原局无财官，乃用倒冲刑合之名词，以圆其说耳。如上造乃《滴天髓》中之顺局从儿格。从儿者，从食伤也，以见财为美，大忌金乡，克制食伤也。官亦忌，即所谓填实，乃泄财之气则损日元也。皆因不明其理，故曲为之说耳。

有遥合成格者，巳与丑会，本同一局，丑多则会巳而辛丑得官，亦合禄之意也。如辛丑、辛丑、辛丑、庚寅，章统制命是也。若命是有子字，则丑与子合而不遥，有丙丁戊巳，则辛癸之官煞已透，而无待于遥，另有取用，非此格矣。至于甲子遥巳，转辗求合，似觉无情，此格可废，因罗御史命，聊复存之。为甲申、甲戌、甲子、甲子，罗御史命是也。

遥合有二，丑遥巳格、子遥巳格是也。丑遥巳格，以辛丑癸丑二日，用丑多为主，以丑中辛癸，遥合巳中丙火。戊土为官星，局中喜有申酉二字，合住巳字，忌有子字绊住丑字及巳字填实。然如章统制辛丑一造，寅中木火财官可用，何待于遥？古歌云，"辛日癸日多逢丑，名为遥巳合官星。莫言不喜官星旺，谁信官来大有成"，则喜见财官明矣。子遥己格，取甲子日甲子时，以子中癸水遥合巳中戊土，戊土动丙火，丙火合辛金，为甲木官星，转辗求合，更无理由。罗御史甲申一造，月令杂气偏财可用，何须曲为之说？实无理取闹耳。

若夫拱禄、拱贵、趋乾、归禄、夹戌、鼠贵、骑龙、日贵、日德、福禄、魁罡、食神时墓、两干不杂、干支一气、五行具足之类，一切无理之格，既置勿取。即古人格内，亦有成式，总之意为牵就，硬填入格，百无一是，徒误后学而已。乃若天地双飞，虽富贵亦自有格，不全赖此。而亦能增重其格，即用神不甚有用，偶有依以为用，亦成美格。然而有用神不吉，即以为凶，不可执也。

此类格局，不过四柱清纯，用神而吉，格外增美，如是而已，非可依以为用也。参观杂格一览。

其于伤官伤尽，谓是伤尽，不宜一见官，必尽力以伤之，使之无地容身，更行伤运，便能富贵，不知官有何罪，而恶之如此？况见官而伤，则以官非美物，而伤以制之，又何伤官之谓凶神，而见官之为祸百端乎？予用是术以历试，但有贫贱，并无富贵，未轻信也，近亦见有大贵者，不知何故。然要之极贱者多，不得不观其人物以衡之。

用伤官之忌见官星，亦犹用官之忌伤，用印之忌财，用财之忌劫也。何格无喜忌，岂独伤官？况官星有喜见不喜见之别乎？至于格局之不可解者甚多。我人学识不足，未穷奥妙，知之为知之，不知为不知，正不必曲为讳饰也。

# 附：论杂格取运

杂格不一，大都气势偏旺，出于五行常理之外。昔人评命，泥于财官之说，四柱无财官可取，则不惜遥合倒冲，牵强附会，以期合于财官，未免可嗤。命理不外乎五行，气势虽为偏旺，而偏旺之中，仍有正理可取，详《滴天髓征义》。偏旺之格，取运大都须顺其气势，虽干支喜忌，须察四柱之配合，而顺势取运，大致有定。兹就本篇所引各造。约略言之：

## 曲直仁寿格

癸亥、乙卯、乙未、壬午

甲乙日主，支全亥卯未或寅卯辰，乃曲直仁寿格也。气势偏旺于木，宜行水木火运，官煞运最忌，财运亦不宜。丙丁日主，支全寅午戌、或巳午未，为炎上格。戊己日主，支全辰戌丑未为稼穑格。庚辛日主，支全巳酉丑或申酉戌，为从革格。壬癸日主，支全申子辰或亥子丑，为润下格。五种意义相同。

## 化气格

甲戌、丁卯、壬寅、甲辰

丁壬化木，生于春月，时逢甲辰，木之元神透出，乃化木格。气势偏于木也。化神喜行旺地，最宜东方寅卯辰比劫乡，而忌官煞，日主还原之地亦忌，其中略分别，如丁壬化木，日元壬水，行亥子丑印地，生起化神亦吉；若甲己化土，而行寅卯辰，克我化神，为大忌也。化气格有甲己化土、乙庚化金、丙辛化水、丁壬化木、戊癸化火五种，意义略同。

## 倒冲格

戊午、戊午、戊午、戊午

两神成象，而气势偏于火土，为从旺格。最宜金运，泄土之气，但火炎土燥，究嫌偏枯，宜带水之土以护之。如庚辰辛丑等运为最佳，若见水运，如以一杯水救车薪之火。立见其炎。所谓倒冲最忌填实，即此意也。木运逆土之性，增火之焰，亦不相宜。

**甲寅、庚午、丙午、甲午**

庚金无根，置之不论，气偏木火，格成炎上，最宜土运泄火之气。说见前仁寿格。

以上两造皆俗所谓倒冲格也。

## 朝阳格

**戊辰、辛酉、辛酉、戊子**

此金水伤官，原局无官星，气势偏于金水，以顺其性。行土金水运为美，火运为忌。带水之木尚可行，而带火之木则不宜见。此俗所谓朝阳格也。

## 合禄格

**己未、戊辰、戊辰、庚申**

此土金食神也。比劫重重，气势偏于土金，以金运泄土之秀为最吉，水运亦美，火运为忌，木亦不美，所谓土盛木折也。俗以庚合乙为官星，称为合禄格，又不要明见，喜财以生之。取运略同。

## 合禄格

**己酉、辛未、癸未、庚申**

俗亦名之为合禄格，以申合巳中戊土为官星也。月令偏官，年上透出，时上庚印化煞为用①，格正局清，有何不美？若取巳中戊土官星，岂

---

① 行注：见《论偏官》篇。

非官煞混杂耶？

## 从财格

**庚申、乙酉、丙申、己丑**

乙从庚化，不作印论，丙火临申，坐于病地，四柱无根，时上己丑又来生金，气势偏于金旺，为弃命从财格也。运宜行土金水，南方火乡最忌，木亦不利。

## 从煞格

**乙酉、乙酉、乙酉、甲申**

乙木无根，气势偏于金，为弃命从煞格。金运最美，水土亦吉。木运为乙木逢根，火运逆其旺势，皆忌见。与上从财格大致相同。

## 井栏叉格

**戊子、庚申、庚申、庚辰**

此俗所谓井栏叉格。庚金乘旺泄秀，支全申子辰水局。气势偏于金水，当顺其势以取运。土金水运均美，木运亦可，行火运逆其旺势不利。

## 遥合格

**辛丑、辛丑、辛丑、庚寅**

此俗所谓丑遥巳格。土金成局，生于十二月，时上寅木无气，不能为用。势象偏于土金，宜土金水运，木火逆其旺势为不宜。与遥巳格取运相同也。

## 丑遥巳禄格①

乙未、癸卯、癸卯、甲寅

《喜忌篇》云,"六癸日迸逢寅位,岁月怕戊巳二方",以寅刑出巳中戊土为格,其实乃从儿格也。气势偏于木,行运最喜木火。从格忌见比劫,而从儿有食伤引化,不忌比劫,此为不同之点。官煞大忌,印运亦忌。

## 子遥巳禄格②

甲申、甲戌、甲子、甲子

《喜忌篇》云,"甲子日再遇子时,畏庚辛申酉丑午,以子遥合巳为格",其实月令偏财,用财损印,何必另取格局?戌藏丁火,生起财星,遇运透清为美,庚辛申酉官煞生印为忌,午冲子、丑刑戌均为忌也。

---

① 行注:又名刑合。
② 行注:又名遥合格。

# 全书古例附录

## 正官格

薛相公命，甲申、壬申、乙巳、戊寅，财印并透不相碍。
杂气正官，壬戌、丁未、戊甲、乙卯，透干会支，财印相合。
金状元命，乙卯、丁亥、丁未、庚戌，化官为印透财。
宣参国命，己卯、辛未、壬寅、辛亥，遇伤佩印。
李参政命，庚寅、乙酉、甲子、戊辰，合煞留官。
范太傅命，丁丑、壬寅、己巳、丙寅，遇伤佩印合财。

## 财格

葛参政命，壬申、壬子、戊午、乙卯，财露生官。
杨侍郎命，壬寅、壬寅、庚辰、辛巳，财用食生。
曾参政命，乙未、甲申、丙申、庚寅，财格佩印者。
小富命，乙未、己卯、庚寅、辛巳，财印相生。
吴榜眼命，庚戌、戊子、戊子、丙辰，食印兼用不相碍。
平江伯命，壬辰、乙巳、癸巳、辛酉，去食护官。
汪学士命，甲子、辛未、辛酉、壬辰，财用伤以化劫。
毛状元命，乙酉、庚辰、甲午、戊辰，合煞存财。
李御史命，庚辰、戊子、戊寅、甲寅，制煞生财。
赵侍郎命，乙丑、丁亥、己亥、乙亥，财用煞印。
林尚书命，丙寅、癸巳、癸未、壬戌，透财生官。
王太仆命，丙辰、癸巳、壬戌、壬寅，弃煞就财。
一尚书命，丙辰、丙申、丙午、壬辰，弃财就煞。

## 财格

张参政命，丙寅、戊戌、辛酉、戊子，用印透官。
朱尚书命，丙戌、戊戌、辛未、壬辰，印以制伤护官。
临淮侯命，乙亥、己卯、丁酉、壬寅，印以制食护官。
李状元命，戊戌、乙卯、丙午、己亥，印用伤食。
茅状元命，己巳、癸酉、癸未、庚申，印旺生身。
马参政命，壬寅、戊申、壬辰、壬寅，身强印弱。
孙布政命，乙丑、辛巳、己巳、庚午，用煞兼带伤食。
汪侍郎命，辛酉、丙申、壬申、辛亥，印多用财。
牛监簿命，己未、甲戌、辛未、癸巳，财印带食。
赵知府命，丙午、庚寅、丙午、癸巳，化印为劫就财。
贵命，庚戌、戊子、甲戌、乙亥，劫财以存煞印。
贵命，壬子、癸亥、丙子、己亥，官煞有制。
贵命，辛亥、庚子、甲辰、乙亥，合煞留官。
贵命，己未、甲戌、辛未、癸巳，合财存食。

## 食神格

**梁丞相命，**丁未、癸卯、癸亥、癸丑，身强食旺财透。
谢阁老命，己未、壬申、戊子、庚申，身强食旺财透。
沈路分命，丁亥、癸卯、癸卯、甲寅，藏食露伤。
龚知县命，甲午、丁卯、癸丑、丙辰，偏正叠出。
黄都督命，己未、己巳、甲寅、丙寅，夏木逢火土燥，贵多就武。
常国公命，辛卯、辛卯、癸酉、己未，不用财，就煞印。
胡会元命，戊戌、壬戌、丙子、戊戌，单露偏官。
舒尚书命，丁亥、壬子、辛巳、丁酉，金水食神用煞。
钱参政命，丙午、癸巳、甲子、丙寅，夏火木焦，食神用印。
刘提督命，**癸酉、辛酉、己卯、乙亥，财不能党煞。

极贵命，乙亥、乙酉、乙卯、丁丑，煞旺食强身健。

## 偏官格

脱脱丞相命，**壬辰、甲辰、丙戌、戊戌**，食重透印。
何参政命，**丙寅、戊戌、辛丑**，煞印有情。
周丞相命，**戊戌、甲子、丁未、庚戌**，财去印存食。
刘运使命，**甲申、乙亥、丙戌、庚寅**，身重煞轻，又化印用财。
岳统制命，**癸卯、丁巳、庚寅、庚辰**，去官留煞。
沈郎中命，**丙子、甲午、辛亥、辛卯**，去煞留官。
赵员外命，**戊辰、甲寅、戊寅、戊午**，无煞食制而用刃党。

## 伤官格

史春坊命，**壬午、己酉、戊午、庚申**，身强而财有根。
罗状元命，**甲子、乙亥、辛未、戊子**，化伤为财。
秦龙图命，**己卯、丁丑、丙寅、庚寅**，财伤有情。
罗平章命，**壬申、丙午、甲午、壬申**，伤官佩印。
都统制命，**乙酉、己酉、戊子、壬子**，伤官兼用财印。
丞相命，**壬戌、己酉、戊午、丁巳**，印重带财。
蔡贵妃命，**己未、丙子、庚子、丙子**，伤多身弱，煞生印，已扶身。
夏阁老命，**壬寅、丁未、丙寅、壬辰**，煞印伤制。
丞相命，**戊申、甲子、庚午、丁丑**，伤官用官，财印为辅。
郑丞相命，**丙申、己亥、辛未、己亥**，冬金用官，化伤为财。
章丞相命，**甲子、壬申、己亥、辛未**，财旺生官。

## 阳刃格

丞相命，**己酉、丙子、壬寅、丙午**，财官两旺。
丞相命，**辛丑、甲午、丙申、壬辰**，透煞根深，财印两助。

穆同知命，**甲午、癸酉、庚寅、戊寅**，官煞制刃，伤食印护。
贾平章命，**丙戌、丁酉、庚申、壬午**，煞纯不杂。

## 建禄格

金丞相命，**庚戌、戊子、癸酉、癸亥**，用官印护。
李知府命，**丁酉、丙午、丁巳、壬寅**，用官财助。
王少师命，**庚午、戊子、癸卯、丁巳**，财印两不相伤。
张都统命，**甲子、丙子、癸丑、丙辰**，禄劫用财，伤食化生。
贵命，**己未、己巳、丁未、辛丑**，化劫用财。
高尚书命，**庚子、甲申、庚子、甲申**，化劫为生。
娄参政命，**丁巳、壬子、癸卯、己未**，合财党煞。
袁内阁命，**戊辰、癸亥、壬午、丙午**，合煞存财。
张状元命，**甲子、丙寅、甲子、丙寅**，木火通明。
贵命，**癸卯、庚申、庚子、庚辰**，金水相涵。
茹平章命，**辛丑、庚寅、甲辰、乙亥**，合煞留官。
王总兵命，**己酉、乙亥、壬戌、庚子**，去伤存官。
贵命，**辛亥、庚寅、甲申、丙寅**，制煞留官。

## 杂格

吴相公命，**癸亥、乙卯、乙未、壬午**，乙全亥卯未。
一品命，**甲戌、丁卯、壬寅、甲辰**，从化生于春月。
倒冲格，**戊午、戊午、戊午、戊午**。
倒冲格，**甲寅、庚午、丙午、甲午**。
张知县命，**戊辰、辛酉、辛酉、戊子**，朝阳格。
蜀王命，**己未、戊辰、戊辰、庚申**，合禄格。
赵丞相命，**乙酉、癸未、癸未、庚申**，合禄格。
王十万命，**庚申、乙酉、丙申、己丑**，弃命从财。
李侍郎命，**乙酉、乙酉、乙酉、甲申**，弃命从财。

郭统制命，戊子、庚申、庚申、庚子，井栏格。
节度使命，乙未、癸卯、癸卯、甲寅，刑合格。
章统制命，辛丑、辛丑、辛丑、庚寅，遥合格。
罗御史命，甲申、甲戌、甲子、甲子，遥合格。

# 北京学易斋书目

| 书 名 | 作 者 | 定价 | 版别 |
|---|---|---|---|
| 影印涵芬楼本正统道藏[宣纸线装;全512函1120册] | [明]张宇初编 | 480000.00 | 九州 |
| 影印涵芬楼本正统道藏[道林纸线装;全512函1120册] | [明]张宇初编 | 280000.00 | 九州 |
| 易藏[宣纸线装;全50函200册] | 编委会主编 | 98000.00 | 九州 |
| 重刊术藏[精装全100册] | 编委会主编 | 68000.00 | 九州 |
| 续修术藏[精装全100册] | 编委会主编 | 68000.00 | 九州 |
| 易藏[精装全60册] | 编委会主编 | 48000.00 | 九州 |
| 道藏[精装全60册] | 编委会主编 | 48000.00 | 九州 |
| 御制本草品汇精要[彩版8函32册] | (明)刘文泰等著 | 18000.00 | 海南 |
| 御纂医宗金鉴[20函80册] | (清)吴谦等著 | 28000.00 | 海南 |
| 影宋刻备急千金要方[4函16册] | (唐)孙思邈著 | 2380.00 | 海南 |
| 影元刻千金翼方[2函12册] | (唐)孙思邈著 | 2380.00 | 海南 |
| 芥子园画传[彩版3函13册] | (清)李渔纂辑 | 3800.00 | 华龄 |
| 十竹斋书画谱[彩版2函12册] | (明)胡正言编印 | 2800.00 | 华龄 |
| 影印明天启初刻武备志[精装全16册] | (明)茅元仪撰 | 13800.00 | 华龄 |
| 药王千金方合刊[精装全16册] | (唐)孙思邈著 | 13800.00 | 华龄 |
| 焦循文集[精装全18册,库存1套] | [清]焦循撰 | 9800.00 | 九州 |
| 邵子全书[精装全16册] | [宋]邵雍撰 | 12800.00 | 九州 |
| 子部珍本1:校正全本地学答问 | 1函3册 | 680.00 | 华龄 |
| 子部珍本2:赖仙原本催官经 | 1函1册 | 280.00 | 华龄 |
| 子部珍本3:赖仙催官篇注 | 1函1册 | 280.00 | 华龄 |
| 子部珍本4:尹注赖仙催官篇 | 1函1册 | 280.00 | 华龄 |
| 子部珍本5:赖仙心印 | 1函1册 | 280.00 | 华龄 |
| 子部珍本6:新刻赖太素天星催官解 | 1函2册 | 480.00 | 华龄 |
| 子部珍本7:天机秘传青囊内传 | 1函1册 | 280.00 | 华龄 |
| 子部珍本8:阳宅斗首连篇秘授 | 1函1册 | 280.00 | 华龄 |
| 子部珍本9:精刻编集阳宅真传秘诀 | 1函2册 | 480.00 | 华龄 |
| 子部珍本10:秘传全本六壬玉连环 | 1函2册 | 480.00 | 华龄 |
| 子部珍本11:秘传仙授奇门 | 1函2册 | 480.00 | 华龄 |
| 子部珍本12:祝由科诸符秘卷秘旨合刊 | 1函2册 | 480.00 | 华龄 |
| 子部珍本13:校正古本人地眼图说 | 1函2册 | 480.00 | 华龄 |
| 子部珍本14:校正全本钻地眼图说 | 1函2册 | 480.00 | 华龄 |
| 子部珍本15:赖公七十二葬法 | 1函2册 | 480.00 | 华龄 |
| 子部珍本16:杨筠松秘传开门放水阴阳捷径 | 1函2册 | 480.00 | 华龄 |
| 子部珍本17:校正古本地理五诀 | 1函2册 | 480.00 | 华龄 |
| 子部珍本18:重校古本地理雪心赋 | 1函2册 | 480.00 | 华龄 |

| 书　名 | 作　者 | 定　价 | 版别 |
|---|---|---|---|
| 子部珍本19:吴景鸾先天后天理气心印补注 | 1函1册 | 280.00 | 华龄 |
| 子部珍本20:宋国师吴景鸾秘传夹竹梅花院纂 | 1函2册 | 480.00 | 华龄 |
| 子部珍本21:影印原本任铁樵注滴天髓阐微 | 1函4册 | 1080.00 | 华龄 |
| 子部珍本22:地理真宝一粒粟 | 1函1册 | 280.00 | 华龄 |
| 子部珍本23:聚珍全本天机一贯 | 1函3册 | 680.00 | 华龄 |
| 子部珍本24:阴宅造福秘诀 | 1函1册 | 280.00 | 华龄 |
| 子部珍本25:增补诹吉宝镜图 | 1函2册 | 480.00 | 华龄 |
| 子部珍本26:诹吉便览宝镜图 | 1函1册 | 280.00 | 华龄 |
| 子部珍本27:诹吉便览八卦图 | 1函1册 | 280.00 | 华龄 |
| 子部珍本28:甲遁真授秘集 | 1函4册 | 880.00 | 华龄 |
| 子部珍本29:太上祝由科 | 1函2册 | 680.00 | 华龄 |
| 子部珍本30:邵康节先生心易梅花数 | 1函1册 | 280.00 | 华龄 |
| 子部善本1:新刊地理玄珠(需预订) | 2函10册 | 3000.00 | 华龄 |
| 子部善本2:参赞玄机地理仙婆集(需预订) | 2函8册 | 2400.00 | 华龄 |
| 子部善本3:章仲山地理九种(需预订) | 1函5册 | 1500.00 | 华龄 |
| 子部善本4:八门九星阴阳二遁全本奇门断 | 2函18册 | 5400.00 | 华龄 |
| 子部善本5:六壬统宗大全(需预订) | 2函6册 | 1800.00 | 华龄 |
| 子部善本6:太乙统宗宝鉴(需预订) | 2函8册 | 2400.00 | 华龄 |
| 子部善本7:重刊星海词林(需预订) | 14函56册 | 16800.00 | 华龄 |
| 子部善本8:万历初刻三命通会(需预订) | 2函12册 | 3600.00 | 华龄 |
| 子部善本9:增广沈氏玄空学(需预订) | 2函8册 | 2400.00 | 华龄 |
| 子部善本10:江公择日秘稿(需预订) | 2函6册 | 1800.00 | 华龄 |
| 子部善本11:刘氏家藏阐微通书(需预订) | 3函12册 | 3600.00 | 华龄 |
| 子部善本12:影印增补高岛易断(需预订) | 2函8册 | 2400.00 | 华龄 |
| 子部善本13:清刻足本铁板神数(需预订) | 3函13册 | 3900.00 | 华龄 |
| 子部善本14:增订天官五星集腋(需预订) | 2函10册 | 3000.00 | 华龄 |
| 子部善本15:太乙奇门六壬兵备统宗(需预订) | 9函36册 | 10800.00 | 华龄 |
| 子部善本16:御定景祐奇门大全(需预订) | 8函32册 | 9600.00 | 华龄 |
| 子部善本17:地理四秘全书十二种(需预订) | 4函16册 | 4800.00 | 华龄 |
| 子部善本18:全本地理统一全书(需预订) | 3函15册 | 4500.00 | 华龄 |
| 子部善本19:廖公画策扒砂经(需预订) | 1函4册 | 1200.00 | 华龄 |
| 子部善本20:明刊玉髓真经(需预订) | 7函21册 | 6300.00 | 华龄 |
| 子部善本21:蒋大鸿家藏地学捷旨(需预订) | 1函4册 | 1200.00 | 华龄 |
| 子部善本22:阳宅安居金镜(需预订) | 1函4册 | 1200.00 | 华龄 |
| 子部善本23:新刊地理紫囊书(需预订) | 2函6册 | 1800.00 | 华龄 |
| 子部善本24:地理大成五种(需预订) | 8函24册 | 7200.00 | 华龄 |
| 子部善本25:初刻鳌头通书大全(需预订) | 2函10册 | 3000.00 | 华龄 |
| 子部善本26:初刻象吉备要通书大全(需预订) | 3函12册 | 3600.00 | 华龄 |
| 子部善本27:武英殿板钦定协纪辨方书 | 8函24册 | 7200.00 | 华龄 |
| 子部善本28:初刻陈子性藏书(需预订) | 2函6册 | 1800.00 | 华龄 |

| 书 名 | 作 者 | 定价 | 版别 |
|---|---|---|---|
| 重刻故宫藏百二汉镜斋秘书四种(一):火珠林 | 1函1册 | 300.00 | 华龄 |
| 重刻故宫藏百二汉镜斋秘书四种(二):灵棋经 | 1函1册 | 300.00 | 华龄 |
| 重刻故宫藏百二汉镜斋秘书四种(三):滴天髓 | 1函1册 | 300.00 | 华龄 |
| 重刻故宫藏百二汉镜斋秘书四种(四):测字秘牒 | 1函1册 | 300.00 | 华龄 |
| 中外戏法图说:鹅幻汇编鹅幻余编合刊 | 1函3册 | 780.00 | 华龄 |
| 连山[一函一册] | [清]马国翰辑 | 280.00 | 华龄 |
| 归藏[一函一册] | [清]马国翰辑 | 280.00 | 华龄 |
| 周易虞氏义笺订[一函六册] | [清]李翊灼订 | 1180.00 | 华龄 |
| 周易参同契通真义 | 1函2册 | 480.00 | 华龄 |
| 御制周易[一函三册] | 武英殿影宋本 | 680.00 | 华龄 |
| 宋刻周易本义[一函四册] | [宋]朱熹撰 | 980.00 | 华龄 |
| 易学启蒙[一函二册] | [宋]朱熹撰 | 480.00 | 华龄 |
| 易余[一函二册] | [明]方以智撰 | 480.00 | 九州 |
| 奇门鸣法 | [一函二册] | 680.00 | 华龄 |
| 奇门衍象 | [一函二册] | 480.00 | 华龄 |
| 奇门枢要 | [一函二册] | 480.00 | 华龄 |
| 奇门仙机[一函三册] | 王力军校订 | 298.00 | 华龄 |
| 奇门心法秘纂[一函三册] | 王力军校订 | 298.00 | 华龄 |
| 御定奇门秘诀[一函三册] | [清]湖海居士辑 | 680.00 | 华龄 |
| 宫藏奇门大全[线装五函二十五册] | [清]湖海居士辑 | 6800.00 | 星易 |
| 遁甲奇门秘传要旨大全[线装二函十册] | [清]范阳耐寒子辑 | 6200.00 | 星易 |
| 增广神相全编[线装一函四册] | [明]袁珙订正 | 980.00 | 星易 |
| 龙伏山人存世文稿[五函十册] | [清]矫子阳撰 | 2800.00 | 九州 |
| 奇门遁甲鸣法[一函二册] | [清]矫子阳撰 | 680.00 | 九州 |
| 奇门遁甲衍象[一函二册] | [清]矫子阳撰 | 480.00 | 九州 |
| 奇门遁甲枢要[一函二册] | [清]矫子阳撰 | 480.00 | 九州 |
| 遯甲括囊集[一函三册] | [清]矫子阳撰 | 980.00 | 九州 |
| 增注蒋公古镜歌[一函一册] | [清]矫子阳撰 | 180.00 | 九州 |
| 古本皇极经世书[一函三册] | [宋]邵雍撰 | 980.00 | 九州 |
| 明抄真本梅花易数[一函三册] | [宋]邵雍撰 | 480.00 | 九州 |
| 订正六壬金口诀[一函六册] | [清]巫国匡辑 | 1280.00 | 华龄 |
| 六壬神课金口诀[一函三册] | [明]适适子撰 | 298.00 | 华龄 |
| 改良三命通会[一函四册,第二版] | [明]万民英撰 | 980.00 | 华龄 |
| 增补选择通书玉匣记[一函二册] | [晋]许逊撰 | 480.00 | 华龄 |
| 绘图全本鲁班经匠家镜 | 1函4册 | 680.00 | 华龄 |
| 菊逸山房地理正书(天函):地理点穴撼龙经 | 1函3册 | 680.00 | 华龄 |
| 菊逸山房地理正书(地函):秘藏疑龙经大全 | 1函1册 | 280.00 | 华龄 |
| 菊逸山房地理正书(人函):杨公秘本山法备收 | 1函1册 | 280.00 | 华龄 |
| 青囊海角经 | 1函4册 | 680.00 | 华龄 |
| 阳宅三要 | 1函3册 | 298.00 | 华龄 |

| 书 名 | 作 者 | 定 价 | 版别 |
|---|---|---|---|
| **子部珍本备要**（宣纸线装） | | 分函售价 | 九州 |
| 001 峒嵝神书 | 1函1册 | 280.00 | 九州 |
| 002 地理唉蔗録 | 1函4册 | 880.00 | 九州 |
| 003 地理玄珠精选 | 1函4册 | 880.00 | 九州 |
| 004 地理琢玉斧峦头歌括 | 1函4册 | 880.00 | 九州 |
| 005 金氏地学粹编 | 3函8册 | 1840.00 | 九州 |
| 006 风水一书 | 1函4册 | 880.00 | 九州 |
| 007 风水二书 | 1函4册 | 880.00 | 九州 |
| 008 增注周易神应六亲百章海底眼 | 1函1册 | 280.00 | 九州 |
| 009 卜易指南 | 1函1册 | 280.00 | 九州 |
| 010 大六壬占验 | 1函1册 | 280.00 | 九州 |
| 011 真本六壬神课金口诀 | 1函3册 | 680.00 | 九州 |
| 012 太乙指津 | 1函2册 | 480.00 | 九州 |
| 013 太乙金钥匙 太乙金钥匙续集 | 1函1册 | 280.00 | 九州 |
| 014 奇门遁甲占验天时 | 1函2册 | 480.00 | 九州 |
| 015 南阳掌珍遁甲 | 1函1册 | 280.00 | 九州 |
| 016 达摩易筋经 易筋经外经图说 八段锦 | 1函1册 | 280.00 | 九州 |
| 017 钦天监彩绘真本推背图 | 1函2册 | 680.00 | 九州 |
| 018 清抄全本玉函通秘 | 1函3册 | 680.00 | 九州 |
| 019 灵棋经 | 1函1册 | 280.00 | 九州 |
| 020 道藏灵符秘法 | 4函9册 | 2100.00 | 九州 |
| 021 地理青囊玉尺度金针集 | 1函6册 | 1280.00 | 九州 |
| 022 奇门秘传九宫纂要 | 1函1册 | 280.00 | 九州 |
| 023 影印清抄耕寸集－真本子平真诠 | 1函2册 | 480.00 | 九州 |
| 024 新刊合并官板音义评注渊海子平 | 1函2册 | 480.00 | 九州 |
| 025 影抄宋本五行精纪 | 1函6册 | 1080.00 | 九州 |
| 026 影印明刻阴阳五要奇书1－郭氏阴阳元经 | 1函2册 | 480.00 | 九州 |
| 027 影印明刻阴阳五要奇书2－克择璇玑括要 | 1函1册 | 280.00 | 九州 |
| 028 影印明刻阴阳五要奇书3－阳明按索图 | 1函2册 | 480.00 | 九州 |
| 029 影印明刻阴阳五要奇书4－佐玄直指 | 1函2册 | 480.00 | 九州 |
| 030 影印明刻阴阳五要奇书5－三白宝海钩玄 | 1函1册 | 280.00 | 九州 |
| 031 相命图诀许负相法十六篇合刊 | 1函1册 | 280.00 | 九州 |
| 032 玉掌神相神相铁关刀合刊 | 1函1册 | 280.00 | 九州 |
| 033 古本太乙淘金歌 | 1函1册 | 280.00 | 九州 |
| 034 重刊地理葬埋黑通书 | 1函2册 | 480.00 | 九州 |
| 035 壬归 | 1函2册 | 480.00 | 九州 |
| 036 大六壬苗公鬼撮脚二种合刊 | 1函1册 | 280.00 | 九州 |
| 037 大六壬鬼撮脚射覆 | 1函2册 | 480.00 | 九州 |
| 038 大六壬金柜经 | 1函1册 | 280.00 | 九州 |
| 039 纪氏奇门秘书仕学备余 | 1函1册 | 280.00 | 九州 |

| 书　　名 | 作者 | 定价 | 版别 |
|---|---|---|---|
| 040 八门九星阴阳二遁全本奇门断 | 2函18册 | 3680.00 | 九州 |
| 041 李卫公奇门心法 | 1函1册 | 280.00 | 九州 |
| 042 武侯行兵遁甲金函玉镜海底眼 | 1函1册 | 280.00 | 九州 |
| 043 诸葛武侯奇门千金诀 | 1函1册 | 280.00 | 九州 |
| 044 隔夜神算 | 1函1册 | 280.00 | 九州 |
| 045 地理五种秘笈合刊 | 1函1册 | 280.00 | 九州 |
| 046 地理雪心赋句解 | 1函2册 | 480.00 | 九州 |
| 047 九天玄女青囊经 | 1函1册 | 280.00 | 九州 |
| 048 考定撼龙经 | 1函1册 | 280.00 | 九州 |
| 049 刘江东家藏善本葬书 | 1函1册 | 280.00 | 九州 |
| 050 杨公六段玄机赋杨筠松安门楼玉辇经合刊 | 1函1册 | 280.00 | 九州 |
| 051 风水金鉴 | 1函1册 | 280.00 | 九州 |
| 052 新镌碎玉剖秘地理不求人 | 1函2册 | 480.00 | 九州 |
| 053 阳宅八门金光斗临经 | 1函1册 | 280.00 | 九州 |
| 054 新镌徐氏家藏罗经顶门针 | 1函2册 | 480.00 | 九州 |
| 055 影印乾隆丙午刻本地理五诀 | 1函4册 | 880.00 | 九州 |
| 056 地理诀要雪心赋 | 1函2册 | 480.00 | 九州 |
| 057 蒋氏平阶家藏善本插泥剑 | 1函1册 | 280.00 | 九州 |
| 058 蒋大鸿家传地理归厚录 | 1函1册 | 280.00 | 九州 |
| 059 蒋大鸿家传三元地理秘书 | 1函1册 | 280.00 | 九州 |
| 060 蒋大鸿家传天星选择秘旨 | 1函1册 | 280.00 | 九州 |
| 061 撼龙经批注校补 | 1函4册 | 880.00 | 九州 |
| 062 疑龙经批注校补一全 | 1函1册 | 280.00 | 九州 |
| 063 种筠书屋较订山法诸书 | 1函2册 | 480.00 | 九州 |
| 064 堪舆倒杖诀 拨砂经遗篇 合刊 | 1函1册 | 280.00 | 九州 |
| 065 认龙天宝经 | 1函1册 | 280.00 | 九州 |
| 066 天机望龙经刘氏心法 杨公骑龙穴诗合刊 | 1函1册 | 280.00 | 九州 |
| 067 风水一夜仙秘传三种合刊 | 1函1册 | 280.00 | 九州 |
| 068 新镌地理八窍 | 1函2册 | 480.00 | 九州 |
| 069 地理解醒 | 1函1册 | 280.00 | 九州 |
| 070 峦头指迷 | 1函3册 | 680.00 | 九州 |
| 071 茅山上清灵符 | 1函2册 | 480.00 | 九州 |
| 072 茅山上清镇禳摄制秘法 | 1函1册 | 280.00 | 九州 |
| 073 天医祝由科秘抄 | 1函2册 | 480.00 | 九州 |
| 074 千镇百镇桃花镇 | 1函2册 | 480.00 | 九州 |
| 075 轩辕碑记医学祝由十三科治病奇书合刊 | 1函1册 | 280.00 | 九州 |
| 076 清抄真本祝由科秘诀全书 | 1函3册 | 680.00 | 九州 |
| 077 增补秘传万法归宗 | 1函2册 | 480.00 | 九州 |
| 078 祝由科诸符秘卷祝由科诸符秘旨合刊 | 1函1册 | 280.00 | 九州 |
| 079 辰州符咒大全 | 1函4册 | 880.00 | 九州 |

| 书　名 | 作　者 | 定　价 | 版别 |
|---|---|---|---|
| 080 万历初刻三命通会 | 2函12册 | 2480.00 | 九州 |
| 081 新编三车一览子平渊源注解 | 1函3册 | 680.00 | 九州 |
| 082 命理用神精华 | 1函3册 | 680.00 | 九州 |
| 083 命学探骊集 | 1函1册 | 280.00 | 九州 |
| 084 相诀摘要 | 1函2册 | 480.00 | 九州 |
| 085 相法秘传 | 1函1册 | 280.00 | 九州 |
| 086 新编相法五总龟 | 1函1册 | 280.00 | 九州 |
| 087 相学统宗心易秘传 | 1函2册 | 480.00 | 九州 |
| 088 秘本大清相法 | 1函2册 | 480.00 | 九州 |
| 089 相法易知 | 1函1册 | 280.00 | 九州 |
| 090 星命风水秘传 | 1函1册 | 280.00 | 九州 |
| 091 大六壬隔山照 | 1函2册 | 480.00 | 九州 |
| 092 大六壬考正 | 1函1册 | 280.00 | 九州 |
| 093 大六壬类阐 | 1函2册 | 480.00 | 九州 |
| 094 六壬心镜集注 | 1函1册 | 280.00 | 九州 |
| 095 遁甲吾学编 | 1函2册 | 480.00 | 九州 |
| 096 刘明江家藏善本奇门衍象 | 1函1册 | 280.00 | 九州 |
| 097 遁甲天书秘文 | 1函2册 | 480.00 | 九州 |
| 098 金枢符应秘文 | 1函2册 | 480.00 | 九州 |
| 099 秘传金函奇门隐遁丁甲法书 | 1函2册 | 480.00 | 九州 |
| 100 六壬行军指南 | 2函10册 | 2080.00 | 九州 |
| 101 家藏阴阳二宅秘诀线法 | 1函2册 | 480.00 | 九州 |
| 102 阳宅一书阴宅一书合刊 | 1函1册 | 280.00 | 九州 |
| 103 地理法门全书 | 1函1册 | 280.00 | 九州 |
| 104 四真全书玉钥匙 | 1函1册 | 280.00 | 九州 |
| 105 重刊官板玉髓真经 | 1函4册 | 880.00 | 九州 |
| 106 明刊阳宅真诀 | 1函2册 | 480.00 | 九州 |
| 107 阳宅指南 | 1函1册 | 280.00 | 九州 |
| 108 阳宅秘传三书 | 1函1册 | 280.00 | 九州 |
| 109 阳宅都天滚盘珠 | 1函1册 | 280.00 | 九州 |
| 110 纪氏地理水法要诀 | 1函1册 | 280.00 | 九州 |
| 111 李默斋先生地理辟径集 | 1函2册 | 480.00 | 九州 |
| 112 李默斋先生辟径集续篇 地理秘缺 | 1函2册 | 480.00 | 九州 |
| 113 地理辨正自解 | 1函1册 | 280.00 | 九州 |
| 114 形家五要全编 | 1函4册 | 880.00 | 九州 |
| 115 地理辨正抉要 | 1函1册 | 280.00 | 九州 |
| 116 地理辨正揭隐 | 1函1册 | 280.00 | 九州 |
| 117 地学铁骨秘 | 1函1册 | 280.00 | 九州 |
| 118 地理辨正发秘初稿 | 1函1册 | 280.00 | 九州 |
| 119 三元宅墓图 | 1函1册 | 280.00 | 九州 |

| 书　名 | 作　者 | 定价 | 版别 |
|---|---|---|---|
| 120 参赞玄机地理仙婆集 | 2函8册 | 1680.00 | 九州 |
| 121 幕讲禅师玄空秘旨浅注外七种 | 1函1册 | 280.00 | 九州 |
| 122 玄空挨星图诀 | 1函1册 | 280.00 | 九州 |
| 123 影印稿本玄空地理筌蹄 | 1函1册 | 280.00 | 九州 |
| 124 玄空古义四种通释 | 1函2册 | 480.00 | 九州 |
| 125 地理疑义答问 | 1函1册 | 280.00 | 九州 |
| 126 王元极地理辨正冒禁录 | 1函1册 | 280.00 | 九州 |
| 127 王元极校补天元选择辨正 | 1函3册 | 680.00 | 九州 |
| 128 王元极选择辨真全书 | 1函1册 | 280.00 | 九州 |
| 129 王元极增批地理冰海原本地理冰海合刊 | 1函1册 | 280.00 | 九州 |
| 130 王元极三元阳宅萃篇 | 1函2册 | 480.00 | 九州 |
| 131 尹一勺先生地理精语 | 1函1册 | 280.00 | 九州 |
| 132 古本地理元真 | 1函2册 | 480.00 | 九州 |
| 133 杨公秘本搜地灵 | 1函1册 | 280.00 | 九州 |
| 134 秘藏千里眼 | 1函1册 | 280.00 | 九州 |
| 135 道光刊本地理或问 | 1函1册 | 280.00 | 九州 |
| 136 影印稿本地理秘诀 | 1函2册 | 480.00 | 九州 |
| 137 地理秘诀隔山照 地理括要 合刊 | 1函1册 | 280.00 | 九州 |
| 138 地理前后五十段 | 1函2册 | 480.00 | 九州 |
| 139 心耕书屋藏本地经图说 | 1函1册 | 280.00 | 九州 |
| 140 地理古本道法双谭 | 1函1册 | 280.00 | 九州 |
| 141 奇门遁甲元灵经 | 1函1册 | 280.00 | 九州 |
| 142 黄帝遁甲归藏大意 白猿真经 合刊 | 1函1册 | 280.00 | 九州 |
| 143 遁甲符应经 | 1函2册 | 480.00 | 九州 |
| 144 遁甲通明钤 | 1函1册 | 280.00 | 九州 |
| 145 景祐奇门秘纂 | 1函2册 | 480.00 | 九州 |
| 146 奇门先天要论 | 1函2册 | 480.00 | 九州 |
| 147 御定奇门古本 | 1函2册 | 480.00 | 九州 |
| 148 奇门吉凶格解 | 1函1册 | 280.00 | 九州 |
| 149 御定奇门宝鉴 | 1函3册 | 680.00 | 九州 |
| 150 奇门阐易 | 1函2册 | 480.00 | 九州 |
| 151 六壬总论 | 1函1册 | 280.00 | 九州 |
| 152 稿抄本大六壬翠羽歌 | 1函1册 | 280.00 | 九州 |
| 153 都天六壬神课 | 1函1册 | 280.00 | 九州 |
| 154 大六壬易简 | 1函2册 | 480.00 | 九州 |
| 155 太上六壬明鉴符阴经 | 1函1册 | 280.00 | 九州 |
| 156 增补关煞袖里金百中经 | 1函1册 | 280.00 | 九州 |
| 157 演禽三世相法 | 1函2册 | 480.00 | 九州 |
| 158 合婚便览 和合婚姻咒 合刊 | 1函1册 | 280.00 | 九州 |
| 159 神数十种 | 1函1册 | 280.00 | 九州 |

| 书　名 | 作　者 | 定　价 | 版别 |
|---|---|---|---|
| 160 神机灵数一掌经金钱课合刊 | 1函1册 | 280.00 | 九州 |
| 161 阴阳二宅易知录 | 1函2册 | 480.00 | 九州 |
| 162 阴宅镜 | 1函2册 | 480.00 | 九州 |
| 163 阳宅镜 | 1函1册 | 280.00 | 九州 |
| 164 清精抄本六圃地学 | 1函1册 | 280.00 | 九州 |
| 165 形峦神断书 | 1函1册 | 280.00 | 九州 |
| 166 堪舆三昧 | 1函1册 | 280.00 | 九州 |
| 167 遁甲奇门捷要 | 1函1册 | 280.00 | 九州 |
| 168 奇门遁甲备览 | 1函1册 | 280.00 | 九州 |
| 169 原传真本石室藏本圆光真传秘诀合刊 | 1函1册 | 280.00 | 九州 |
| 170 明抄全本壬归 | 1函4册 | 880.00 | 九州 |
| 171 董德彰水法秘诀水法断诀合刊 | 1函1册 | 280.00 | 九州 |
| 172 董德彰先生水法图说 | 1函1册 | 280.00 | 九州 |
| 173 董德彰先生泄天机篹要 | 1函2册 | 480.00 | 九州 |
| 174 李默斋先生地理秘传 | 1函2册 | 480.00 | 九州 |
| 175 新锓希夷陈先生紫微斗数全书 | 1函3册 | 680.00 | 九州 |
| 176 海源阁藏明刊麻衣相法全编 | 1函2册 | 480.00 | 九州 |
| 177 袁忠彻先生相法秘传 | 1函3册 | 680.00 | 九州 |
| 178 火珠林要旨 筮杙 | 1函2册 | 480.00 | 九州 |
| 179 火珠林占法秘传 续筮杙 | 1函1册 | 280.00 | 九州 |
| 180 六壬类聚 | 1函4册 | 880.00 | 九州 |
| 181 新刻麻衣相神异赋 | 1函1册 | 280.00 | 九州 |
| 182 诸葛武侯奇门遁甲全书 | 1函2册 | 480.00 | 九州 |
| 183 张九仪传地理偶摘 | 1函1册 | 280.00 | 九州 |
| 184 张九仪传地理偶注 | 1函1册 | 280.00 | 九州 |
| 185 阳宅玄珠 | 1函1册 | 280.00 | 九州 |
| 186 阴宅总论 | 1函1册 | 280.00 | 九州 |
| 187 新刻杨救贫秘传阴阳二宅便用统宗 | 1函1册 | 280.00 | 九州 |
| 188 增补理气图说 | 1函2册 | 480.00 | 九州 |
| 189 增补罗经图说 | 1函1册 | 280.00 | 九州 |
| 190 重镌官板阳宅大全 | 1函4册 | 880.00 | 九州 |
| 191 景祐太乙福应经 | 1函1册 | 280.00 | 九州 |
| 192 景祐遁甲符应经 | 1函3册 | 680.00 | 九州 |
| 193 景祐六壬神定经 | 1函3册 | 680.00 | 九州 |
| 194 御制禽遁符应经 | 1函2册 | 480.00 | 九州 |
| 195 秘传匠家鲁班经符法 | 1函3册 | 680.00 | 九州 |
| 196 哈佛藏本太史黄际飞注天玉经 | 1函1册 | 280.00 | 九州 |
| 197 李三素先生红囊经解 | 1函1册 | 280.00 | 九州 |
| 198 杨曾青囊天玉通义 | 1函1册 | 280.00 | 九州 |
| 199 重编大清钦天监焦秉贞彩绘历代推背图解 | 1函2册 | 680.00 | 九州 |

| 书名 | 作者 | 定价 | 版别 |
|---|---|---|---|
| 200 道光初刻相理衡真 | 1函4册 | 880.00 | 九州 |
| 201 新刻袁柳庄先生秘传相法 | 1函3册 | 680.00 | 九州 |
| 202 袁忠彻相法古今识鉴 | 1函2册 | 480.00 | 九州 |
| 203 袁天纲五星三命指南 | 1函2册 | 480.00 | 九州 |
| 204 新刻五星玉镜 | 1函3册 | 680.00 | 九州 |
| 205 游艺录:筮遁壬行年斗数相宅 | 1函1册 | 280.00 | 九州 |
| 206 新订王氏罗经透解 | 1函2册 | 480.00 | 九州 |
| 207 堪舆真诠 | 1函3册 | 680.00 | 九州 |
| 208 青囊天机奥旨二种 | 1函1册 | 280.00 | 九州 |
| 209 张九仪传地理偶录 | 1函1册 | 280.00 | 九州 |
| 210 地学形势集 | 1函8册 | 1680.00 | 九州 |
| 211 神相水镜集 | 1函4册 | 880.00 | 九州 |
| 212 稀见相学秘笈四种合刊 | 1函2册 | 480.00 | 九州 |
| 213 神相金较剪 | 1函1册 | 280.00 | 九州 |
| 214 神相证验百条 | 1函2册 | 480.00 | 九州 |
| 215 全本神相全编 | 1函3册 | 680.00 | 九州 |
| 216 神相全编正义 | 1函3册 | 680.00 | 九州 |
| 217 八宅明镜 | 1函2册 | 480.00 | 九州 |
| 218 阳宅卜居秘髓 | 1函3册 | 680.00 | 九州 |
| 219 地理乾坤法窍 | 1函3册 | 680.00 | 九州 |
| 220 秘传廖公画筴拨砂经 | 1函4册 | 880.00 | 九州 |
| 221 地理囊金集注 | 1函1册 | 280.00 | 九州 |
| 222 赤松子罗经要旨 | 1函1册 | 280.00 | 九州 |
| 223 萧仙地理心法堪舆经 | 1函2册 | 480.00 | 九州 |
| 224 新刻地理搜龙奥语 | 1函2册 | 480.00 | 九州 |
| 225 新刻风水珠神真经 | 1函2册 | 480.00 | 九州 |
| 226 寻龙点穴地理索隐 | 1函1册 | 280.00 | 九州 |
| 227 杨公撼龙经考注 | 1函2册 | 480.00 | 九州 |
| 228 李德贞秘授三元秘诀 | 1函1册 | 280.00 | 九州 |
| 229 地理支陇乘气论 | 1函2册 | 480.00 | 九州 |
| 230 道光刻全本相山撮要 | 2函6册 | 1500.00 | 九州 |
| 231 药王真传祝由科全编 | 1函1册 | 280.00 | 九州 |
| 232 梵音斗科符箓秘书 | 1函2册 | 580.00 | 九州 |
| 233 御定奇门灵占 | 1函4册 | 880.00 | 九州 |
| 234 御定奇门宝镜图 | 1函2册 | 480.00 | 九州 |
| 235 汇纂大六壬玉钥匙心诀 | 1函1册 | 280.00 | 九州 |
| 236 补完直解六壬五变中黄经 | 1函2册 | 480.00 | 九州 |
| 237 六壬节要直讲 | 1函2册 | 480.00 | 九州 |
| 238 六壬神课捷要占验 | 1函1册 | 280.00 | 九州 |
| 239 六壬袖传神课捷要 | 1函1册 | 280.00 | 九州 |

| 书　名 | 作　者 | 定价 | 版别 |
|---|---|---|---|
| 240 秘藏大六壬大全善本 | 2函8册 | 1800.00 | 九州 |
| 241 阳宅藏书 | 1函2册 | 480.00 | 九州 |
| 242 阳宅觉元氏新书 | 1函1册 | 280.00 | 九州 |
| 243 阳宅拾遗 | 1函2册 | 480.00 | 九州 |
| 244 阳基集腋 | 1函2册 | 480.00 | 九州 |
| 245 阴阳二宅指正 | 1函2册 | 480.00 | 九州 |
| 246 九天玄妙秘书内经 | 1函1册 | 280.00 | 九州 |
| 247 青乌葬经葬经翼 | 1函1册 | 280.00 | 九州 |
| 248 阳宅六十四卦秘断 | 1函1册 | 280.00 | 九州 |
| 249 杨曾地理秘传捷诀 | 1函3册 | 680.00 | 九州 |
| 250 三元堪舆秘笈救败全书 | 1函4册 | 880.00 | 九州 |
| 251 纪氏地理末学 | 1函2册 | 480.00 | 九州 |
| 252 堪舆说原 | 1函1册 | 280.00 | 九州 |
| 253 河洛正变喝穴集 | 1函1册 | 280.00 | 九州 |
| 254 太上洞玄灵宝素灵真符 | 1函1册 | 280.00 | 九州 |
| 255 道家神符霸咒秘传 | 1函1册 | 280.00 | 九州 |
| 256 堪舆秘传六十四论记师口诀 | 1函2册 | 480.00 | 九州 |
| 257 相法秘笈太乙照神经 | 1函3册 | 680.00 | 九州 |
| 258 哈佛藏子平格局解要 | 1函2册 | 480.00 | 九州 |
| 259 三车一览命书详论 | 1函2册 | 480.00 | 九州 |
| 260 万历初刊平学大成 | 1函4册 | 880.00 | 九州 |
| 261 古本推背图说 | 1函2册 | 680.00 | 九州 |
| 262 董氏诹吉新书 | 1函2册 | 480.00 | 九州 |
| 263 蒋大鸿四十八局图 | 1函1册 | 280.00 | 九州 |
| 264 阳宅紫府宝鉴 | 1函2册 | 480.00 | 九州 |
| 265 宅经类纂 | 1函3册 | 680.00 | 九州 |
| 266 杨公画筴图 | 1函1册 | 280.00 | 九州 |
| 267 刘江东秘传金函经 | 1函1册 | 280.00 | 九州 |
| 268 垩元总录 | 1函2册 | 480.00 | 九州 |
| 269 纪氏奇门占验奇门遁甲要略合刊 | 1函1册 | 280.00 | 九州 |
| 270 奇门统宗大全 | 1函4册 | 880.00 | 九州 |
| 271 刘天君祛治符法秘卷 | 1函3册 | 680.00 | 九州 |
| 272 圣济总录祝由术全编 | 1函2册 | 480.00 | 九州 |
| 273 子平星学精华 | 1函1册 | 280.00 | 九州 |
| 274 紫微斗数命理宣微 | 1函1册 | 280.00 | 九州 |
| 275 火珠林卦爻精究集 | 1函2册 | 480.00 | 九州 |
| 276 韩图孤本奇门秘要 | 1函1册 | 280.00 | 九州 |
| 277 哈佛藏明抄六壬断易秘诀 | 1函1册 | 280.00 | 九州 |
| 278 大六壬会要全集 | 1函3册 | 680.00 | 九州 |
| 279 乾隆初刊六壬视斯 | 1函2册 | 480.00 | 九州 |

| 书 名 | 作 者 | 定 价 | 版别 |
|---|---|---|---|
| 280 精抄历代六壬占验汇选 | 2函6册 | 1280.00 | 九州 |
| 281 张九仪先生东湖地学 | 1函1册 | 280.00 | 九州 |
| 282 张九仪先生东湖砂法 | 1函1册 | 280.00 | 九州 |
| 283 张九仪先生东湖水法 | 1函1册 | 280.00 | 九州 |
| 284 姚氏地理辨正图说 | 1函1册 | 280.00 | 九州 |
| 285 地理辨正补注 | 1函2册 | 480.00 | 九州 |
| 286 地理丛谈元运发微 | 1函1册 | 280.00 | 九州 |
| 287 元空宅法举隅 | 1函1册 | 280.00 | 九州 |
| 288 平洋地理玉函经 | 1函1册 | 280.00 | 九州 |
| 289 元空法鉴三种 | 1函3册 | 680.00 | 九州 |
| 290 蒋大鸿先生地理合璧 | 2函7册 | 1480.00 | 九州 |
| 291 新刊地理五经图解 | 1函3册 | 680.00 | 九州 |
| 292 三元地理辨惑 | 1函1册 | 280.00 | 九州 |
| 293 风水内传秘旨 | 1函1册 | 280.00 | 九州 |
| 294 杜氏地理图说 | 1函2册 | 480.00 | 九州 |
| 295 地学仁孝必读 | 1函5册 | 1080.00 | 九州 |
| 296 地理秘珍 | 1函2册 | 480.00 | 九州 |
| 297 秘传四课仙机水法 | 1函1册 | 280.00 | 九州 |
| 298 地理辨正图诀 | 1函1册 | 280.00 | 九州 |
| 299 灵城精义笺 | 1函1册 | 280.00 | 九州 |
| 300 仰山子新辑地理条贯 | 2函6册 | 1280.00 | 九州 |
| 301 秘传堪舆经传类纂 | 1函1册 | 280.00 | 九州 |
| 302 秘传堪舆论状类纂 | 1函1册 | 280.00 | 九州 |
| 303 秘传堪舆秘书类纂 | 1函1册 | 280.00 | 九州 |
| 304 秘传堪舆诗赋歌诀类纂 | 1函2册 | 480.00 | 九州 |
| 305 秘传堪舆问答类纂 | 1函1册 | 280.00 | 九州 |
| 306 秘传堪舆杂录类纂 | 1函2册 | 480.00 | 九州 |
| 307 秘传堪舆辨惑类纂 | 1函1册 | 280.00 | 九州 |
| 308 秘传堪舆断诀类纂 | 1函1册 | 280.00 | 九州 |
| 309 秘传堪舆穴法类纂 | 1函1册 | 280.00 | 九州 |
| 310 秘传堪舆葬法类纂 | 1函1册 | 280.00 | 九州 |
| 311 大六壬兵占三种 | 1函2册 | 480.00 | 九州 |
| 312 大六壬秘书四种 | 1函2册 | 480.00 | 九州 |
| 313 大六壬毕法注解 | 1函1册 | 280.00 | 九州 |
| 314 大六壬课体订讹 | 1函1册 | 280.00 | 九州 |
| 315 大六壬类占 | 1函2册 | 480.00 | 九州 |
| 316 大六壬全编 | 1函2册 | 480.00 | 九州 |
| 317 大六壬杂释 | 1函1册 | 280.00 | 九州 |
| 318 大六壬心镜 | 1函2册 | 480.00 | 九州 |
| 319 六壬灵课玉洞金书 | 1函1册 | 280.00 | 九州 |

| 书　　名 | 作　者 | 定　价 | 版别 |
|---|---|---|---|
| 320 六壬通仙 | 1函4册 | 880.00 | 九州 |
| 321 五种秘窍全书－1－地理秘窍 | 1函1册 | 280.00 | 九州 |
| 322 五种秘窍全书－2－选择秘窍 | 1函4册 | 880.00 | 九州 |
| 323 五种秘窍全书－3－天星秘窍 | 1函1册 | 280.00 | 九州 |
| 324 五种秘窍全书－4－罗经秘窍 | 1函4册 | 880.00 | 九州 |
| 325 五种秘窍全书－5－奇门秘窍 | 1函2册 | 480.00 | 九州 |
| 326 新编杨曾地理家传心法捷诀一贯堪舆 | 2函8册 | 1780.00 | 九州 |
| 327 玉函铜函真经阴阳剪裁图注 | 1函3册 | 680.00 | 九州 |
| 328 新刻石函平砂玉尺经全书 | 1函2册 | 480.00 | 九州 |
| 329 三元通天照水经 | 1函2册 | 480.00 | 九州 |
| 330 堪舆经书 | 1函5册 | 1080.00 | 九州 |
| 331 神相汇编 | 1函2册 | 480.00 | 九州 |
| 332 管辂神相秘传 | 1函1册 | 280.00 | 九州 |
| 333 冰鉴秘本七篇月波洞中记合刊 | 1函1册 | 280.00 | 九州 |
| 334 太清神鉴录 | 1函2册 | 480.00 | 九州 |
| 335 新刊京本厘正总括天机星学正传 | 2函10册 | 2180.00 | 九州 |
| 336 新监七政归垣司台历数袖里璇玑 | 1函4册 | 880.00 | 九州 |
| 337 道藏古本紫微斗数 | 1函2册 | 480.00 | 九州 |
| 338 增补诸家选择万全玉匣记 | 1函2册 | 480.00 | 九州 |
| 339 杨公造命要诀 | 1函1册 | 280.00 | 九州 |
| 340 造命宗镜 | 1函6册 | 1280.00 | 九州 |
| 341 上清灵宝济度金书符咒大成 | 2函9册 | 1980.00 | 九州 |
| 342 青城山铜板祝由十三科 | 1函2册 | 480.00 | 九州 |
| 343 抄本祝由科别传 | 1函1册 | 280.00 | 九州 |
| 344 遁甲演义 | 1函2册 | 480.00 | 九州 |
| 345 武侯奇门遁甲玄机赋 | 1函1册 | 280.00 | 九州 |
| 346 北法变化禽书 | 1函1册 | 280.00 | 九州 |
| 347 卜筮全书 | 1函6册 | 1280.00 | 九州 |
| 348 卜筮正宗 | 1函4册 | 880.00 | 九州 |
| 349 易隐 | 1函4册 | 880.00 | 九州 |
| 350 野鹤老人占卜全书 | 1函5册 | 1280.00 | 九州 |
| 351 地理会心集 | 1函2册 | 480.00 | 九州 |
| 352 罗经会心集 | 1函2册 | 480.00 | 九州 |
| 353 阳宅会心集 | 1函1册 | 280.00 | 九州 |
| 354 秘传图注龙经全集 | 1函3册 | 680.00 | 九州 |
| 355 地理精微集 | 1函2册 | 480.00 | 九州 |
| 356 地理拾铅峦头理气合编 | 1函2册 | 480.00 | 九州 |
| 357 萧客真诀 | 1函1册 | 280.00 | 九州 |
| 358 地理铁案 | 1函2册 | 480.00 | 九州 |
| 359 秘传四神课书仙机消纳水法 | 1函2册 | 480.00 | 九州 |

| 书　名 | 作者 | 定价 | 版别 |
|---|---|---|---|
| 360 蒋大鸿先生地理真诠 | 2函7册 | 1480.00 | 九州 |
| 361 蒋大鸿仙诀小引 | 1函1册 | 280.00 | 九州 |
| 362 管氏地理指蒙 | 1函1册 | 280.00 | 九州 |
| 363 原本山洋指迷 | 1函2册 | 480.00 | 九州 |
| 364 形家集要 | 1函1册 | 280.00 | 九州 |
| 365 重镌地理天机会元 | 3函15册 | 3080.00 | 九州 |
| 366 地理方外别传 | 1函2册 | 480.00 | 九州 |
| 367 堪舆至秘旅寓集 | 1函1册 | 280.00 | 九州 |
| 368 堪舆管见 | 1函1册 | 280.00 | 九州 |
| 369 四神秘诀 | 1函2册 | 480.00 | 九州 |
| 370 地理辨正补 | 1函3册 | 680.00 | 九州 |
| 371 金书秘奥地理一片金合刊 | 1函1册 | 280.00 | 九州 |
| 372 阳宅玉髓真经阴宅制煞秘法合刊 | 1函1册 | 280.00 | 九州 |
| 373 堪舆至秘旅寓集 堪舆秘传 | 1函1册 | 280.00 | 九州 |
| 374 地学杂钞连珠水法合刊 | 1函1册 | 280.00 | 九州 |
| 375 黄妙应仙师五星仙机制化砂法 | 1函2册 | 480.00 | 九州 |
| 376 造葬便览 | 1函1册 | 280.00 | 九州 |
| 377 大六壬秘本 | 1函2册 | 480.00 | 九州 |
| 378 太乙统类 | 1函1册 | 280.00 | 九州 |
| 379 新雕注疏珞琭子三命消息赋 | 1函1册 | 280.00 | 九州 |
| 380 新编四家注解经进珞琭子消息赋 | 1函2册 | 480.00 | 九州 |
| 381 清代民间实用灵符汇编 | 1函2册 | 680.00 | 九州 |
| 382 王国维批校宋本焦氏易林 | 1函2册 | 480.00 | 九州 |
| 383 新刊应验天机易卦通神 | 1函1册 | 280.00 | 九州 |
| 384 新镌周易数 | 1函5册 | 1080.00 | 九州 |
| **增补四库青乌辑要**[,全18函59册] | 郑同校 | 11680.00 | 九州 |
| 第1种:宅经[1册] | [署]黄帝撰 | 180.00 | 九州 |
| 第2种:葬书[1册] | [晋]郭璞撰 | 220.00 | 九州 |
| 第3种:青囊序青囊奥语天玉经[1册] | [唐]杨筠松撰 | 220.00 | 九州 |
| 第4种:黄囊经[1册] | [唐]杨筠松撰 | 220.00 | 九州 |
| 第5种:黑囊经[2册] | [唐]杨筠松撰 | 380.00 | 九州 |
| 第6种:锦囊经[1册] | [晋]郭璞撰 | 200.00 | 九州 |
| 第7种:天机贯旨红囊经[2册] | [清]李三素撰 | 380.00 | 九州 |
| 第8种:玉函天机素书/至宝经[1册] | [明]董德彰撰 | 200.00 | 九州 |
| 第9种:天机一贯[2册] | [清]李三素撰辑 | 380.00 | 九州 |
| 第10种:撼龙经[1册] | [唐]杨筠松撰 | 200.00 | 九州 |
| 第11种:疑龙经葬法倒杖[1册] | [唐]杨筠松撰 | 220.00 | 九州 |
| 第12种:疑龙经辨正[1册] | [唐]杨筠松撰 | 200.00 | 九州 |
| 第13种:寻龙记太华经[1册] | [唐]曾文辿撰 | 220.00 | 九州 |
| 第14种:宅谱要典[2册] | [清]铣溪野人校 | 380.00 | 九州 |

| 书　名 | 作　者 | 定　价 | 版别 |
|---|---|---|---|
| 第15种:阳宅必用[2册] | 心灯大师校订 | 380.00 | 九州 |
| 第16种:阳宅撮要[2册] | [清]吴鼒撰 | 380.00 | 九州 |
| 第17种:阳宅正宗[1册] | [清]姚承舆撰 | 200.00 | 九州 |
| 第18种:阳宅指掌[2册] | [清]黄海山人撰 | 380.00 | 九州 |
| 第19种:相宅新编[1册] | [清]焦循校刊 | 240.00 | 九州 |
| 第20种:阳宅井明[2册] | [清]邓颖出撰 | 380.00 | 九州 |
| 第21种:阴宅井明[1册] | [清]邓颖出撰 | 220.00 | 九州 |
| 第22种:灵城精义[2册] | [南唐]何溥撰 | 380.00 | 九州 |
| 第23种:龙穴砂水说[1册] | 清抄秘本 | 180.00 | 九州 |
| 第24种:三元水法秘诀[2册] | 清抄秘本 | 380.00 | 九州 |
| 第25种:罗经秘传[2册] | [清]傅禹辑 | 380.00 | 九州 |
| 第26种:穿山透地真传[2册] | [清]张九仪撰 | 380.00 | 九州 |
| 第27种:催官篇发微论[2册] | [宋]赖文俊撰 | 380.00 | 九州 |
| 第28种:入地眼神断要诀[2册] | 清抄秘本 | 380.00 | 九州 |
| 第29种:玄空大卦秘断[1册] | 清抄秘本 | 200.00 | 九州 |
| 第30种:玄空大五行真传口诀[1册] | [明]蒋大鸿等撰 | 220.00 | 九州 |
| 第31种:杨曾九宫颠倒打劫图说[1册] | [唐]杨筠松撰 | 200.00 | 九州 |
| 第32种:乌兔经奇验经[1册] | [唐]杨筠松撰 | 180.00 | 九州 |
| 第33种:挨星考注[1册] | [清]汪董缘订定 | 260.00 | 九州 |
| 第34种:地理挨星说汇要[1册] | [明]蒋大鸿撰辑 | 220.00 | 九州 |
| 第35种:地理捷诀[1册] | [清]傅禹辑 | 200.00 | 九州 |
| 第36种:地理三仙秘旨[1册] | 清抄秘本 | 200.00 | 九州 |
| 第37种:地理三字经[3册] | [清]程思乐撰 | 580.00 | 九州 |
| 第38种:地理雪心赋注解[2册] | [唐]卜则嵬撰 | 380.00 | 九州 |
| 第39种:蒋公天元余义[1册] | [明]蒋大鸿等撰 | 220.00 | 九州 |
| 第40种:地理真传秘旨[3册] | [唐]杨筠松撰 | 580.00 | 九州 |
| **增补四库未收方术汇刊第一辑**(全28函) | 线装影印本 | 11800.00 | 九州 |
| 第一辑01函:火珠林·卜筮正宗 | [宋]麻衣道者著 | 340.00 | 九州 |
| 第一辑02函:全本增删卜易·增删卜易真诠 | [清]野鹤老人撰 | 720.00 | 九州 |
| 第一辑03函:渊海子平音义评注·子平真诠·命理易知 | [明]杨淙增校 | 360.00 | 九州 |
| 第一辑04函:滴天髓·附滴天秘诀·穷通宝鉴·附月谈赋 | [宋]京图撰 | 360.00 | 九州 |
| 第一辑05函:参星秘要诹吉便览·玉函斗首三台通书·精校三元总录 | [清]俞荣宽撰 | 460.00 | 九州 |
| 第一辑06函:陈子性藏书 | [清]陈应选撰 | 580.00 | 九州 |
| 第一辑07函:崇正辟谬永吉通书·选择求真 | [清]李奉来辑 | 500.00 | 九州 |
| 第一辑08函:增补选择通书玉匣记·永宁通书 | [晋]许逊撰 | 400.00 | 九州 |
| 第一辑09函:新增阳宅爱众篇 | [清]张觉正撰 | 480.00 | 九州 |
| 第一辑10函:地理四弹子·地理铅弹子砂水要诀 | [清]张九仪注 | 340.00 | 九州 |
| 第一辑11函:地理五诀 | [清]赵九峰著 | 200.00 | 九州 |

| 书　名 | 作　者 | 定价 | 版别 |
|---|---|---|---|
| 第一辑12函:地理直指原真 | [清]释如玉撰 | 280.00 | 九州 |
| 第一辑13函:宫藏真本入地眼全书 | [宋]释静道著 | 680.00 | 九州 |
| 第一辑14函:罗经顶门针·罗经解定·罗经透解 | [明]徐之镆撰 | 360.00 | 九州 |
| 第一辑15函:校正详图青囊经·平砂玉尺经·地理辨正疏 | [清]王宗臣著 | 300.00 | 九州 |
| 第一辑16函:一贯堪舆 | [明]唐世友辑 | 240.00 | 九州 |
| 第一辑17函:阳宅大全·阳宅十书 | [明]一壑居士集 | 600.00 | 九州 |
| 第一辑18函:阳宅大成五种 | [清]魏青江撰 | 600.00 | 九州 |
| 第一辑19函:奇门五总龟·奇门遁甲统宗大全·奇门遁甲元灵经 | [明]池纪撰 | 500.00 | 九州 |
| 第一辑20函:奇门遁甲秘笈全书 | [明]刘伯温辑 | 280.00 | 九州 |
| 第一辑21函:奇门庐中阐秘 | [汉]诸葛武侯撰 | 600.00 | 九州 |
| 第一辑22函:奇门遁甲元机·太乙秘书·六壬大占 | [宋]岳珂纂辑 | 360.00 | 九州 |
| 第一辑23函:性命圭旨 | [明]尹真人撰 | 480.00 | 九州 |
| 第一辑24函:紫微斗数全书 | [宋]陈抟撰 | 200.00 | 九州 |
| 第一辑25函:千镇百镇桃花镇 | [清]云石道人校 | 220.00 | 九州 |
| 第一辑26函:清抄真本祝由科秘诀全书·轩辕碑记医学祝由十三科 | [上古]黄帝传 | 800.00 | 九州 |
| 第一辑27函:增补秘传万法归宗 | [唐]李淳风撰 | 160.00 | 九州 |
| 第一辑28函:神机灵数一掌经金钱课·牙牌神数七种·珍本演禽三世相法 | [清]诚文信校 | 440.00 | 九州 |
| **增补四库未收方术汇刊第二辑**(全36函) | 线装影印本 | 13800.00 | 九州 |
| 第二辑第1函:六爻断易一撮金·卜易秘诀海底眼 | [宋]邵雍撰 | 200.00 | 九州 |
| 第二辑第2函:秘传子平渊源 | 燕山郑同校辑 | 280.00 | 九州 |
| 第二辑第3函:命理探原 | [清]袁树珊撰 | 280.00 | 九州 |
| 第二辑第4函:命理正宗 | [明]张楠撰集 | 180.00 | 九州 |
| 第二辑第5函:造化玄钥 | 庄圆校补 | 220.00 | 九州 |
| 第二辑第6函:命理寻源·子平管见 | [清]徐乐吾撰 | 280.00 | 九州 |
| 第二辑第7函:京本风鉴相法 | [明]回阳子校辑 | 380.00 | 九州 |
| 第二辑第8—9函:钦定协纪辨方书8册 | [清]允禄编 | 780.00 | 九州 |
| 第二辑第10—11函:鳌头通书10册 | [明]熊宗立撰辑 | 880.00 | 九州 |
| 第二辑第12—13函:象吉通书 | [清]魏明远撰辑 | 1080.00 | 九州 |
| 第二辑第14函:选择宗镜·选择纪要 | [朝鲜]南秉吉撰 | 360.00 | 九州 |
| 第二辑第15函:选择正宗 | [清]顾宗秀辑 | 480.00 | 九州 |
| 第二辑第16函:仪度六壬选日要诀 | [清]张九仪撰 | 680.00 | 九州 |
| 第二辑第17函:葬事择日法 | 郑同校辑 | 280.00 | 九州 |
| 第二辑第18函:地理不求人 | [清]吴明初撰辑 | 240.00 | 九州 |
| 第二辑第19函:地理大成一:山法全书 | [清]叶九升撰 | 680.00 | 九州 |
| 第二辑第20函:地理大成二:平阳全书 | [清]叶九升撰 | 360.00 | 九州 |

| 书　名 | 作者 | 定价 | 版别 |
| --- | --- | --- | --- |
| 第二辑第21函:地理大成三:地理六经注·地理大成四:罗经指南拔雾集·地理大成五:理气四诀 | [清]叶九升撰 | 300.00 | 九州 |
| 第二辑第22函:地理录要 | [明]蒋大鸿撰 | 480.00 | 九州 |
| 第二辑第23函:地理人子须知 | [明]徐善继撰 | 480.00 | 九州 |
| 第二辑第24函:地理四秘全书 | [清]尹一勺撰 | 380.00 | 九州 |
| 第二辑第25-26函:地理天机会元 | [明]顾陵冈辑 | 1080.00 | 九州 |
| 第二辑第27函:地理正宗 | [清]蒋宗城校订 | 280.00 | 九州 |
| 第二辑第28函:全图鲁班经 | [明]午荣编 | 280.00 | 九州 |
| 第二辑第29函:秘传水龙经 | [明]蒋大鸿撰 | 480.00 | 九州 |
| 第二辑第30函:阳宅集成 | [清]姚廷銮纂 | 480.00 | 九州 |
| 第二辑第31函:阴宅集要 | [清]姚廷銮纂 | 240.00 | 九州 |
| 第二辑第32函:辰州符咒大全 | [清]觉玄子辑 | 480.00 | 九州 |
| 第二辑第33函:三元镇宅灵符秘箓·太上洞玄祛病灵符全书 | [明]张宇初编 | 240.00 | 九州 |
| 第二辑第34函:太上混元祈福解灾三部神符 | [明]张宇初编 | 360.00 | 九州 |
| 第二辑第35函:测字秘牒·先天易数·冲天易数/马前课 | [清]程省撰 | 360.00 | 九州 |
| 第二辑第36函:秘传紫微 | 古朝鲜抄本 | 240.00 | 九州 |
| 子部善本1:新刊地理玄珠 | 精装古本影印 | 380.00 | 华龄 |
| 子部善本2:参赞玄机地理仙婆集 | 精装古本影印 | 380.00 | 华龄 |
| 子部善本3:章仲山地理九种(上下) | 精装古本影印 | 760.00 | 华龄 |
| 子部善本4:八门九星阴阳二遁全本奇门断 | 精装古本影印 | 760.00 | 华龄 |
| 子部善本5:六壬统宗大全 | 精装古本影印 | 380.00 | 华龄 |
| 子部善本6:太乙统宗宝鉴 | 精装古本影印 | 380.00 | 华龄 |
| 子部善本7:重刊星海词林(全五册) | 精装古本影印 | 1900.00 | 华龄 |
| 子部善本8:万历初刻三命通会(上下) | 精装古本影印 | 760.00 | 华龄 |
| 子部善本9:增广沈氏玄空学(上下) | 精装古本影印 | 760.00 | 华龄 |
| 子部善本10:江公择日秘稿 | 精装古本影印 | 380.00 | 华龄 |
| 子部善本11:刘氏家藏阐微通书(上下) | 精装古本影印 | 760.00 | 华龄 |
| 子部善本12:影印增补高岛易断(上下) | 精装古本影印 | 760.00 | 华龄 |
| 子部善本13:清刻足本铁板神数 | 精装古本影印 | 380.00 | 华龄 |
| 子部善本14:增订天官五星集腋(上下) | 精装古本影印 | 760.00 | 华龄 |
| 子部善本15:太乙奇门六壬兵备统宗(上中下) | 精装古本影印 | 1140.00 | 华龄 |
| 子部善本16:御定景祐奇门大全(上下) | 精装古本影印 | 760.00 | 华龄 |
| 子部善本17:地理四秘全书十二种 | 精装古本影印 | 380.00 | 华龄 |
| 子部善本18:全本地理统一全书 | 精装古本影印 | 380.00 | 华龄 |
| 子部善本19:廖公画策扒砂经(上下) | 精装古本影印 | 760.00 | 华龄 |
| 子部善本20:明刊玉髓真经(上下) | 精装古本影印 | 760.00 | 华龄 |
| 子部善本21:蒋大鸿家藏地学捷旨 | 精装古本影印 | 380.00 | 华龄 |
| 子部善本22:阳宅安居金镜(上下) | 精装古本影印 | 760.00 | 华龄 |
| 子部善本23:新刊地理紫囊书(上下) | 精装古本影印 | 760.00 | 华龄 |

| 书 名 | 作 者 | 定 价 | 版别 |
|---|---|---|---|
| 子部善本24:地理大成五种(上下) | 精装古本影印 | 760.00 | 华龄 |
| 子部善本25:初刻鳌头通书大全(上中下) | 精装古本影印 | 1140.00 | 华龄 |
| 子部善本26:初刻象吉备要通书大全(上中下) | 精装古本影印 | 1140.00 | 华龄 |
| 子部善本27:武英殿板钦定协纪辨方书(上下) | 精装古本影印 | 760.00 | 华龄 |
| 子部善本28:初刻陈子性藏书(上下) | 精装古本影印 | 760.00 | 华龄 |
| **子平遗书第1辑**(命例集,甲子至戊辰全三册) | 精装古本影印 | 980.00 | 华龄 |
| **子平遗书第2辑**(命例集,庚午至甲戌全三册) | 精装古本影印 | 980.00 | 华龄 |
| **子平遗书第3辑**(命例集,乙亥至戊子全三册) | 精装古本影印 | 980.00 | 华龄 |
| **子平遗书第4辑**(命例集,庚寅至庚子全三册) | 精装古本影印 | 980.00 | 华龄 |
| **子平遗书第5辑**(命例集,辛丑至癸丑全三册) | 精装古本影印 | 980.00 | 华龄 |
| **子平遗书第6辑**(命例集,甲寅至辛酉全三册) | 精装古本影印 | 980.00 | 华龄 |
| 风水择吉第一书:辨方(简体精装) | 李明清著 | 168.00 | 华龄 |
| 珞琭子三命消息赋古注通疏(精装上下) | 一明注疏 | 188.00 | 华龄 |
| 增补高岛易断(简体横排精装上下) | (清)王治本编译 | 198.00 | 华龄 |
| 中国古代术数基础理论(精装1函5册) | 刘昌易著 | 495.00 | 团结 |
| 飞盘奇门:鸣法体系校释(精装上下) | 刘金亮撰 | 198.00 | 九州 |
| 白话高岛易断(上下) | 孙正治孙奥麟译 | 128.00 | 九州 |
| 润德堂丛书全编1:述卜筮星相学 | 袁树珊著 | 38.00 | 华龄 |
| 润德堂丛书全编2:命理探原 | 袁树珊著 | 38.00 | 华龄 |
| 润德堂丛书全编3:命谱 | 袁树珊著 | 68.00 | 华龄 |
| 润德堂丛书全编4:大六壬探原 养生三要 | 袁树珊著 | 38.00 | 华龄 |
| 润德堂丛书全编5:中西相人探原 | 袁树珊著 | 38.00 | 华龄 |
| 润德堂丛书全编6:选吉探原 八字万年历 | 袁树珊著 | 38.00 | 华龄 |
| 润德堂丛书全编7:中国历代卜人传(上中下) | 袁树珊著 | 168.00 | 华龄 |
| 三式汇刊1:大六壬口诀纂 | [明]林昌长辑 | 68.00 | 华龄 |
| 三式汇刊2:大六壬集应钤 | [明]黄宾廷撰 | 198.00 | 华龄 |
| 三式汇刊3:奇门大全秘纂 | [清]湖海居士撰 | 68.00 | 华龄 |
| 三式汇刊4:大六壬总归 | [宋]郭子晟撰 | 58.00 | 华龄 |
| 三式汇刊5:大六壬心镜 | [唐]徐道符辑 | 48.00 | 华龄 |
| 三式汇刊6:壬窍 | [清]无无野人撰 | 48.00 | 华龄 |
| 青囊汇刊1:青囊秘要 | [晋]郭璞等撰 | 48.00 | 华龄 |
| 青囊汇刊2:青囊海角经 | [晋]郭璞等撰 | 48.00 | 华龄 |
| 青囊汇刊3:阳宅十书 | [明]王君荣撰 | 48.00 | 华龄 |
| 青囊汇刊4:秘传水龙经 | [明]蒋大鸿撰 | 68.00 | 华龄 |
| 青囊汇刊5:管氏地理指蒙 | [三国]管辂撰 | 48.00 | 华龄 |
| 青囊汇刊6:地理山洋指迷 | [明]周景一撰 | 32.00 | 华龄 |
| 青囊汇刊7:地学答问 | [清]魏清江撰 | 58.00 | 华龄 |
| 青囊汇刊8:地理铅弹子砂水要诀 | [清]张九仪撰 | 68.00 | 华龄 |
| 青囊汇刊9:地理啖蔗录 | [清]袁守定著 | 48.00 | 华龄 |
| 青囊汇刊10:八宅明镜 | [清]箬冠道人编 | 48.00 | 华龄 |

| 书　　名 | 作　者 | 定　价 | 版别 |
|---|---|---|---|
| 青囊汇刊11:罗经透解 | [清]王道亨著 | 58.00 | 华龄 |
| 青囊汇刊12:阳宅三要 | [清]赵玉材撰 | 48.00 | 华龄 |
| 青囊汇刊13:一贯堪舆(上下) | [明]唐世友辑 | 108.00 | 华龄 |
| 青囊汇刊14:地理辨证图诀直解 | [唐]杨筠松著 | 58.00 | 华龄 |
| 青囊汇刊15:地理雪心赋集解 | [唐]卜应天著 | 58.00 | 华龄 |
| 青囊汇刊16:四神秘诀 | [元]董德彰撰 | 58.00 | 华龄 |
| 子平汇刊1:渊海子平大全 | [宋]徐子平撰 | 48.00 | 华龄 |
| 子平汇刊2:秘本子平真诠 | [清]沈孝瞻撰 | 38.00 | 华龄 |
| 子平汇刊3:命理金鉴 | [清]志于道撰 | 38.00 | 华龄 |
| 子平汇刊4:秘授滴天髓阐微 | [清]任铁樵注 | 48.00 | 华龄 |
| 子平汇刊5:穷通宝鉴评注 | [清]徐乐吾注 | 48.00 | 华龄 |
| 子平汇刊6:神峰通考命理正宗 | [明]张楠撰 | 38.00 | 华龄 |
| 子平汇刊7:新校命理探原 | [清]袁树珊撰 | 48.00 | 华龄 |
| 子平汇刊8:重校绘图袁氏命谱 | [清]袁树珊撰 | 68.00 | 华龄 |
| 子平汇刊9:增广汇校三命通会(全三册) | [明]万民英撰 | 168.00 | 华龄 |
| 纳甲汇刊1:校正全本增删卜易 | 郑同点校 | 68.00 | 华龄 |
| 纳甲汇刊2:校正全本卜筮正宗 | 郑同点校 | 48.00 | 华龄 |
| 纳甲汇刊3:校正全本易隐 | 郑同点校 | 48.00 | 华龄 |
| 纳甲汇刊4:校正全本易冒 | 郑同点校 | 48.00 | 华龄 |
| 纳甲汇刊5:校正全本易林补遗 | 郑同点校 | 38.00 | 华龄 |
| 纳甲汇刊6:校正全本卜筮全书 | 郑同点校 | 68.00 | 华龄 |
| 纳甲汇刊7:火珠林注疏 | 刘恒注解 | 48.00 | 华龄 |
| 古今图书集成术数丛刊:卜筮(全二册) | [清]陈梦雷辑 | 80.00 | 华龄 |
| 古今图书集成术数丛刊:堪舆(全二册) | [清]陈梦雷辑 | 120.00 | 华龄 |
| 古今图书集成术数丛刊:相术(全一册) | [清]陈梦雷辑 | 60.00 | 华龄 |
| 古今图书集成术数丛刊:选择(全一册) | [清]陈梦雷辑 | 50.00 | 华龄 |
| 古今图书集成术数丛刊:星命(全三册) | [清]陈梦雷辑 | 180.00 | 华龄 |
| 古今图书集成术数丛刊:术数(全三册) | [清]陈梦雷辑 | 200.00 | 华龄 |
| 四库全书术数初集(全四册) | 郑同点校 | 200.00 | 华龄 |
| 四库全书术数二集(全三册) | 郑同点校 | 150.00 | 华龄 |
| 四库全书术数三集:钦定协纪辨方书(全二册) | 郑同点校 | 98.00 | 华龄 |
| 增补鳌头通书大全(全三册) | [明]熊宗立撰辑 | 180.00 | 华龄 |
| 增补象吉备要通书大全(全三册) | [清]魏明远撰辑 | 180.00 | 华龄 |
| 增广沈氏玄空学 | 郑同点校 | 68.00 | 华龄 |
| 地理点穴撼龙经 | 郑同点校 | 32.00 | 华龄 |
| 绘图地理人子须知(上下) | 郑同点校 | 78.00 | 华龄 |
| 玉函通秘 | 郑同点校 | 48.00 | 华龄 |
| 绘图入地眼全书 | 郑同点校 | 28.00 | 华龄 |
| 绘图地理五诀 | 郑同点校 | 48.00 | 华龄 |
| 一本书弄懂风水 | 郑同著 | 48.00 | 华龄 |

| 书　　名 | 作　者 | 定价 | 版别 |
|---|---|---|---|
| 风水罗盘全解 | 傅洪光著 | 58.00 | 华龄 |
| 堪舆精论 | 胡一鸣著 | 29.80 | 华龄 |
| 堪舆的秘密 | 宝通著 | 36.00 | 华龄 |
| 中国风水学初探 | 曾涌哲 | 58.00 | 华龄 |
| 全息太乙(修订版) | 李德润著 | 68.00 | 华龄 |
| 时空太乙(修订版) | 李德润著 | 68.00 | 华龄 |
| 故宫珍本六壬三书(上下) | 张越点校 | 128.00 | 华龄 |
| 大六壬通解(全三册) | 叶飘然著 | 168.00 | 华龄 |
| 壬占汇选(精抄历代六壬占验汇选) | 肖岱宗点校 | 48.00 | 华龄 |
| 大六壬指南 | 郑同点校 | 28.00 | 华龄 |
| 六壬金口诀指玄 | 郑同点校 | 28.00 | 华龄 |
| 大六壬寻源编[全三册] | [清]周螭辑录 | 180.00 | 华龄 |
| 六壬辨疑　毕法案录 | 郑同点校 | 32.00 | 华龄 |
| 大六壬断案疏证 | 刘科乐著 | 58.00 | 华龄 |
| 六壬时空 | 刘科乐著 | 68.00 | 华龄 |
| 御定奇门宝鉴 | 郑同点校 | 58.00 | 华龄 |
| 御定奇门阳遁九局 | 郑同点校 | 78.00 | 华龄 |
| 御定奇门阴遁九局 | 郑同点校 | 78.00 | 华龄 |
| 奇门秘占合编:奇门庐中阐秘·四季开门 | [汉]诸葛亮撰 | 68.00 | 华龄 |
| 奇门探索录 | 郑同编订 | 38.00 | 华龄 |
| 奇门遁甲秘笈大全 | 郑同点校 | 48.00 | 华龄 |
| 奇门旨归 | 郑同点校 | 48.00 | 华龄 |
| 奇门法窍 | [清]锡孟樨撰 | 48.00 | 华龄 |
| 奇门精粹——奇门遁甲典籍大全 | 郑同点校 | 68.00 | 华龄 |
| 御定子平 | 郑同点校 | 48.00 | 华龄 |
| 增补星平会海全书 | 郑同点校 | 68.00 | 华龄 |
| 五行精纪:命理通考五行渊微 | 郑同点校 | 38.00 | 华龄 |
| 绘图三元总录 | 郑同编校 | 48.00 | 华龄 |
| 绘图全本玉匣记 | 郑同编校 | 32.00 | 华龄 |
| 周易初步:易学基础知识36讲 | 张绍金著 | 32.00 | 华龄 |
| 周易与中医养生:医易心法 | 成铁智著 | 32.00 | 华龄 |
| 增广梅花易数(精装) | 刘恒注 | 98.00 | 华龄 |
| 梅花心易阐微 | [清]杨体仁撰 | 48.00 | 华龄 |
| 梅花心易疏证 | 杨波著 | 48.00 | 华龄 |
| 梅花易数讲义 | 郑同著 | 58.00 | 华龄 |
| 白话梅花易数 | 郑同编著 | 30.00 | 华龄 |
| 梅花周易数全集 | 郑同点校 | 58.00 | 华龄 |
| 梅花易数 | [宋]邵雍撰 | 28.00 | 九州 |
| 梅花易数(大字本) | [宋]邵雍撰 | 39.00 | 九州 |
| 河洛理数 | [宋]邵雍述 | 48.00 | 九州 |

| 书 名 | 作 者 | 定 价 | 版别 |
| --- | --- | --- | --- |
| 一本书读懂易经 | 郑同著 | 38.00 | 华龄 |
| 白话易经 | 郑同编著 | 38.00 | 华龄 |
| 知易术数学：开启术数之门 | 赵知易著 | 48.00 | 华龄 |
| 术数入门——奇门遁甲与京氏易学 | 王居恭著 | 48.00 | 华龄 |
| 周易虞氏义笺订（上下） | [清]李翊灼校订 | 78.00 | 九州 |
| 阴阳五要奇书 | [晋]郭璞撰 | 88.00 | 九州 |
| 壬奇要略（全5册：大六壬集应钤3册，大六壬口诀纂1册，御定奇门秘纂1册） | 肖岱宗郑同点校 | 300.00 | 九州 |
| 周易明义 | 邸勇强著 | 73.00 | 九州 |
| 论语明义 | 邸勇强著 | 37.00 | 九州 |
| 中国风水史 | 傅洪光撰 | 32.00 | 九州 |
| 古本催官篇集注 | 李佳明校注 | 48.00 | 九州 |
| 鲁班经讲义 | 傅洪光著 | 48.00 | 九州 |
| 天星姓名学 | 侯景波著 | 38.00 | 燕山 |
| 解梦书 | 郑同、傅洪光著 | 58.00 | 燕山 |
| 命理精论（精装繁体竖排） | 胡一鸣著 | 128.00 | 燕山 |
| 辨方（繁体横排） | 张明清著 | 236.00 | 星易 |
| 古易旁通 | 刘了扬著 | 320.00 | 星易 |
| 四柱预测机缄通 | 明理著 | 300.00 | 星易 |
| 奇门万年历 | 刘恒著 | 58.00 | 资料 |
| 图解新编中医四大名著：温病条辨 | 周重建、郭号 | 68.00 | 天津 |
| 图解新编中医四大名著：伤寒论 | 周重建、郭号 | 68.00 | 天津 |
| 图解新编中医四大名著：黄帝内经 | 周重建、郭号 | 68.00 | 天津 |
| 图解新编中医四大名著：金匮要略 | 周重建、郭号 | 68.00 | 天津 |
| 中药学药物速认速查小红书（精装64开） | 周重建 | 88.00 | 天津 |
| 国家药典药物速认速查小红书（精装64开） | 高楠楠 | 88.00 | 天津 |

　　**周易书斋**是国内最大的提供易学术数类图书邮购服务的专业书店，成立于2001年，现有易学及术数类图书现货6000余种，在海内外易学研究者中有着巨大的影响力。

　　通讯地址：北京市102488信箱58分箱　邮编：102488　王兰梅收。

　　1、学易斋官方旗舰店网址：xyz888.jd.com　微信号：xyz15116975533

　　2、联系人：王兰梅　电话：15652026606，15116975533，13716780854

　　3、邮购费用固定，不论册数多少，每次收费7元。

　　4、银行汇款：户名：**王兰梅**。

　　　　邮政：601006359200109796　农行：6228480010308994218

　　　　工行：0200299001020728724　建行：1100579980130074603

　　　　交行：6222600910053875983　支付宝：13716780854

　　5、QQ：(周易书斋2) 2839202242；QQ群：(周易书斋书友会) 140125362。

北京周易书斋敬启